财 政 部 规 划 教 材

四流融合新质财经系列丛书

丛书主编 谭秋云

业财融合生产管理

杨 萍 王清云 高 敏 主 编

杨儒君 蒋 慧 曾玲芳 副主编

中国财经出版传媒集团

中国财政经济出版社

·北京·

图书在版编目（CIP）数据

业财融合生产管理 / 杨萍，王清云，高敏主编.
北京 ：中国财政经济出版社，2024.8.（2025.1重印）
--（财政部规划教材）（四流融合新质财经系列丛书 / 谭秋云主编）.
ISBN 978-7-5223-2757-0

Ⅰ. F273

中国国家版本馆CIP数据核字第20249ZY105号

责任编辑：张怡然　　责任校对：胡永立
封面设计：刘鹏飞　　责任印制：张　健

业财融合生产管理
YECAI RONGHE SHENGCHAN GUANLI

中国财政经济出版社 出版

URL：http：//www.cfeph.cn
E-mail：cfeph @cfemg.cn

社址：北京市海淀区阜成路甲28号　邮政编码：100142
营销中心电话：010-88191522
天猫网店：中国财政经济出版社旗舰店
网址：https：//zgczjjcbs.tmall.com
北京密兴印刷有限公司印刷　各地新华书店经销
成品尺寸：203mm × 260mm　16开　17印张　354 000字
2024年8月第1版　2025年1月北京第2次印刷
定价：49.80元
ISBN 978-7-5223-2757-0
（图书出现印装问题，本社负责调换，电话：010-88190548）
本社图书质量投诉电话：010-88190744
打击盗版举报热线：010-88191661　QQ：2242791300

本书编写组：（按姓氏笔画排序）

王丽平　王真伟　王清云　文　琴　邓黎明　龙春娥　仝丹娜　冯俊瑛
巩敏焕　朱晓丹　华耀军　汤玉梅　杜　超　杨　萍　杨　捷　杨　瑜
杨儒君　李　林　李　果　李　然　李　湘　李　慧　吴晓燕　宋　燕
张　越　张　鑫　张潇月　陈小凤　邵　珊　范英英　罗　玦　罗杰思
罗桂兰　周洪波　周　姝　赵佩芝　赵婷婷　胡　舟　饶　玮　洪　阳
贺旭红　徐天永　徐丹丹　徐　弘　高　敏　姬海华　黄文燕　黄　萍
章爱文　彭　礼　蒋　慧　曾罗婧　曾玲芳　蔡华燕　蔡　丽

本书参编院校：（按首字笔画排序）

长江职业学院
玉溪农业职业技术学院
四川邮电职业技术学院
西安航空职业技术学院
张家界学院
张家界航空工业职业技术学院
武汉交通职业学院
武汉城市职业学院
陕西工业职业技术学院
陕西国际商贸学院
咸宁职业技术学院
贵州电子商务职业技术学院
贵州建设职业技术学院
贵州财经职业学院
贵州经贸职业技术学院
贵州装备制造职业学院
重庆城市职业学院
重庆商务职业学院
泉州经贸职业技术学院
黄冈职业技术学院
铜仁职业技术学院
湖北三峡职业技术学院
湖北工业职业技术学院
湖北水利水电职业技术学院
湖北财税职业学院
湖南化工职业技术学院
湖南文理学院
湖南外贸职业学院
湖南财经工业职业技术学院
湖南科技职业学院
湖南第一师范学院
黔东南民族职业技术学院

丛书参编企业：（按首字笔画排序）

广州贤能控股有限公司
天健会计师事务所
五矿有色金属控股有限公司
中联重科股份有限公司
华天实业控股集团有限公司
兴湘商业保理有限公司
泰格林纸集团股份有限公司
特变电工衡阳变压器有限公司
湖南中德安普大数据网络科技有限公司
湖南东云供应链管理有限公司
湖南安信联合会计师事务所（普通合伙）
湖南金州律师事务所
湖南建工集团有限公司
湖南省神州映晟产教融合控股集团有限公司
湖南省煤业集团有限公司
湖南钢铁集团有限公司
湖南高新创业投资集团有限公司
湖南海利化工股份有限公司
湖南唯国资产评估事务所（普通合伙）
湖南路桥建设集团有限责任公司

序言一

湖南物华天宝、人杰地灵，是中国近现代教育的重要发祥地之一，不断续写着“惟楚有材，于斯为盛”的教育辉煌。近年来，湖南高举“楚怡”职教精神旗帜，坚持把职业教育主动融入经济社会发展大局，坚持教育与产业同频共振，初步构建起具有湖湘特色的现代职教体系，为湖南乃至中国加快构建新发展格局，推动高质量发展提供了强有力的技术技能人才支持。目前，湖南全省共有职业院校581所，在校生156万人，11所高职院校入选国家“双高计划”，入选学校数居全国第5位；国家级教学成果奖、示范专业点、教学竞赛成绩等核心指标均居全国前列，两次获国务院职业教育真抓实干督查激励通报，是部省共建的职教改革发展高地之一，是部省协同推进省域现代职业教育体系建设改革试点省份之一，职业教育整体发展水平已进入全国“第一方阵”，为全国积极探索产教融合、科教融汇的新路径积累经验并作出示范。

全国业财税数智化服务行业产教融合共同体（以下简称“共同体”）成立以来，全面落实习近平总书记“要根据科技发展新趋势，优化高等学校学科设置、人才培养模式，为发展新质生产力、推动高质量发展培养急需人才”的重要指示批示精神，联合共同体内行业组织、学校、科研机构、上下游企业，立足教育链、人才链、产业链数智化转型需要，吸收产业一线最新成果，探索破解财经类专业长期存在的“所学非用，所用非学”“知行不一”“理实脱节”等问题，全面推动专业建设、课程资源、教师队伍、教材教法、实践教学、示范基地、产教研一体等全要素、全方位的改革。特别是共同体牵头，联合省内外200余所职业院校和行业企业，以共建共享“湖南中德安普新质财经学院”为载体，积极应对财经行业新技术、新业态、新标准、新工艺的变化，在人才培养模式改革上进行有益的探索，首创并构建了全新的业务流、数据流、财税流、知识流“四流融合”新质财经人才培养模式，重塑了高质量新质财经技能人才培养目标，重构了业财数据应用与管理标准体系和课程体系，搭建了“四流融合”数字化教学平台，开发了一批业财数据应用与管理创新教材，培养了一批具备业财数据应用与管理技能的双师型教师团队，有力提升了适应湖南“三高四新”战略、“4×4”现代产业体系发展需要的有业务场景视角、有大数据素养、有财税专业知识、有技术应用能力的新财经技能人才培养质量。参与改革的教师、学生对改革效果十分满意，一致认为这次改革不仅是教学手段的改革，更是人才培养目标、教学内容、教学方法和学习方法的改革，开阔了视野，提高了人才培养质量，拓宽了创新创业与就业渠道。这一改革是真正的课堂革命，实现了场景式、数字化教学，适应了智能时代新要求，是一场颠覆性改革和引领式创新，走在了全国高职院校的前列。

在2024年5月召开的“四流融合”新质财经系列教材研讨会上，全国140多所本科、高职院校，20多家企业，300多位专家学者共研共商“四流融合”新质财经人才培养模式改革大计，这将成为“四流融合”新质财经人才培养模式改革的重要里程碑。共同体要发挥首创精神、引领示范作用，联合全省、全国更多职业院校、行业企业参与，聚焦“四流融合”金专业、岗课融通金课程、业财融合金教材、双师双能金教师、产学研创金基地的建设，充分发挥教材、师资的基础性作用，吸引更多学校参与此项改革。

湖南省教育厅将举全省之力全面支持，争取2024年省内70多所开设有财经类专业的高职院校均全面开展此项改革，并积极向全国推广。同时，要及时、认真总结提炼改革经验，推广改革成果，在国家级精品在线开放课程、国家规划教材、国家优秀教材奖、国家教学成果奖等方面取得新突破，引领其他专业创新改革。湖南省教育厅将一如既往关心、支持共同体的建设和发展，希望共同体、全国四流融合新质财经人才培养体系联盟以此为契机，抢抓发展机遇，勇于改革创新，努力把共同体、联盟办得更好，将其打造成“一体两翼”校企合作、产教融合新典范，“五金”建设新标杆，为湖南职业教育高质量发展提供新经验，为全国现代职业教育体系建设提供新范式、新样板。

王仁祥　湖南省教育厅副厅长

2024年7月

序言二

人类社会是人的社会，人始终是第一位的，人是人类社会的出发点和归属；人类社会提高生产力是以人为基础的。新质生产力涉及人和劳动资料、劳动对象，是人运用劳动资料对劳动对象发生作用，人是其中主体的、能动的、积极的、创新的因素。正因如此，一切社会都需要将人的能力发挥到最大。在当今我国社会新质生产力提高的过程中，必然离不开人才培养这一基本前提。如何提高人才培养的质量，一直是人类探索的问题。在新时代、新技术的背景下，通过人才培养模式变革提高人才培养质量，既更为迫切，也迎来了新的机会。

教育或者学习的目的到底是什么，一般认为就是让受教育者获得更多的知识，所以学校是知识的殿堂，老师是知识的传授者，学生是知识的学习者。考试要考知识，到社会工作后要用知识，似乎知识成了教和学的目的。但知识是从哪里来的？知识反映的是什么？人来到这个世界从根本上就是要认知世界，世界以客体的形式存在，包括客体的自然界、客体的人类社会、客体的他人以及客体的自我，都需要认知。只有认知了这个世界，人才能利用这个世界，才能更好地与这个世界融为一体。人类要认知世界这一客体，首先必须要将其反映到大脑之中，没有这一反映，就无法构筑起人与客体世界的联系，也就没有了认知的起点。客体世界反映到人的大脑之中就形成了场景，所谓场景就是人对客体世界的主观反映，通过这一场景，人不仅与客体世界形成了认知联系，更为重要的是通过对这一场景的属性进行归纳和抽象，并用创造的文字进行表达，形成了人类的知识体系。可见，知识生成的过程是人对客体世界进行反映，以此为基础形成场景，再对场景的属性进行抽象和表达的过程。显然，场景是知识之母，而客体世界又是场景之母。由此出发，教和学的目的就是要通过知识的学习，找到和发现知识赖以存在的场景，并进一步将场景和现实的客体世界进行比对，这样既可以判断现有知识的准确性，也可以进行知识的创新。学生通过知识学习是要了解知识背后的场景，老师的讲授是要把自己感知的场景用人类创造的文字语言传导给学生，让学生也能感知并沉浸在同样的场景之中，这就是场景化学习和场景化教学。一旦对客体世界有了真实的、全面的、系统的、完整的场景感，人们就可以将这种场景转化为知识，知识的学习就不再重要，场景的感知将成为知识创造的基础。

至今，财会的教和学主要是以核算场景为基础形成的，核算场景是以标准化、规范化、统一化的会计准则为基础形成的。企业业务活动的结果为开启会计核算之旅的起点。财会的本质是要对企业的业务活动进行全面、系统、完整、连续和实时的反映，从而形成财会信息体系或者财务报告体系。但实际上，以核算场景为基础而形成的财会信息体系只是反映一定时期财务状况和经营成果的价值结果信息，并没有提供形成这一价值结果的业务原因信息，从而导致业财信息的脱钩，业财融合就成为一个尚未解决的重大问题。业财融合起源于企业的底层逻辑，即一切业务都要创造价值，而业务价值的创造要通过人来实现，因此可归结为企业的一切员工要通过开展业务实现企业价值最大化。这本是天经地义的事情，但为什么会成为一个尚未解决的重大问题？原因在于企业必须要将管账、管钱的部门与从事业务的部门分离，以形成内部牵制，其结果是财会部门主要提供一定时期财务状况和经营成果的价值结果信息，业务部门伴随其业务活动的进行只提供部分业务信息，这样就造成了企业价值结果信息与业务原因信息的分离。这种分离一方面使财会难以对业务进行反映，难以提供业务信息；另一方面使企业无法分析和判断哪些业务创造了价值、怎样创造了价值和创造了多少价值，也难以考核和评价每个员工对企业价值贡献的程度，使财会信息的决策有用性大大降低。并且，以此为基础进行的财经教育使人才的培养囿于标准化、规范化的会计准则所构造的原理和方法体系，结果是培养的财经人才往往只懂财会而不懂业务，所学的理论也落后于现实的实践，人才培养出现重大“瓶颈”问题。如何从现在主要着重于核算场景转向业务场景，实现核算场景与业务场景的有效融合，既是企业业财融合的内在要求，也是新质财经人才培养体系根本变革的内在需要。

新质财经人才培养的教和学的基础是教材，知识体系的构造是通过教材形成的。人才培养方案的核心是课程，课程又是以教材为基础的。这些无不说明了教材在人才培养和课程质量提高中的作用。进行财经教育的改革就有必要从教材和教法着手，新质财经人才培养的教材和教法的变革根本上在于怎样实现业财融合。从教材的内容上，如何将会计核算及其核算的对象企业的业务活动转化为教材的内容成为改革的基本方向。通过这一改革，学生不仅能够感知核算场景，更为重要的是能够感知企业的业务场景，也就是能够深入了解企业业务活动的全过程、全要素、全方面，并以此为基础对企业的业务活动进行价值分析和判断。从教学的方式上，如何通过财会知识体系的学习再现核算场景尤其是业务场景，成为教法变革的基本要求，满足这一要求才能真正实现新质财经人才培养内容的业财融合，也才能真正实现教学知识与场景的融合，即实现场景化教学。大数据、人工智能、云计算、物联网、区块链等新技术的使用，不仅能够生动逼真地将企业的业务活动展现在教与学之中，使学生全面了解财会信息或者会计核算赖以存在的业务基础，以及业务活动自身，而且能够将财会知识体系与核算场景、业务场景之间的内在关系予以展示，可以使学生亲身体验知识与场景之间的内在联系，以及场景转化为知识体系的过程。

正是基于以上的思想，我们进行了这次教材及教法的变革，这种变革虽然已经进行了十年，并且已在人才培养和企业培训中产生了积极良好的反响，但仍然需要我们坚持不懈地探索、修正和完善。有许多的教育工作者和实践工作者参与其中，他们已经付出了大量的心血，也仍将继续奉献，期盼有更多致力于教育模式变革的人参与其中。我们相信，通过集体的智慧和群策群力的努力，教育变革的春天就在眼前。

谢志华　教育部高等学校工商管理类专业教学指导委员会副主任委员

谭秋云　湖南中德安普大数据网络科技有限公司董事长

2024年7月

编者按

随着数智化时代的到来，财经教育正面临着前所未有的挑战与机遇，打造一个支持、服务现代产业高质量发展的新质财经教育教学体系，是企业界和教育界共同的社会责任和历史使命。

遵循数据驱动、流程再造、风险管控、价值创造等理念，依托业财税数智化“四流融合”（业务流、数据流、财税流、知识流）应用系统，编写的“四流融合新质财经系列丛书”，包括《业财融合会计基础》《业财融合采购管理》《业财融合生产管理》《业财融合销售管理》《业财融合筹资管理》《业财融合投资管理》《业财融合分配管理》《业财税综合分析》《Python在业财融合中的应用》《业财税融合大数据综合应用》，并分别出版高职专科和本科两种类别，这是在新质生产力背景下新质财经教育理论研究与实践探索相结合的成果。

一、编写指导思想

党的二十大报告明确提出：“要办好人民满意的教育，全面贯彻党的教育方针，落实立德树人根本任务，培养德智体美劳全面发展的社会主义建设者和接班人，加快建设高质量教育体系。”2021年财政部《会计改革与发展“十四五”规划纲要》提出：“构建适应经济发展、产业结构调整、新技术革命和国家治理能力现代化等新形势的会计学科专业体系。”国务院国有资产监督管理委员会《关于中央企业加快建设世界一流财务管理体系的指导意见》提出：“推动财务管理从信息化向数字化、智能化转型，实现以核算场景为基础向业务场景为核心转换，成为企业数字化转型的先行者、引领者、推动者，为加快产业数字化、数字产业化注智赋能。”“四流融合新质财经系列丛书”适应了会计职能从传统的算账、记账、核账、报账向价值管理、资本运营、战略决策辅助等职能持续转型升级的客观需求；适应了财务管理从信息化向数字化、智能化转型，实现以核算场景为基础向业务场景为核心转换的迫切需要；适应了财务服务对象由单个企业或集团的利益相关者，延伸到整个产业链、供应链、生态链，促进数据、信息、技术、标准、金融等全方位协同融合的现实需要，是对党的二十大精神的贯彻落实，也是新时代财经商贸类专业产教融合、岗课赛证融通、高质量转型发展的必然要求。

二、编写背景与目的

首先，数智化时代涌现的人工智能、大数据等许多颠覆性技术创新改变了生产、管理和服务方式，带来了更高效、更智能的工作模式和商业模式，需要企业转变和拓展职能，加强数据治理和应用，优化内部管理和资源配置，推动商业模式创新，实施企业战略发展和价值创造。这些新业态、新模式需要一大批既懂业务又懂财务和管理，具备数据思维、业财思维，具备风险控制、价值创造能力的高素质复合型业财数据管理人才。

其次，要发展新质生产力。价值最大化已成为企业管理核心目标，企业管理已深入成本管控、风险控制、战略规划、资源配置、绩效评价等各个环节，更加注重数据价值挖掘和智能技术应用。基于财经领域新现象、新业态、新技术和新管理方式，财经专业需要从根本上转型升级，重构、重组、重设一种新的教育理念和体系来应对这一变革，从师资、课程、教材、教学内容、教学方式、实践基地等方面进行探索创新，促进财经职业教育与产业发展紧密对接，推动企业从传统的成本导向型向价值导向型转变，赋能企业可持续高质量发展。

三、编写内容与结构

依据数据融合和价值创造核心理念，编者团队编写了高职专科和本科两个系列，遵循“以业务为基础，以场景为载体，以流程为主线，以节点为管控，以决策为中心，以数据为要素，以价值为导向，以财税为支持，以知识为工具，以能力为目标”的理念，围绕企业经营活动中的筹资、采购、生产、销售、分配、投资等业务流程内容，采用“场景导入—认知识别—分析研判—风险控制—任务实施”的架构体系，全流程、全场景、全数据、全节点呈现产业资源、产教资源，并将其转化为教材资源。

四、丛书特色与亮点

本丛书有别于传统财经商贸类教材，特色明显。

（一）思政内化

本丛书价值引领与知识传授并重，将爱国、诚信、法治、公正等社会主义核心价值观，以及节俭、责任、廉洁、奉献等正义的世界观融入每个教学项目、教学场景，培养德技兼修、德才兼备的新质财经人才。

（二）业财融合

本丛书通过产业资源全场景导入，进行跨专业、跨课程融合，将不同专业领域、不同课程必备的核心知识和技能进行系统化重组重构，实行数据驱动、实战导向，将财务知识与业务知识深度融合，理论与实践相结合，实现了岗课合一、岗课融通，满足一人多岗、一岗多能综合能力培养要求，形成一套真实、完整、连续、全面的业财融合知识体系。

（三）数据驱动

本丛书贯通数据治理思维，通过业务场景、业务节点，深度融合数据分析技术与财经专业知识，打通从业务到财务的价值链条，有利于培养学生数据挖掘、预测分析、风险评估及可视化等技能，以及从海量数据中发现业财规律、创新业财模式、指导业财决策、优化业财策略、促进业财创新的能力。本丛书依托产教融合数字化教学平台，形成了以数据为核心，线上线下融合，全覆盖、全穿透财经业务的特色教材体系。

（四）场景教学

本丛书采用任务驱动的全场景教学模式，业务场景贯穿每一个节点，始终以场景为载体，以场景认知识别，以场景分析研判，以场景管控风险，以场景创造价值，以场景提炼总结。学生在“做中学”“学中做”，学做一体，知行合一。

（五）节点控制

本丛书通过对财经商贸类专业的专业基础课程和核心课程知识点与技能点的碎片化、场景化，对接岗位要求，以业务为基础进行流程重构，把经济活动中的“业务项目、业务任务、业务流程、业务场景、业务标准、业务价值”与“教学项目、教学任务、教学流程、教学场景、教学标准、教学效果”进行产教逻辑衔接，精准梳理业务的每个流程、每个节点，将业务节点变为教学难点、重点、要点，围绕节点进行认知识别、分析研判、风险控制，达到课岗对接、教产合一、教随产走。

（六）价值导向

本丛书从价值创造的视角出发，通过业务基础、流程主线、场景载体、数据要素、节点管控等教学设计，深入剖析每个业务节点在价值创造过程中的作用与机制，帮助学生理解管理在核算到财务端、财务到业务端、业务到业务端价值创造过程中的关键作用，培养学生形成价值导向的管理思维，提升财经管理工作的价值创造能力，同时助推核算会计向价值会计转型发展。

本丛书由全国业财税数智化服务行业产教融合共同体、湖南中德安普大数据网络科技有限公司及中国财政经济出版社联合策划，来自全国的60位专家担任教材主编。感谢湖南省教育厅、湖南省人民政府国有资产监督管理委员会、湖南省教育科学研究院、中国会计学会、中国商业会计学会等单位的大力支持；感谢全国300多所学校、500多位参编教师及泰格林纸集团股份有限公司等20多家企业、40多位实战专家，感谢他们的辛苦付出及卓越创新；同时还要向本丛书引用的文献等资料的原作者和单位表达感谢。

在此向关心、支持新质财经教育事业的所有同仁一并致谢。

丛书编委会

2024年7月

前言

新质生产力发展，人工智能、大数据等许多颠覆性技术创新改变了生产、管理和服务方式，带来了更高效、更智能的工作模式和商业模式。价值最大化一直是企业管理核心目标。企业管理已深入成本管控、风险控制、战略规划、资源配置、绩效评价等各个环节，更加注重业财融合、数据价值挖掘和智能技术应用，这需要培养大批既懂业务又懂财务和管理，具备数据思维、业财思维、风险控制、价值创造等素质的复合型业财数据应用与管理人才，实现企业持续发展和价值创造。

基于财经商贸领域新现象、新业态、新技术和新管理方式，需要重构重组重设一种新的教育理念和体系来应对这一变革，从师资、课程、教材、教学内容与教学方式和实践基地等方面进行探索创新。

本书是基于业务流、数据流、财税流、知识流“四流融合”理念开发的创新型教材。以企业生产活动为主要内容，以知识够用为原则，以业务场景为基础，以价值创造为导向，以风险节点为管控，以流程管理为主线，以财税处理为主体，从而实现业务流、数据流、财税流、知识流全面融合，将极大提升业财数据应用与管理人才的培养质量。

本书共分为六个项目，分别为项目1生产决策与计划，项目2生产管理与过程监控，项目3生产执行，项目4存货管理，项目5成本分析与报告，项目6生产绩效考核。

本书具有以下主要特点：

1.教材内容与课程思政深度融合

每个项目均有明确的素质目标，将职业素养、职业精神具体化。在业务实践上注重学生创新精神、风险控制意识、价值创造思维等职业态度与职业技能的融合培养。

2.业务、财务与数据技术深度融合

教材从业务与财务两个维度出发，探讨两者在生产管理中的深度融合方式，解析生产管理的业务流程，揭示流程背后的财务逻辑和财务影响，如排产计划、成本分析、绩效考核等；同时通过生产业务场景、生产业务节点，深度融合数据分析技术与财经管理知识，进行生产业务流程认知、流程节点识别、数据资源配置、节点数据分析、资源场景研判、场景应用风控等，对生产过程的业财数据进行采集、挖掘、分析和应用，帮助学生全面理解企业运营的全貌，提升综合管理能力。

3.业务场景与教学场景深度融合

教材体例采取项目任务式展开，生产业务场景贯穿每一个节点，始终以场景为载体，以场景认知识别，以场景分析研判，以场景管控风险，以场景创造价值，以场景提炼总结。任务导入、任务实施将“业务项目、业务任务、业务流程、业务场景、业务标准、业务效果”与“教学项目、教学任务、教学流程、教学场景、教学标准、教学效果”进行产教逻辑衔接，业务节点变为教学难点、重点、要点，内容精练，教产合一，课岗对接，针对性强；配备思维导图，激活思维，强化重点，磨炼技能。

4.风险控制与价值理念深度融合

教材从价值创造的新视角出发，通过业务基础、流程主线、场景载体、数据要素、节点管控等进行教学设计，设置“认知识别”“分析研判”“风险控制”三个主要栏目，深入剖析每个业务节点在价值创造过程中的作用与机制，分析业财思维、数字思维、管理思维在价值创造中的关键作用，培养学生形成价值导向和价值创造思维，提升其技术应用、数据融合、业财创新、风险管控能力。

5.行业产教融合共同体深度参与

教材由全国业财税数智化服务行业产教融合共同体的各院校与企业倾力合作完成，50多位高职院校教学一线教师和企业资深管理人员深度参与。在编写过程中得到了湖南省教育厅、湖南省人民政府国有资产监督管理委员会、湖南省教育科学研究院、中国会计学会、中国商业会计学会的大力支持和丛书主编谭秋云及众多专家学者的精心指导，在此深表感谢！

本书可作为高职院校财经类专业学生教材，也可作为企业管理业人员继续教育的培训教材，以及对业财数据应用与管理感兴趣人士的自学参考书。由于编写水平有限，书中难免存在疏漏之处，恳请给予关注并提出改进意见，便于进一步修订和完善。

编者

2024年7月

获取更多教学资源
请扫码登录本书场景资源库
登录账号获取请联系：slrhxzcj@163.com
cfeph@cfemg.cn

目 录

生产场景概述

一、行业及企业基础资料

我国造纸行业是一个与国民经济和社会发展紧密相关的基础原材料生产行业。2022年，我国纸及纸板消费量达12,403万吨，占全球消费量的1/4，纸浆消费量约为11,295万吨，我国纸及纸板的生产与消费水平均处于全球前列。

珠江纸业股份有限公司（简称“公司”）始建于2000年，地处广东省东莞市，紧邻京广铁路大动脉，与京珠高速公路和107国道相连，靠近珠江水系，水陆交通十分便利，不仅物流成本较低，还能快速响应市场需求，周边丰富的水资源也为造纸生产提供了稳定的原料供应。公司位于经济活跃的华南地区，与上下游企业建立了紧密的合作关系，形成产业链协同效应。

公司主要从事文化类印刷用纸的生产、销售，主导产品有胶版纸、颜B纸、轻型纸、颜A纸、轻涂纸、办公用纸、淋膜原纸、热敏原纸、牛皮包装纸 9个品种，产品广泛应用于高档书刊、报纸、杂志的印刷，在国内享有较高声誉。

公司以五年规划为导向，以全面预算为抓手，实施从计划、执行、过程控制，到绩效考核的全面和全方位管控。公司在供应链管理方面成效显著。

公司成立了以董事会为核心的组织结构，组织中的各个机构各自承担特定的职责，共同推动公司的发展。公司组织结构如图0–1所示。

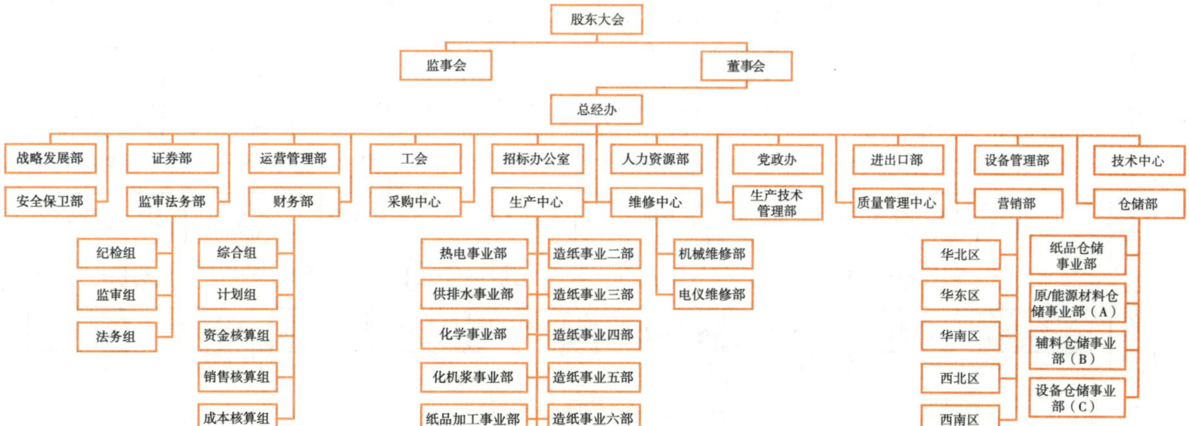

图0–1　公司组织结构

二、生产业务概况

公司拥有10条造纸生产线，主要生产印刷用纸、办公用纸和包装纸，年设计产能96万吨，设有7个造纸事业部以及化学事业部、化机浆事业部、纸品加工事业部等。作为基本生产车间，7个造纸事业部生产9个纸品的原纸，纸品加工事业部对原纸进行切割包装。辅助生产车间有热电事业部、供排水事业部、化学事业部、化机浆事业部；热电事业部为各车间提供电、汽，供排水事业部为各事业部提供清水和处理污水；化学事业部自制辅料轻钙和回收碱；化机浆事业部生产自制浆（化机浆）（各产品的工艺单耗表可扫码获取）。各产品按照产品品种确定成本核算对象，产品制造成本构成项目分为直接材料、燃料和动力、直接人工和制造费用四部分。

三、生产业务流程

本书以公司2023年生产业务及核算过程为背景，将其业务流、数据流、核算流与相关财会知识相融合（见图0–2）进行编写。生产部门根据销售业务中销售订单数据，依据生产能力分析表、日均产量分析表制订月度排产计划，并结合客户类别、意向程度和目标利润等多维度优先排序生产。例如，当出现产能不足时，两个同规模的客户，会优先选择目标利润最大的客户；依据排产计划结合生产工艺单耗表作出物料需求计划，进而流转到采购业务场景。各生产事业部根据排产计划安排领料并填写领料单，进行直接材料分配、直接人工分配、制造费用分配、辅助费用分配等成本核算，准确计算各产品完工成本。

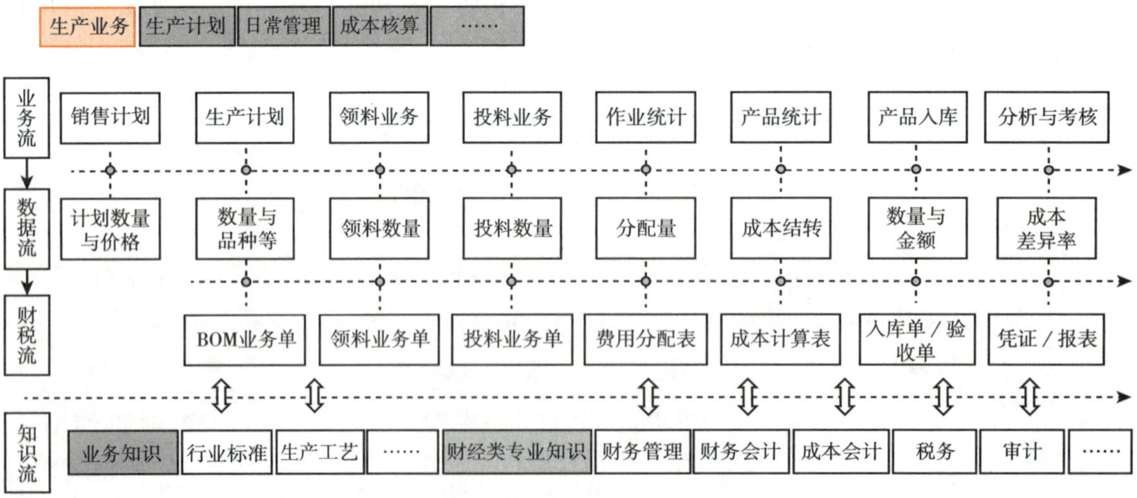

图0–2 生产业务流程图

项目 1　生产决策与计划

学习目标

知识目标

1. 熟悉生产流程、生产计划等关键环节，熟悉生产决策所需的各种数学模型和分析方法；
2. 了解所在行业的生产特点、市场趋势、竞争格局以及相关政策法规和标准要求；
3. 了解先进的生产技术、设备、工艺以及信息化、智能化等现代生产管理方式。

技能目标

1. 能够运用各种分析工具和方法，发现生产过程中的问题和机会，并提出有效策略；
2. 能够根据市场需求、资源状况、技术条件等因素，制订科学合理的生产计划和生产方案；
3. 能够对生产决策过程中的各种风险进行预测和应对。

素质目标

1. 具备强烈的责任感和敬业精神，能够积极履行职责，确保生产目标的实现；
2. 具有创新意识和创新能力，不断探索新的生产方式和管理模式，以提高生产效率和产品质量，降低生产成本；
3. 培养良好的团队协作能力，能够与其他部门协同工作共同解决生产过程中的问题，实现企业的整体利益。

生产是指人类通过劳动，运用一定的技术和工具，将自然资源或已有的物资转化为满足人们需求和欲望的产品的过程。这个过程涉及原料的采集、加工、组合、包装等多个环节，旨在创造具有使用价值和交换价值的物品，以满足社会和经济发展的需要。生产活动是人类社会存在和发展的基础，它不仅为人们提供了必需的物质财富，还推动了技术进步和文明进步。

生产过程的组成

在现代制造业环境中，了解生产过程的详细组成对于企业的成功至关重要。高效、协调的生产流程能够显著提升产品质量、降低生产成本，增强企业的市场竞争力。为了深入剖析这一过程，我们将详细探讨生产过程的四个主要组成部分——生产技术准备过程、基本生产过程、辅助生产过程以及生产服务过程，如图1-1所示。通过对这些关键环节的细致分析，企业可以更加清晰地识别出生产中的“瓶颈”问题和可优化点，进而制定出更为精准和高效的生产策略。

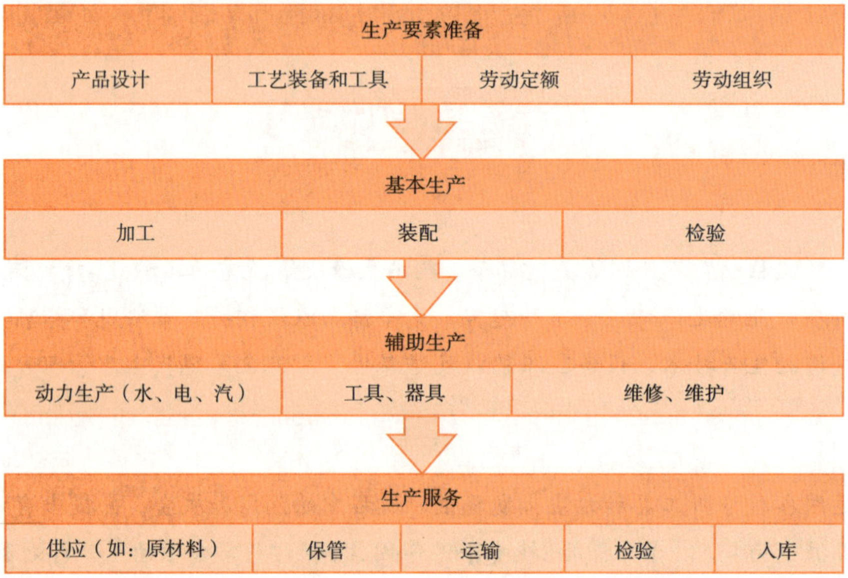

图 1-1　生产过程组成

1. 生产要素准备过程

这个过程是企业正式生产前进行的一系列生产技术方面的准备工作。它包括但不限于：

产品设计：根据市场需求和企业战略，设计出符合消费者期望和具有竞争力的产品。

工艺设计：确定产品的生产流程和工艺方法，以确保产品质量和生产效率。

工艺装备设计和制造：根据工艺设计，设计和制造所需的工艺装备和工具。

劳动定额的制定：根据产品的生产工艺和设备情况，制定合理的劳动定额，以控制生产成本。

劳动组织的调整：根据生产需求，合理安排和调整生产人员，确保生产的顺利进行。

2. 基本生产过程

基本生产过程是把劳动对象变为基本产品的生产活动。这个过程通常包括以下环节：

加工：对原材料进行物理或化学处理，使其变成半成品或成品。

装配：将多个零部件组合在一起，形成一个完整的产品。

检验：对产品进行质量检查，确保其符合设计要求和质量标准。

3. 辅助生产过程

辅助生产过程是为保证基本生产过程的正常进行而从事的各种辅助性生产活动。这些活动包括但不限于：

动力生产：为企业提供所需的能源，如水、电、蒸汽等。

工具和卡具制造：制造和维护生产过程中所需的工具和卡具。

设备维修：对生产设备进行定期检修和维护，确保其正常运行。

4. 生产服务过程

生产服务过程是为保证生产活动顺利进行而提供的各种服务性工作。这些工作包括：

原材料、半成品、成品的供应和保管：确保生产所需的原材料和零部件的及时供应，并对半成品和成品进行妥善保管。

运输工作：负责原材料、半成品和成品的运输，确保生产流程的顺畅。

技术检验工作：对产品进行技术检验，确保其符合质量要求。

总体来说，生产过程是一个复杂而系统的工程，需要各个组成部分的紧密配合和协调。通过优化生产过程的各个环节，企业可以提高生产效率、降低生产成本，从而增强市场竞争力。

企业生产决策至关重要，它直接决定了企业资源的分配和长期盈利能力。企业需评估是否继续生产不营利的产品，这要求对市场趋势、客户需求及成本效益进行综合分析；企业需要确定是外购还是自产关键部件，这影响生产效率和成本控制。只有明确了生产方向和策略，企业才能有针对性地制订生产计划，包括产量目标、时间规划、资源配置等。简而言之，生产决策是生产计划和安排的前提，它确保了生产活动的目标性和效率，从而助力企业实现资源的最优利用和利润最大化。因此，企业在启动生产前，必须先进行周全的决策，以确保整个生产流程的顺畅与高效。

任务1 生产决策

【教学重点】产品的生产决策。

【教学难点】生产决策依据的收集及判断。

生产决策是企业在产品生产领域中，围绕如何利用现有人、财、物等资源对是否生产、生产什么、怎样生产以及生产多少等问题展开的短期营运决策。

典型的生产决策包括：亏损产品是否需要保留或关闭生产线的决策、零部件自制还是外购的决策、特殊订单是否接受的决策、约束资源如何最优利用的决策、产品是否进一步深加工的决策等。

生产决策常采用差量分析法、边际贡献分析法、本量利分析法等方法来确定最优方案。

子任务1 自制还是外购的决策

任务导入

2023年3月6日，财务部召开了关于上月成本费用分析会议，相关人员测算发现轻钙材料的自制成本与市场上的外购价格相差不多。公司自制的轻钙成本的单位变动成本为392.4元/吨，完全成本法下单位成本为411.93元/吨。前者比采购部提供的供应商的最低进货价（408元/吨）低，而后者则比进货价高。生产决策委员会需要进行决策：轻钙是自制还是外购?

对于某些企业来说，材料（或零部件）可以自制也可以选择向外部供应商购买。是自制还是外购，从短期经营决策的角度，需要比较两种方案的相关成本，选择成本较低的方案即可。在决策时还需要考虑企业是否有剩余生产能力。剩余生产力，或称剩余生产能力，指的是在特定时间内，企业实际生产能力超过其当前生产需求的部分。这一概念在制造业中尤为明显，主要体现在生产线、设备或工人的闲置产能上。如果企业有剩余生产能力，不需要追加设备投资，那么只需要考虑变动成本即可；如果企业没有足够的剩余生产能力，需要追加设备投资，则新增加的专属成本也应该属于相关成本。同时还需要把剩余生产能力的机会成本考虑在内。

自制相关成本：在分析评价时必须考虑与生产材料相关的成本，包括直接材料成本、直接人工成本、制造费用以及可能的设备折旧费用。决策时需要评估生产过程中的所有相关成本。

外购相关成本：与购买材料相关的成本，主要包括购买价格、运输成本、关税（如涉及进口）等。需要注意的是，与供应商建立长期合作关系可能有助于降低成本。

通过对比自制和外购的相关总成本，可以初步判断哪种方式更具成本效益，即衡量二种方式下投入的成本与产生的收益之间的比例确保资源得到最有效的利用，从而实现利润最大化。

任务实施

一、成本测算

【场景1-1】2023年3月6日财务部召开了关于上月成本费用分析会议，经测算，公司化学事业部2月自制轻钙12,284.86吨，单位变动成本为392.4元/吨；完全成本法下单位成本为411.93元/吨。轻钙2023年2月成本计算表如表1-1所示。

表1-1 轻钙2023年2月成本计算表 单位：元

成本项目	变动成本法		完全成本法	
	单位成本	成本总额	单位成本	成本总额
直接材料	325.84	4,002,902.23	325.84	4,002,902.23
燃料动力	44.53	546,984.32	44.53	546,984.32
直接人工	8.50	104,448.84	8.50	104,448.84

续表

成本项目	变动成本法		完全成本法	
	单位成本	成本总额	单位成本	成本总额
变动制造费用	13.53	166,157.81	13.53	166,157.81
固定制造费用			19.53	239,988.55
合计	392.40	4,820,493.20	411.93	5,060,481.75

认知识别 变动成本是指企业在生产过程中因产量变动而发生的成本变动，具体来说，变动成本包括直接材料成本、直接人工成本、直接制造费用，也称为边际成本。它与固定成本形成对比，固定成本是指成本总额在一定时期和一定业务量范围内，不受业务量增减变动影响而能保持不变的成本，如厂房和机器设备的折旧、财产税、房屋租金等，这类成本在一定范围内相对稳定，但超过一定范围后也可能发生变化。

完全成本法是一种将生产过程中的所有成本，包括固定和变动制造费用，都计入产品成本的方法。这种方法强调成本补偿上的一致性，即所有与产品生产相关的耗费都应从产品销售收入中得到补偿。

分析研判 单位成本＝成本总额 ÷ 总产量=5,060,481.75 ÷ 12,284.86=411.93（元/吨）

二、报价对比

【场景1-2】采购中心收到会议通知后，汇总了供应商的轻钙供应价格。财务部发现完全成本法下的单位成本比采购部提供的供应商的最低进货价（408元/吨）高，如表1-2所示。

表 1-2　　轻钙报价单汇总

日期：2023年3月1日

供应商名称	部门	日期	联系人	联系电话	报价（不含税单价）	税率	结算方式	质量
广东韶关北衡浆纸有限公司	采购中心	2023年3月1日	李文	188****0785	408元/吨	13.00%	货到付款	国家标准
东莞市信德消泡剂有限公司	采购中心	2023年3月1日	高鸣	155****4228	420元/吨	13.00%	货到付款	国家标准
广东升平化学试剂有限公司	采购中心	2023年3月1日	李锐泽	186****2648	418元/吨	13.00%	货到付款	国家标准

三、生产决策

【场景1-3】2023年3月9日，在公司行政办公楼第1会议室召开会议，主题是讨论轻钙原材料是自制还是外购？会议记录如表1-3所示。

表 1-3　　会议记录

会议主题	讨论轻钙原材料自制或外购会议	会议日期	2023年3月9日
会议地点	行政办公楼第1会议室	记录人	尤一辰
参加人员	赵云飞、李亚南、卢云茜、王红兵、廖梦非、李立新、向开、张莉、陈鹏、袁华、徐理、陈洁、王亚南、李敏捷、尤一辰		
到会情况	应到15人、实到15人		

续表

会议议题	轻钙原材料自制或外购
会议内容	会议发言： 1.会议开始由尤一辰发言讲述关于财务部核算出来的轻钙原材料成本情况 2.采购部卢云茜经理报告各供应商的轻钙价格 3.市场部廖梦非经理报告轻钙的市场价格走势情况 4.财务部王亚南经理报告轻钙的历史成本价格情况 5.生产中心根据目前情况说明目前轻钙的自制生产力无法转移，不论轻钙是自制还是外购，固定的制造费用都会发生，且考虑到后期轻钙质量的稳定性及到货情况，不建议取消自制 会议结论：根据各部门的综合讨论，会议决定继续轻钙的自制生产

分析研判 首先，生产中心根据目前情况表明，轻钙的自制生产力无法转移，因为不论轻钙是自制还是外购，固定的制造费用（239,988.55元）都会发生，且企业有剩余生产能力，不需要追加设备投资，那么只需要考虑变动成本（392.4元/吨）即可，该成本低于外购最低报价408元/吨，故自制较合适。其次，考虑到后期轻钙质量的稳定性及到货情况，自己生产更容易控制，不建议取消自制。

风险控制 自制还是外购的决策，不能只考虑成本因素，还要考虑包括质量、供应链可靠性、生产能力和灵活性等多种因素。

（1）质量风险控制。

自制材料可以更好地控制生产过程和材料质量，但需要考虑到初期投资成本，如设备购置、生产线建设等，后期需要投入更多资源进行质量控制和管理；而外购材料的质量可能受供应商的生产能力和质量控制水平影响。采购中心在选择供应商时，应对其进行严格的审核和评估。

（2）供应风险控制。

自制材料可以根据自身需求调整生产，更具灵活性，但需要投入资金建设生产线，并可能面临产能过剩或不足的问题；而外购材料却可以迅速调整采购量以适应市场需求，但需要与供应商建立良好的沟通机制以确保及时供货。

所以，材料自制还是外购的决策需要综合考虑多个方面。在实际操作中，可以根据公司的具体情况和市场环境进行权衡，选择最适合的方案。

子任务2 保留或关闭生产线的决策

任务导入

对于产品多元化的企业而言，通常企业利润的绝大部分是由几种核心产品带来的，其他非核心产品提供的利润往往很少，有的甚至亏损。公司生产事业部目前共生产9种纸品。成本会计朱雪依测算了2023年2月9种纸品的边际贡献和营业利润，其中办公用纸的营业利润为负数，且过去2年的营业利润均为负数。生产决策委员会需要决策：办公用纸是否停止生产？

保留或关闭生产线的决策是指企业在运营过程中，基于对当前生产线的盈利能力、市场需求、技术更新、战略匹配度等方面的综合考虑，以及对未来发展趋势的预测，决定是否继续运营该生产线或将其关闭的重要战略决策。这一决策旨在优化资源配置，提升企业竞争力，确保企业长期稳健发展。

任务实施

一、利润率比较

【场景1-4】成本会计朱雪依根据公司历史资料，整理出2021年度、2022年度及2023年2月9种产品的营业利润率（见表1-4），为公司3月生产决策会议作准备。

表1-4　　9种产品的营业利润率表

日期	颜B纸	轻型纸	颜A纸	轻涂纸	热敏原纸	胶版纸	牛皮包装纸	淋膜原纸	办公用纸
2021年度	3.78%	3.88%	3.71%	3.53%	3.44%	3.00%	5.28%	5.10%	-1.04%
2022年度	4.61%	4.57%	4.36%	4.41%	4.25%	3.84%	6.21%	6.37%	-1.30%
2023年2月	5.43%	5.32%	4.96%	4.95%	4.83%	4.76%	7.41%	7.53%	-1.33%

分析研判　由表1-4可知，办公用纸近两年营业利润率均为负数，且最近一个月也为负数，说明办公用纸的生产处于亏损状态，且呈持续上升趋势。

风险控制　营业利润率为负数说明销售收入下降或成本上升，可能存在管理不善、市场竞争加剧等情况。如果营业利润率持续为负，可能会对企业的稳健运营和持续发展构成威胁，需引起管理部门重视，及时查找分析原因，调整生产策略。

二、成本测算

【场景1-5】成本会计朱雪依根据公司历史资料，测算出2023年2月9种纸品的边际贡献和营业利润额，如表1-5所示，为公司3月生产决策会议作准备。

表1-5　　成本测算表　　单位：元

项目		颜B纸	轻型纸	颜A纸	轻涂纸	热敏原纸	胶版纸	牛皮包装纸	淋膜原纸	办公用纸
销售数量（吨）		6,976.99	2,333.02	3,927.98	6,974.98	682.00	18,648.96	7,211.01	1,431.02	2,111.00
销售收入		39,518,020.22	14,209,444.95	22,678,271.11	40,396,196.15	3,833,890.28	102,344,771.35	38,667,009.80	7,659,534.60	12,478,205.45
变动成本	直接材料	27,264,454.94	9,897,468.56	15,713,981.08	28,252,997.15	2,667,745.32	70,878,597.13	25,182,529.36	4,979,888.14	9,216,279.37
	直接人工	526,746.63	191,852.72	366,887.13	551,029.27	56,155.52	849,574.20	463,585.28	91,961.54	89,839.56
	燃料和动力	3,073,567.60	1,116,943.14	1,776,020.22	3,180,334.81	302,391.44	8,004,701.91	3,185,804.27	630,074.40	1,209,344.28
	变动制造费用	1,420,138.30	719,025.47	1,152,941.25	901,311.09	88,130.59	2,491,863.18	1,220,467.59	241,008.53	427,045.40
	研发费用	469,057.42	156,847.06	264,074.93	468,922.29	45,850.31	1,253,754.57	484,790.40	96,206.32	141,920.83
	变动销售费用	1,100,427.97	367,969.64	619,530.64	1,100,110.95	107,566.71	2,941,359.71	1,137,338.18	225,703.98	332,952.10
边际贡献		5,663,627.36	1,759,338.36	2,784,835.86	5,941,490.59	566,050.39	15,924,920.65	6,992,494.72	1,394,691.69	1,060,823.91

续表

项目		颜B纸	轻型纸	颜A纸	轻涂纸	热敏原纸	胶版纸	牛皮包装纸	淋膜原纸	办公用纸
固定成本	固定制造费用	2,285,683.44	591,011.76	965,356.65	2,710,534.94	260,294.03	7,764,527.30	2,852,641.55	565,040.72	854,170.67
	固定销售费用	39,008.88	13,044.09	21,961.64	38,997.65	3,813.11	104,267.76	40,317.31	8,000.94	11,802.76
	管理费用	1,192,815.03	398,862.74	671,543.69	1,192,471.39	116,597.54	3,188,303.24	1,232,824.06	244,653.09	360,905.28
营业利润		2,146,120.01	756,419.77	1,125,973.88	1,999,486.61	185,345.71	4,867,822.35	2,866,711.80	576,996.94	−166,054.80

认知识别 边际贡献分析法

边际贡献分析法是一种基于产品的销售收入与变动成本之间的差额来评估产品营利能力的方法。这个差额被称为边际贡献，它反映了每增加一单位产品销售所增加的利润贡献，计算公式为：边际贡献=销售收入−变动成本。

在进行产品品种决策时，通常还可以采用单位资源贡献边际分析法（单位边际贡献=销售单价−单位变动成本），它是通过对比各个备选方案的边际贡献额的大小来确定最优方案的方法。

分析研判 分析办公用纸的边际贡献

根据表1-6数据可知，目前办公用纸在公司生产的9种纸品中处于亏损状态，营业利润为负，对产品利润无贡献。若不停产办公用纸整个公司营业利润为14,358,822.27元，若停产办公用纸整个公司营业利润为13,297,998.36元，反而使整个公司营业利润下降了。

表 1-6 停产办公用纸成本测算对比表

单位：元

项目		颜B纸	轻型纸	颜A纸	轻涂纸	热敏原纸	胶版纸	牛皮包装纸	淋膜原纸	办公用纸	合计
销售数量（吨）		6,976.99	2,333.02	3,927.98	6,974.98	682.00	18,648.96	7,211.01	1,431.02	2,111.00	
销售收入		39,518,020.22	14,209,444.95	22,678,271.11	40,396,196.15	3,833,890.28	102,344,771.35	38,667,009.80	7,659,534.60	12,478,205.45	
变动成本	直接材料	27,264,454.94	9,897,468.56	15,713,981.08	28,252,997.15	2,667,745.32	70,878,597.13	25,182,529.36	4,979,888.14	9,216,279.37	
	直接人工	526,746.63	191,852.72	366,887.13	551,029.27	56,155.52	849,574.20	463,585.28	91,961.54	89,839.56	
	燃料和动力	3,073,567.60	1,116,943.14	1,776,020.22	3,180,334.81	302,391.44	8,004,701.91	3,185,804.27	630,074.40	1,209,344.28	
	变动制造费用	1,420,138.30	719,025.47	1,152,941.25	901,311.09	88,130.59	2,491,863.18	1,220,467.59	241,008.53	427,045.40	
	研发费用	469,057.42	156,847.06	264,074.93	468,922.29	45,850.31	1,253,754.57	484,790.40	96,206.32	141,920.83	
	变动销售费用	1,100,427.97	367,969.64	619,530.64	1,100,110.95	107,566.71	2,941,359.71	1,137,338.18	225,703.98	332,952.10	
边际贡献		5,663,627.36	1,759,338.36	2,784,835.86	5,941,490.59	566,050.39	15,924,920.65	6,992,494.72	1,394,691.69	1,060,823.91	
固定成本	固定制造费用	2,285,683.44	591,011.76	965,356.65	2,710,534.94	260,294.03	7,764,527.30	2,852,641.55	565,040.72	854,170.67	1,226,878.71
	固定销售费用	39,008.88	13,044.09	21,961.64	38,997.65	3,813.11	104,267.76	40,317.31	8,000.94	11,802.76	
	管理费用	1,192,815.03	398,862.74	671,543.69	1,192,471.39	116,597.54	3,188,303.24	1,232,824.06	244,653.09	360,905.28	
营业利润		2,146,120.01	756,419.77	1,125,973.88	1,999,486.61	185,345.71	4,867,822.35	2,866,711.80	576,996.94	−166,054.80	14,358,822.27
停产办公用纸营业利润		2,146,120.01	756,419.77	1,125,973.88	1,999,486.61	185,345.71	4,867,822.35	2,866,711.80	576,996.94	−1,226,878.71	13,297,998.36

在短期内，无论是否生产办公用纸均需承担固定成本1,226,878.71元，若生产，可由其产生的正数边际贡献1,060,823.91元承担部分固定成本；若不生产，此部分固定成本需由其他产品承担，反而降低整体营业利润。

三、生产决策

【场景1-6】2023年3月15日，在行政办公楼第1会议室，公司召开了“销售、采购、生产3月度例会”，主题是讨论2023年4月排产计划安排，成本会计朱雪依向大家公布各纸类的利润率，其中办公用纸已出现亏损。但会议期间通过了“办公用纸不停产”的决策，会议记录如表1-7所示。

表1-7 会议记录

会议主题	销售、采购、生产3月度例会	会议日期	2023年3月15日
会议地点	行政办公楼第1会议室	记录人	尤一辰
参加人员	赵云飞、李亚南、高陶涛、柳林川、卢云茜、王红兵、廖梦非、李立新、向开、张莉、陈鹏、袁华、徐理、陈洁、尤一辰、朱雪依		
到会情况	应到15人，实到15人		
会议议题	2023年4月排产计划安排		
会议内容	一、市场情况讨论 1.营销部柳林川总监发言公布出4月的营销部收到的意向订单数据，相对3月订单量有所上升。 2.市场部廖梦非经理发言根据市场部搜集到的数据及以往经验判断，办公用纸的价格预测在4月会有所下调。 3.采购部卢云茜经理发言根据供应商的报价单数据，推测近期内办公用纸的原材料价格基本持平。		
会议内容	二、公司内部情况 1.成本会计朱雪依发言向大家公布各纸类的利润率情况，其中办公用纸已出现亏损。 2月办公用纸的营业利润为–166,054.8元，即亏损166,054.8元，因此，公司的管理层需要考虑是否停止办公用纸的生产。 对此，可以分析如下： 在短期内，即使停产办公用纸，固定成本也不会相应降低。如果停产办公用纸，公司的营业利润将源其他产品合计的边际贡献41,027,449.62元，在扣除固定成本总额27,729,451.26元后，营业利润额将为13,297,998.36元，反而减少了利润额。 会出现这种现象原因在于办公用纸虽然亏损，但是提供的边际贡献仍然为正。办公用纸如果继续生产，其边际贡献1,060,823.91元，能够抵减固定成本1,060,823.91元，但是如果停产，则连1,060,823.91元的固定成本也无法抵减，因此会造成营业利润的下降。 由此可见，在短期内，如果企业的亏损产品能够提供正的边际贡献，就不应该立即停产。 2.仓储部王红兵发言向大家公布目前仓库的各材料、库存商品数量。 3.造纸事业一部李立新等各造纸事业部经理陈述目前的排产情况。 4.柳林川总监发言表明，目前来说，办公用纸的客户在市场的影响力比较高，虽然生产办公用纸利润低甚至亏损，但是其中有广告宣传的成分在。因此希望公司继续生产办公用纸。 三、排产安排会议对办公用纸是否继续安排排产进行最终投票，最终10人赞成继续生产，5人弃权。会议决定在满足意向订单及安全库存的情况下，不再过多生产办公用纸。		

风险控制 在进行生产决策，特别是考虑是否停产某产品时，虽然产品的边际贡献是一个非常重要的指标，但企业通常需要综合考虑多个因素，比如固定成本因素：即使边际贡献为正，如果固定成本过高，可能导致总体利润仍为负；市场的稳定性因素：如果市场需求下降，即使边际贡献为正，也可能难以销售足够数量的产品来覆盖所有成本；生产能力因素：如果生产能力有

限，可能需要优先考虑生产边际贡献更高或其他更具战略意义的产品。除此之外，企业还应考虑竞争对手是否采用了降价策略，等等。

知识拓展 在进行生产决策时，还可以用到“差量分析法”。管理会计中，各个不同的决策备选方案之间的差别称为“差量”。这种差量一般涉及两个概念，即“差量收入”和“差量成本”。差量收入是指两个备选方案预期收入之间的差额；差量成本是两个备选方案的预期成本之间的差额。差量分析法就是通过对两个备选方案的差量收入与差量成本的比较来确定哪个方案较优的决策方法。如果差量收入大于差量成本，前一个方案较优；反之，则后一个方案较优。

假设现有两个方案A和B，两个方案只能选一个进行，则：

差量收入=A相关收入-B相关收入

差量成本=A相关成本-B相关成本

若差量收入>差量成本，则选择方案A；若差量收入<差量成本，则选择方案B。

特别需要注意的是：在进行比较时，计算差量收入与差量成本的方案顺序必须保持一致。该方法比较科学、简单、实用，通常适用于只有两个备选方案的互斥决策。

任务小结

生产决策是企业运营中的关键环节。通过比较单位约束资源边际贡献筛选出亏损或产生负边际贡献的产品；通过分析固定成本与变动成本，并综合考虑是否需要继续追加投资，以及质量控制和供应风险的需求等，进行生产决策，旨在优化资源配置，提升生产效率，确保产品质量。

任务2 生产计划

【教学重点】生产计划的制订与调整、物料控制与库存管理、生产流程分析与改善、信息技术应用以及实践案例分析等。

【教学难点】根据生产能力、订单量、物料供应等因素制订切实可行的生产计划。

生产计划是企业经营计划的重要组成部分，是企业对生产任务作出的统筹安排，也是企业进行生产管理的重要依据。

一个合理的生产计划能够帮助企业充分利用销售机会，满足市场需求，提高生产效率，降低生产成本，最大限度地减少生产资源的闲置和浪费，从而提升企业的市场竞争力。生产计划的主要内容包括确定生产的产品名称、数量、质量要求、生产地点以及完成的时间。

在编制生产计划时，企业需要考虑多个因素，如市场需求、生产能力、物料供应等，以确保计划的合理性和可行性。同时，生产计划还需要根据实际情况进行调整和优化，以适应市场的变化和生产的需要。

编制生产计划时，企业需综合考虑市场需求、产能状况、原材料供应和订单交期等因素。首先是确定生产目标，并细化到各个生产环节，合理安排生产顺序和时间表，以确保生产流程的高效与顺畅，同时预留一定的灵活性以应对突发情况，最终目标是实现生产资源的优化配置，满足客户需求并提升企业的整体运营效率。

子任务1 产能核定

任务导入

为确保公司、车间或生产线具有足够的生产能力来满足生产需求，2023年2月15日生产技术管理部根据各事业部的设备运转情况、工艺流程等分析了各事业部的生产能力，以便于下一步销售部门、生产中心、总经办等部门合理安排产能，确定最佳的生产规模和产量，同时为企业制订生产计划、采购计划、销售计划等提供重要参考。造纸事业部3月的产能是多少？

产能是指企业在一定的时期内，在既定的组织技术条件下，利用参与生产的全部资源（包括固定资产和人力资源等），能生产的最大产品数量或能够处理的原材料数量。它反映了企业的生产能力和生产规模，是衡量企业经济效益的重要指标之一。产能的约束条件包括有限的机器数量、厂房的面积、现有员工的生产能力等。

任务实施

一、收集数据，确定有效的工作时长

【场景1-7】从生产记录、生产监控系统中获取生产时间、产量、生产线的使用情况等数据，其中8#、9#、10#生产线有效工时统计表如表1-8所示。

表1-8 生产线有效工时统计表（8#、9#、10#生产线）

生产线	生产车间	生产设备系统有效工时				
		每日工时（小时）	计划内停机（小时/日）	计划内维护保养时间（小时/日）	转产/换模时间（小时/日）	每日净有效工时（小时）
8#	造纸事业六部	24	0.34	0.34	0.17	23.15
9#	造纸事业七部	24	0.34	0.34	0.17	23.15
10#	造纸事业七部	24	0.34	0.34	0.17	23.15

认知识别 有效工作时间是指实际用于生产的时间，需要减去休息、维护、故障停机、换模、调整等非生产活动的时间。

分析研判 造纸事业七部拥有的2条生产线的有效工作时长分别是多少？

每日可用于工作的时长是24小时，考虑计划内停机时间0.34小时、维护保养时间0.34小时、转产换纸时间0.17小时，9#和10#生产线的有效工作时间均为23.15小时（24−0.34−0.34−0.17=23.15）。

二、考虑效率和良品率等因素，确定产能

除了基本的工时计算外，还需要考虑生产线的效率和良品率等。

【场景1-8】生产技术管理部门核定各事业部的日生产能力，其中8#、9#、10#生产线产能分析如表1-9所示。

表1-9 产能分析表（8#、9#、10#生产线）

生产线	生产车间	系统生产能力								
		产品类别	产品名称	单位产品标准工时（小时）	成纸率	设备运转率	时间效率	抄造率	合格品/优级品率	日生产能力（吨）
8#	造纸事业六部	印刷用纸	轻涂纸/热敏原纸	0.048	95%	96%	94%	96%	100%	396.9
9#	造纸事业七部	印刷用纸	胶版纸	0.039	95%	96%	94%	96%	100%	488.5
10#	造纸事业七部	印刷用纸/办公用纸	胶版纸/办公用纸	0.0317	95%	96%	94%	96%	100%	601.0

注：所有生产线有效工时统计表、产能分析表扫码获取。

认知识别 效率是指实际产能与理论生产能力之间的比率，而良品率则是指生产出符合质量要求的产品所占的比例。

分析研判 造纸事业七部拥有的2条生产线的产能分别是多少？

9#生产线生产胶版纸的单位产品标准工时是0.039小时，综合考虑成纸率95%、设备运转率96%、时间效率94%、抄造率96%和合格品率100%，确定9#生产线每日生产胶版纸的能力为488.5吨（23.15 ÷ 0.039 × 95% × 96% × 94% × 96%=488.5）。

综合考虑成纸率95%、设备运转率96%、时间效率94%、抄造率96%和合格品率100%，确定10#生产线每日生产胶版纸/办公用纸的能力为601吨（23.15 ÷ 0.0317 × 95% × 96% × 94% × 96% =601）。

风险控制 核定的产能会受到一些外部原因的影响，比如如果供应商出现问题，无法保障稳定的原材料，生产连续性将受到影响，将直接影响生产能力的实现，甚至可能导致生产中断。

任务发布

请根据表1-8、表1-9核定造纸事业六部8#线的生产能力。

子任务2 选择性生产

任务导入

2023年2月15日生产中心拟定3月的排产计划，其中造纸事业七部生产胶版纸、办公用纸两种产品。造纸事业七部拥有9#和10#号2条生产线，3月能提供的最大加工时间是1,424.05小时。胶版纸每吨需要该机台加工0.0428小时，办公用纸每吨需要该机台加工0.0384小时。那么，造纸事业七部如何安排生产，才能最有效利用该机器设备?

在排产计划前，企业需要进行限制资源最优利用决策。这是因为企业的资源往往是有限的，特别是在某些关键环节，如关键设备、“瓶颈”工序或高技能劳动力。限制资源最优利用决策是在资源受限的情况下，通过精确识别生产或项目中的关键限制性资源，即“瓶颈”资源，并制定最优分配策略，以最大化资源利用效率和整体效益的决策过程。

决策的核心原则是如何安排生产才能最大化企业总的边际贡献。这意味着在分配限制资源时，应优先考虑那些能带来最大边际收益的产品或任务。也就是说，造纸事业七部在目前拥有2条生产线的情况下，应优先生产能带来最大收益的产品。

任务实施

一、单位边际贡献分析

【场景1-9】成本会计朱雪依根据公司历史资料，测算出9#、10#生产线两种产品的相关数据，如表1-10所示。

表1-10 产品相关数据对比（9#、10#生产线）

项目	胶版纸	办公用纸
3月预计销售量（吨）	24,000	2,789
销售单价（元）	5,489.57	5,911.04
单位变动成本（元）	4,521.55	5,227.3
单位边际贡献（元）	968.02	683.74
边际贡献率	17.63%	11.57%

认知识别 单位边际贡献是管理会计中的一个关键指标，用于衡量每销售一个单位产品所带

来的收入超过其相关变动成本的部分，它表示每售出一个单位产品能为企业增加的毛利。

分析研判

单位边际贡献 = 销售单价 – 单位变动成本

由表1–10可计算出，生产胶版纸的单位边际贡献为968.02元（5,489.57–4,521.55=968.02），生产办公用纸的单位边际贡献是683.74元（5,911.04–5,227.3=683.74）。

风险控制 通过对单位边际贡献的分析，企业可以识别出那些边际贡献较低或甚至为负的产品或服务。这类产品或服务可能会给企业带来财务风险，因为它们可能无法覆盖其变动成本，甚至可能导致亏损。通过及时调整或淘汰这些低边际贡献的产品，企业可以降低财务风险。

二、单位限制资源边际贡献分析

【场景1–10】成本会计朱雪依根据公司历史资料，计算出两种产品的单位限制资源边际贡献，如表1–11所示。

表 1–11 单位限制资源边际贡献

项目	胶版纸	办公用纸
单位产品边际贡献（元）	968.02	683.74
每件产品需要加工时间（小时）	0.0428	0.0384
单位限制资源边际贡献（元/小时）	22,617.29	17,805.73

认知识别 单位限制资源边际贡献

单位限制资源边际贡献是一个核心指标。“限制资源”指的是企业在生产过程中所面临的关键资源约束，如原材料供应、生产能力、人工工时等。由于造纸事业七部9#和10#生产线的生产时长是受限制的，可以将它视为“限制资源”。

单位限制资源边际贡献可以看作是每生产一个单位产品，企业能够获得的净收益增加额。它等于单位产品边际贡献除以该单位产品耗用的限制资源量，即单位限制资源边际贡献 = 单位产品边际贡献 ÷ 该单位产品所需限制资源量。

分析研判 从最优利用约束资源角度，我们可以看出，用这2条生产线生产胶版纸，1小时创造的边际贡献是22,617.29元（968.02 ÷ 0.0428=22,617.29）；而生产办公用纸，1小时创造的边际贡献是17,805.73元（683.74 ÷ 0.0384=17,805.73）。所以，同样的时长优先用来生产胶版纸效益更高。

另：2023年3月15日举办的排产会议上，决定在满足意向订单及安全库存的情况下，不再过多生产办公用纸。

风险控制 通过比较不同产品的单位边际贡献，企业可以优化产品组合，优先生产或销售单位边际贡献高的产品。这有助于降低企业财务风险，提高整体营利能力。同时，在生产决策中，企业应优先考虑那些能带来最大边际贡献的方案，以提高资源使用效率。

三、生产决策

【场景1-11】根据成本会计朱雪依提供的资料，企业应优先安排生产胶版纸，剩余的时间再来生产办公用纸。

分析研判 现在最优的生产安排是优先安排生产胶版纸24,000吨，每吨需要该机台加工0.0428小时，共需耗用时间1,027.2小时（24,000×0.0428=1,027.2），剩余加工时间为396.85小时（1,424.05–1,027.2=396.85）。生产办公用纸需要用的时间为107.1小时（2,789×0.0384=107.1），生产完办公用纸后，剩下的时间289.75小时（396.85–107.1=289.75），企业应继续生产利润更高的胶版纸，进行常规备库，如表1–12所示。

表1–12 最有效利用紧缺资源的生产安排

项目	生产安排
胶版纸的预计销量（吨）	24,000
胶版纸对紧缺机器加工时间需求（小时）	1,027.2
能提供的紧缺机器加工时间（小时）	1,424.05
安排胶版纸生产后剩余加工时间（小时）	396.85
办公用纸的预计销量（吨）	2,789
对紧缺机器加工时间需求（小时）	107.1
安排办公用纸生产后剩余加工时间（小时）	289.75
可继续用于胶版纸的机器加工时间（小时）	289.75
用于加工胶版纸后的产量（吨）	6,770

风险控制 约束性资源最优利用决策的出发点是最大化企业总的边际贡献，企业会优先生产那些利润更高的产品，但企业应当准确预测未来对约束性资源的需求，以避免资源短缺或过剩，制订详细且灵活的资源利用计划，以适应可能的需求变化。

任务发布

请根据表1–13相关数据，从最优利用约束资源角度，分析造纸事业五部生产牛皮包装纸和淋膜原纸，哪种产品为企业带来的利润更大？

表1–13 产品相关数据对比

项目	牛皮包装纸	淋膜原纸
3月预计销售量（吨）	10,000	1,839
销售单价（元）	5,362.22	5,352.5
单位变动成本（元）	4,392.52	4,377.89
每件产品需要加工时间（小时）	0.1071	0.1058

子任务 3 排产计划

任务导入

公司具备强大的供应链管理能力，能确保在接收到销售订单后迅速调整生产计划并采购所需原材料。为了快速响应市场需求，避免资金占用或库存积压，公司采用了以销定产的生产经营策略。

根据3月的订单汇总表，考虑到企业的库存量保持与安全库存量一致的因素（期末安全库存量+下月预计销售量－期初已有库存量=本月生产量），可以按本月的预计销售量来制订本月的排产量。那么，具体如何制订3月的排产计划？

排产计划是为车间生成的一个详细的短期生产计划，它指明了计划范围内的每一个订单在所需资源上的加工开始时间和结束时间，也确定了在给定资源时订单的加工工序。排产计划主要是根据生产需求和资源状况，合理安排生产任务和生产时间，以达到最优化的生产效率和产品质量。制订排产计划时，需要考虑生产能力、设备利用率、原材料和人力资源的可用性、生产成本、交货期限以及客户需求等多重因素，这些因素都直接影响排产计划的合理性和可行性。

任务实施

以造纸事业七部9#和10#生产线的排产计划为例。

一、收集3月的订单汇总表

【场景1-12】生产车间收到营销部3月的订单汇总表，销售部门、生产中心、总经办等部门依据日均产量表制订月度排产计划，结合客户类别、意向程度和目标利润等维度进行排产，如表1-14所示。

表 1-14 3月订单汇总

部门：营销部 日期：2023年2月20日

序号	类别	产品名称	规格型号	单位	数量
1	印刷用纸	颜B纸	55 × 787	吨	9,000
2	印刷用纸	轻型纸	60 × 750	吨	3,000
3	印刷用纸	颜A纸	55 × 850	吨	5,100
4	印刷用纸	轻涂纸	70 × 787	吨	9,000
5	印刷用纸	胶版纸	70 × 845	吨	24,000
6	印刷用纸	热敏原纸	55 × 995	吨	880

续表

序号	类别	产品名称	规格型号	单位	数量
7	包装用纸	牛皮包装纸	77 × 1,096	吨	10,000
8	包装用纸	淋膜原纸	55 × 940	吨	1,839
9	办公用纸	办公用纸	A4	吨	2,789
10	合计				65,608

审核：林琛亦　　　　制表：何云云

分析研判 造纸事业七部9#和10#生产线生产的产品是胶版纸和办公用纸，订单总量是26,789吨（24,000+2,789=26,789）。

二、分析产能数据

【场景1-13】根据【场景1-8】分析各生产线的产能，判断是否能够满足订单需求。

分析研判 9#、10#生产线月产能

9#生产线月产能是15,144吨（488.5吨/天 ×31天=15,144）。

考虑到10#生产线3月停机转纸耗时及日常维修需要0.36天，实际天数为30.64天，10#生产线月产能是18,415吨（601吨/天 ×30.64天=18,415）。

9#、10#生产线月产能合计是33,559吨（15,144+18,415=33,559）。

由于产能33,559吨大于订单量26,789吨，在产能足够的情况下，订单可以先全部排产。为确保生产线的持续高效运转，决定将剩余的产能6,770吨（33,559−26,789=6,770）继续用于生产。

根据“约束资源最优利用决策”，生产胶版纸比生产办公用纸获得的利益更高，所以将剩余的产能全部用于安排生产胶版纸，作为常规备库。

三、编制3月的月排产计划

【场景1-14】依据每条生产线的产能，制订排产计划，其中8#、9#、10#生产线及自制原材料的排产计划如表1-15所示。

表1-15　　排产计划

部门：生产中心　　日期：2023年2月20日　　编号：PCJH-202302

计划生产日期	类别	产品名称	计划投产量（吨）	计划完工产量（吨）	生产部门	生产机台	日均产量（吨）	生产天数（天）	计划完成日期	质量要求
……	……	……	……	……	……	……	……	……	……	……
2023年3月1日	印刷用纸	轻涂纸	11,424	11,424	造纸事业六部	8#	396.9	28.8	2023年3月29日	A
2023年3月29日	印刷用纸	热敏原纸	880	880	造纸事业六部	8#	396.9	2.2	2023年3月31日	A
2023年3月1日	印刷用纸	胶版纸	15,144	15,144	造纸事业七部	9#	488.5	31.0	2023年3月31日	一级
2023年3月1日	印刷用纸	胶版纸	15,626	15,626	造纸事业七部	10#	601.0	26.0	2023年3月26日	一级

续表

计划生产日期	类别	产品名称	计划投产量（吨）	计划完工产量（吨）	生产部门	生产机台	日均产量（吨）	生产天数（天）	计划完成日期	质量要求
2023年3月27日	办公用纸	办公用纸	2,789	2,789	造纸事业七部	10#	601	4.64	2023年3月31日	一级
	合计		81,456	81,456						
2023年3月1日	自制原材料	轻钙	13,549.77	13,549.77	化学事业部	Y1#	438	30.9	2023年3月30日	A
2023年3月1日	自制原材料	回收碱	9,085.52	9,085.52	化学事业部	Y2#	293	31.0	2023年3月31日	A
2023年3月1日	自制原材料	化机浆	39,245.16	39,245.16	化机浆事业部	Y3#	1,264	31.0	2023年3月31日	A
	合计		61,880.45	61,880.45						

注：各生产线完整排产计划扫码获取。

分析研判1 胶版纸的排产计划

胶版纸的意向订单量是24,000吨，9#生产线月产能是15,144吨，先将9#生产线月产能排满后（31天），再将剩余订单量8,856吨（24,000–15,144=8,856）和根据“约束资源最优利用决策”产生的剩余产能6,770吨，一并安排10#线生产，需要生产26天［（8,856+6,770）÷601=26］。

分析研判2 办公用纸的排产计划

办公用纸的意向订单量是2,789吨，需要10#线生产4.64天（2,789÷601=4.64）。

风险控制1 在排产时应具备一定的灵活性，生产过程中10#生产线完成胶版纸的订单后，没有接着完成办公用纸的订单，而是将剩余产能优先生产效益更高的胶版纸，这样做可以减少换纸的次数，节约工时，提高生产效率。

风险控制2 根据客户要求的交货期和订单的紧急程度来设定生产优先级。对于交货期紧迫的订单，应优先安排生产。例如，8号机台专用于生产印刷用纸，轻涂纸和热敏原纸都属于印刷用纸，故安排在8号机台进行生产。由于轻涂纸的订单来源于公司的长期稳定合作伙伴，所以优先安排生产轻涂纸。

四、编制3月的日排产计划（以造纸事业七部为例）

【场景1–15】 造纸事业七部有2条生产线，需要根据月度排产计划，安排每条生产线的每日生产计划，确保完成生产任务，如表1–16所示。

表1–16　日排产计划

部门：造纸事业七部　　期间：2023年3月　　单据编号：PC–20230301007

日期	胶版纸（吨）	办公用纸（吨）
2023–03–01	1,089.50	0
2023–03–02	1,089.50	0
2023–03–03	1,089.50	0
2023–03–04	1,089.50	0

续表

日期	胶版纸（吨）	办公用纸（吨）
2023-03-05	1,089.50	0
2023-03-06	1,089.50	0
2023-03-07	1,089.50	0
2023-03-08	1,089.50	0
2023-03-09	1,089.50	0
2023-03-10	1,089.50	0
2023-03-11	1,089.50	0
2023-03-12	1,089.50	0
2023-03-13	1,089.50	0
2023-03-14	1,089.50	0
2023-03-15	1,089.50	0
2023-03-16	1,089.50	0
2023-03-17	1,089.50	0
2023-03-18	1,089.50	0
2023-03-19	1,089.50	0
2023-03-20	1,089.50	0
2023-03-21	1,089.50	0
2023-03-22	1,089.50	0
2023-03-23	1,089.50	0
2023-03-24	1,089.50	0
2023-03-25	1,089.50	0
2023-03-26	1,089.50	0
2023-03-27	488.50	385.00
2023-03-28	488.50	601.00
2023-03-29	488.50	601.00
2023-03-30	488.50	601.00
2023-03-31	489.00	601.00
合计	30,770.00	2,789.00

分析研判1 9#生产线3月的日排产计划

按照3月的排产计划，9#生产线是满负荷生产，每天的排产计划都是488.5吨。

分析研判2 10#生产线3月的日排产计划

按照3月的排产计划，10#生产线需要生产2种产品，1~26日是满负荷生产胶版纸，每天的排产计划都是601吨。

27日，10#生产线"换纸"生产办公用纸，且停机日常检修需要0.36天，27日10#生产线的排产计划为385吨（601×0.64=385）。

28~31日，10#生产线继续满负荷生产胶版纸，每天的排产计划仍是601吨。

那么，按照以上的排产计划，本月将生产胶版纸30,770吨（1,089.5×26+488.5×5=30,770），生产办公用纸2,789吨（601×4+385=2,789），完成生产计划。

任务发布

请根据表1–17所示2023年2月的订单数据、表1–9所示各生产线生产能力等数据，编制2月的月排产计划。

表1–17　　2月订单汇总表

部门：营销部　　日期：2023年1月20日

序号	类别	产品名称	规格型号	单位	数量
1	印刷用纸	颜B纸	55×787	吨	6,940
2	印刷用纸	轻型纸	60×750	吨	2,300
3	印刷用纸	颜A纸	55×850	吨	3,891
4	印刷用纸	轻涂纸	70×787	吨	7,052
5	印刷用纸	胶版纸	70×845	吨	18,612
6	印刷用纸	热敏原纸	55×995	吨	682
7	包装用纸	牛皮包装纸	77×1096	吨	7,264
8	包装用纸	淋膜原纸	55×940	吨	1,431
9	办公用纸	办公用纸	A4	吨	2,111
合计					50,283

子任务4　生产需求预测

任务导入

生产管理中心根据已通过决议的3月生产计划，依据标准工艺单耗表，结合目前的人力资源现状，需要进行物料需求和人员需求的预测。生产管理中心将物料需求提交采购中心，提前计划采购活动，确保生产线的连续供应；并根据预期的生产需求制订了员工培训计划。

生产需求预测是指基于历史销售数据、市场趋势、消费者行为、经济指标以及其他相关因素，对未来一段时间内产品或服务的需求数量进行预估的过程。这一预测有助于企业优化生产计划、库存管理、资源分配以及市场策略，从而确保满足市场需求，同时降低库存积压和产能过剩的风险。生产需求预测通常包括物料需求和人员需求的预测。

任务实施

一、物料需求预测（以造纸事业七部生产胶版纸为例）

认知识别 物料需求预测是预测生产过程中所需原材料、零部件和其他物料的数量和类型。物料需求预测通常基于生产计划、产品设计和历史消耗数据等因素。

1. 查找生产胶版纸的工艺单耗

【场景1-16】造纸事业部根据经验估算和统计分析，掌握了生产胶版纸的各项物料的工艺单耗数据（见表1-18），同时根据历史数据测算了解到生产工艺性损耗率为0.6%。

表1-18 生产工艺单耗表

序号	物料类别	物料名称	物料编号	规格	单位	胶版纸标准单耗
1	原料	化机浆	ZC0001		吨	0.3410414
2	原料	阔叶浆	YL0004	800 × 800	吨	0.2273884
3	原料	针叶浆	YL0003	800 × 800	吨	0.1136530
4	辅料	清水			吨	15.3191940
5	辅料	轻钙	ZC0002		吨	0.1985177
6	辅料	混合碳酸钙	FL0012	1,250 目	吨	0.0817903
7	辅料	复合胶	FL0014	50千克/塑料桶	吨	0.0075425
8	辅料	淀粉	FL0015	50千克/袋装	吨	0.0040535
9	辅料	表面胶	FL0016	50千克/塑料桶	吨	0.0136198
……	……	……	……	……	……	……
23	织物	成型网	ZW0001	SSB3C384024	平方米	0.0306669
24	织物	干网	ZW0002	聚酯螺旋	平方米	0.0561053
25	织物	毛布	ZW0003	24.2m × 4.2m	千克	0.0611877
26	辅料	纸筒芯	BZ0005	500 × 100 × 1250	元	1.3461692
27	辅料	复合包装纸	BZ0001	70~1280mm	吨	0.0056867
28	辅料	内封	BZ0002	100/包	个	3.6458717
29	辅料	外封	BZ0003	100/包	个	3.5867367
30	辅料	堵头	BZ0004	100/包	个	3.2385623
31	燃料和动力	电			KWH	471.237069
32	燃料和动力	汽			百万千焦	3.604231

注：完整工艺单耗表见生产场景概述。

认知识别 造纸业的生产工艺单耗指的是在生产造纸产品的过程中，每生产一定数量的成品纸所需消耗的原材料（如木浆、废纸等）、能源（如水、电、蒸汽等）以及各种化学助剂的数量。这个单耗值反映了生产过程中的物料平衡和能源利用效率，是评估造纸生产工艺效率和成本控制的重要指标。

例如，由表1-18可知，生产一个单位的胶版纸将消耗约0.341吨化机浆。此数据即为该物料的工艺单耗量。

2. 搜集3月胶版纸的计划投产量

【场景1-17】依据2023年3月排产计划（见表1-19），排产决策委员会决议造纸事业七部3月计划完工胶版纸的产量为30,770吨。

表1-19　3月排产计划（造纸事业六部、七部）

部门：生产中心　日期：2023年2月20日　数量单位：吨　编号：PCJH-202302

计划生产日期	类别	产品名称	计划投产量	计划完工产量	生产部门	生产机台	日均产量	生产天数	计划完成日期	质量要求
2023年3月3日	印刷用纸	轻涂纸	11,424	11,424	造纸事业六部	8#	396.9	28.8	2023年3月31日	A
2023年3月1日	印刷用纸	热敏原纸	880	880	造纸事业六部	8#	396.9	2.2	2023年3月3日	A
2023年3月1日	印刷用纸	胶版纸	15,144	15,144	造纸事业七部	9#	488.5	31.0	2023年3月31日	一级
2023年3月1日	印刷用纸	胶版纸	15,626	15,626	造纸事业七部	10#	601.0	26.0	2023年3月26日	一级
2023年3月27日	办公用纸	办公用纸	2,789	2,789	造纸事业七部	10#	601.0	4.6	2023年3月31日	一级

3. 计算3月生产胶版纸的物料需求

【场景1-18】如表1-20、表1-21所示。以原材料“化机浆”为例，在掌握了工艺单耗数据和计划投产量后，可通过计算得出该物料的需求量。

表1-20　排产计划表

部门：生产中心　日期：2023年2月20日

计划生产日期	类别	产品名称	计划投产量	计划完工产量
……	……	……	……	……
2023年3月1日	印刷用纸	胶版纸	15,144	15,144
2023年3月1日	印刷用纸	胶版纸	15,626	15,626
2023年3月27日	办公用纸	办公用纸	2,789	2,789

表1-21　生产工艺单耗表（胶版纸）

物料类别	物料名称	物料编号	规格	单位	胶版纸标准单耗
原料	化机浆	ZC0001		吨	0.3410414

认知识别 物料需求=计划投产量×该产品的工艺单耗÷（1-生产工艺性损耗率）

分析研判 例如，胶版纸的计划投产量是30,770吨，化机浆的工艺单耗为0.3410414吨，考虑0.6%的生产工艺性损耗率后，可得原材料化机浆的物料需求数量为10,557.19吨［30,770×0.3410414÷（1-0.6%）］。

4. 编制3月生产胶版纸的物料需求计划表

【场景1-19】通过计算汇总，造纸事业七部于2023年2月20日提交了3月生产胶版纸的物料需求计划表（见表1-22）。该表为采购部门制订采购计划以及原材料自制部安排生产化机浆为自制原料的依据。

表1-22 物料需求计划表

部门：造纸事业七部

项目：胶版纸　　日期：2023年2月20日　　编号：WKXQ-20230200016

类别	产品名称	规格型号	单位	计划投产量	30,770.00吨
				实际单耗	总耗
原料	化机浆		吨	0.3410414	10,557.19
原料	阔叶浆	800×800	吨	0.228761	7,038.98
原料	针叶浆	800×800	吨	0.114339	3,518.21
辅料	清水		吨	15.411664	474,216.90
辅料	轻钙		吨	0.199716	6,145.26
辅料	混合碳酸钙	1,250目	吨	0.082284	2,531.88
辅料	增白剂	JHZ-726	吨	0.00115	35.39
辅料	复合胶	50千克/塑料桶	吨	0.007588	233.48
辅料	淀粉	50千克/袋装	吨	0.004078	125.48
辅料	表面胶	50千克/塑料桶	吨	0.013702	421.61
辅料	PAM（助流剂）	阴离子	吨	0.000123	3.78
辅料	杀菌（防腐）剂	200千克/铁桶	吨	0.000133	4.09
辅料	颜料	200千克/铁桶	吨	0.000056	1.72
辅料	染料	200千克/铁桶	吨	0.00004	1.23
辅料	引纸绳	12mm	米	0.14683	4,517.96
辅料	保洁剂	LT-755	吨	0.00015	4.62
辅料	消泡剂b	DF-820	吨	0.000301	9.26
辅料	抗掉毛掉粉剂	50/千克	吨	0.000013	0.40
辅料	有机微粒	60%浓度	吨	0.00013	4.00
辅料	表面施胶剂	JH-AKD200	吨	0.000547	16.83
辅料	固着剂		千克	0.369206	11,360.47
辅料	清洗剂	JH-602	吨	0.000043	1.32
织物	成型网	SSB3C384024	平方米	0.030852	949.32
织物	干网	聚酯螺旋	平方米	0.056444	1,736.78

续表

类别	产品名称	规格型号	单位	计划投产量	30,770.00吨
				实际单耗	总耗
织物	毛布	24.2m × 4.2m	千克	0.061557	1,894.11
辅料	纸筒芯	500 × 100 × 1,250	米	1.354295	41,671.66
辅料	复合包装纸	70~1,280mm	吨	0.005721	176.04
辅料	内封	100/包	个	3.667879	112,860.64
辅料	外封	100/包	个	3.608387	111,030.07
辅料	堵头	100/包	个	3.258111	100,252.08

审批：赵喜　　　　制表：韩遇

风险控制 物料需求预测得不及时或不准确，可能导致物料交货延误；物料需求预测量过高，可能会导致采购过度，进而造成库存积压和资金浪费；需求量预测过低，可能会引发供货不足的问题，将影响企业的正常生产和产品交付能力，甚至可能导致客户流失。

生产管理中心应建立科学的预测模型，结合历史数据、市场趋势等因素进行综合分析，以提高预测的准确性；保持与采购部门的密切沟通，确保物料的供应能跟上排产的需求，并制订高效的预测和响应机制，及时调整采购计划和生产排程，以应对可能出现的交货延误。

二、生产人员需求预测（以造纸事业七部 9# 和 10# 生产线生产工人需求情况为例）

人员需求预测是预测生产过程中所需的人力资源，包括生产工人、技术人员、管理人员等。人员需求预测有助于企业合理调配人力资源，确保生产计划的顺利实施。预测人员需求时，企业需要考虑生产规模、工艺流程、劳动生产率、员工流失率等因素。

1. 收集各条生产线现有生产人员数据

【场景1-20】2月25日，由于最近生产线工人受人员调动等因素的影响，为维护正常生产秩序，生产管理中心要求造纸事业部各生产线统计现有生产工人的数量，如表1-23所示。

表 1-23　　现有生产人员数量统计表（造纸事业六部、七部）

部门	生产线	日产能（吨）	生产线数量（条）	开动班次（次）	现有人员数量（人）
造纸事业六部	8#	396.9	1	4	105
造纸事业七部	9#	488.5	1	4	153
造纸事业七部	10#	601	1	4	

认知识别 生产线生产工人数的需求取决于多个因素，包括生产规模、产品类型、工艺流程、生产自动化程度以及工作时长等。一般采用专家预测法、经验预测法等按设备确定所需人数。

2. 预测各条生产线需要安排生产人员的数量标准

【场景1–21】为保证生产进度，造纸事业部根据历史经验预测在正常生产情况下各生产线需要的生产工人数量，如表1–24所示。

表1–24 核定生产线人员标准数量（造纸事业六部、七部）

部门	生产线	日产能（吨）	生产线数量（条）	开动班次（次）	每条生产线每班次需要人数（人）
造纸事业六部	8#	396.9	1	4	26
造纸事业七部	9#	488.5	1	4	17
造纸事业七部	10#	601	1	4	21

3. 编制人员需求统计表

【场景1–22】生产管理中心综合生产人员的出勤率，并结合现有人数，根据运行设备需要情况来确定各生产线的人员需求，如表1–25所示。

表1–25 生产线人员需求统计（造纸事业六部、七部）

一般员工	生产线	日产能（吨）	生产线数量（条）	开动班次（次）	需要人员（人）	出勤率	所需人数（人）	现有人数（人）	需调整人数（人）
造纸事业六部	8#	396.9	1	4	26	98%	107	105	2
造纸事业七部	9#	488.5	1	4	17	98%	70	153	3
造纸事业七部	10#	601	1	4	21	98%	86		

注：化机浆事业部及全部造纸事业部生产线人员需求统计数据可扫码获取。

认知识别 保证正常生产所需人数=生产线数量×开动班次×每条生产线需要的人数÷出勤率

需调整人数=所需人员数量–现有生产人数

分析研判 依据计算公式可得，9#生产线保证生产所需人数为70人（$1\times4\times17\div98\%\approx70$）。10#生产线保证生产所需人数为86人。造纸事业七部为保证两条生产线的正常生产共需人员156人。现有人员为153人，需调整人员3人。

4. 提交生产人员需求申请

【场景1–23】生产管理中心向公司人力资源部提交生产人员需求申请，并保持沟通，确保人员尽快到岗，进行岗前培训，并在第二季度上岗。

风险控制 随着造纸行业技术的不断升级，考虑到生产行业员工流动性较高的情况，企业应建立有效的人才储备机制，以及时填补人员流失带来的空缺。

任务小结

制订生产计划是企业管理中的重要环节，它涉及对生产资源的合理配置、生产进度的把控以及产品质量的保证，有助于提升生产效率、减少资源浪费、优化生产流程、提高企业竞争力。通过综合考虑市场需求、生产能力、原材料供应等因素，制订详尽的生产计划，以确保生产活动的高效运转。一份科学、合理的生产计划，将为企业带来更大的经济效益，推动企业持续稳健发展。

任务发布

请根据2月的排产计划，根据表1-23、表1-24相关数据，结合纸品生产工艺单耗相关数据，并考虑0.6%的生产工艺性损耗率，编制造纸事业六部的生产需求，包括人员需求和物料需求。

项目总结

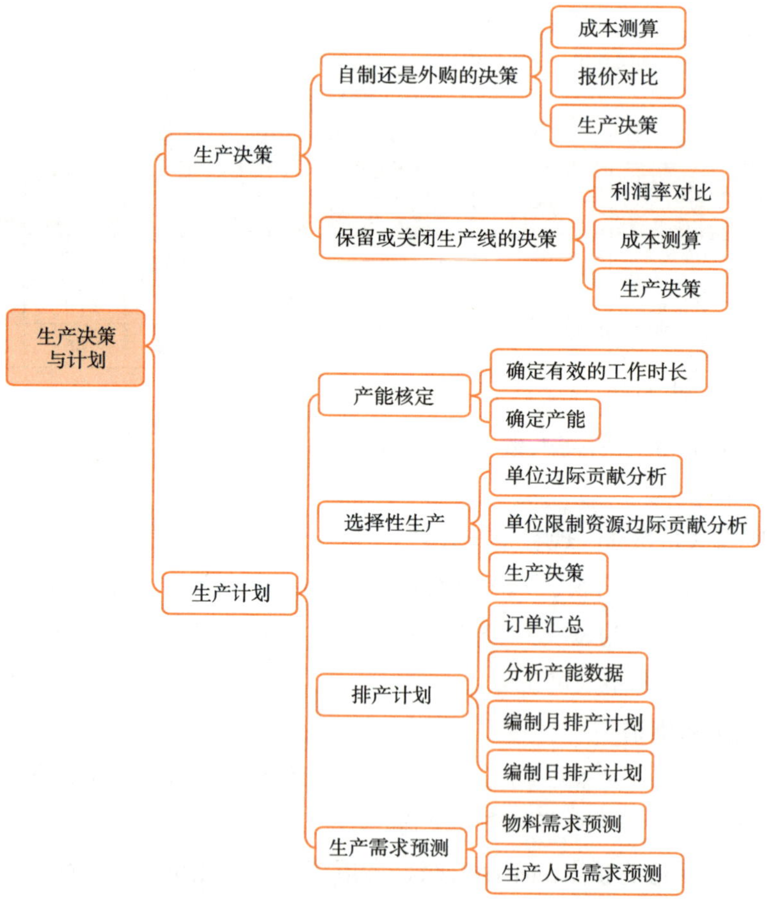

项目 2　生产管理与过程监控

学习目标

知识目标

1. 了解生产部门员工管理、质量控制管理、设备维护保养、安全生产管理等方面的基本理论；

2. 理解生产管理相关的法规和标准，确保合规性。

技能目标

1. 能够对生产进度进行有效监控和优化，提高生产效率；

2. 能够运用精细化管理的理念，来制定符合企业需求的制度文件。

素质目标

1. 加深对安全生产重要性的认识，培养严谨细致的工作态度；

2. 提升生产部门员工管理和绩效管理的理念。

在当今竞争激烈的市场环境下，企业要想立足并取得发展，就必须不断优化自身的管理体系。生产员工管理、设备维护管理、生产进度监控以及安全生产管理是构成企业高效运营的重要支柱。珠江纸业股份有限公司在日常工作中致力于完善四个方面的管理制度：通过优化人力资源管理，激发员工的潜力和工作热情，提高企业的整体绩效；通过良好的设备维护管理，确保生产设备的稳定运行，从而保障生产的连续性；通过严格遵守安全生产管理规定，为企业创造一个安全、健康的工作环境，保护员工的人身安全；通过数据化管理，实现精细化生产，帮助企业作出科学决策，进一步降低不必要的成本支出。

什么是精细化生产？精细化生产是一种注重细节、追求极致效率和品质的生产管理方式。它通过对生产流程、资源利用、质量控制等各个环节进行精细化管理和优化，实现生产过程的自动化、智能化和高效化，从而确保产品的高品质、高效率和高灵活性，以满足客户需求，并提升企业的竞争力。

精细化生产一般通过以下方式进行实施：

优化生产计划：制订详细的生产计划，根据市场需求和企业资源情况合理安排生产任务，避免产能浪费和生产滞销。

精细化生产管理：采用科学的管理方法和先进的管理工具，实现生产过程的精细化控制。例如，通过引入物联网、大数据等技术，实现生产数据的实时监控和分析，以便及时调整生产策略。

优化生产流程：对生产流程进行全面分析，找出存在的问题，通过简化生产步骤、引入先进的生产设备和技术等手段，提高生产效率。

加强人员培训：提升员工的技能和素质，通过制订培训计划、引入外部培训机构等方式，确保员工能够熟练掌握生产技能，实现生产管理的精细化。

加强供应链管理：建立稳定的供应商关系，确保原材料的质量和供应稳定。同时，采用信息化手段实现供应链的实时监控和协调，提高供应链的响应速度和效率。

任务1 生产部门员工管理

【教学重点】通过有效的生产部门的员工管理，来推动员工对企业管理的参与度。

【教学难点】设置符合企业生产实际需求的绩效考核指标，完成企业的各项生产任务。

任务导入

珠江纸业股份有限公司截至2023年3月31日共有员工2,982名，自2020年1月起公司采用了结果指标与非权重指标结合的方式，对生产部门进行绩效考核。为实现公司战略目标，制定了员工岗位绩效考核制度，使员工能明确工作重点，从而调动员工的工作积极性和责任感，提高员工工作业绩以及公司整体工作绩效。

员工是生产过程中最直接的执行者，他们的操作规范性、工作态度和技能水平直接影响到生产过程的稳定性和效率。员工管理不仅包括对员工行为的规范，还包括对员工绩效的考核和激励。通过设定明确的绩效目标和考核机制，可以激励员工更加积极地投入到生产过程中，同时及时发现和纠正生产过程中的问题，增强生产过程的可控性。

任务实施

一、制定薪酬管理制度，为企业提供规范的薪酬管理指导

【场景2-1】通过多方调研协商，公司决定从2020年1月开始执行《操作岗位人员薪酬管理办法（细则）》（节选见图2-1，完整文件扫码获取）。

操作岗位人员薪酬管理办法（细则）

本办法遵循公司薪酬管理体系基本原则与指导，为珠江纸业股份有限公司薪酬管理办法操作人员部分细则，适用于质量管理中心、维修中心、生产中心操作人员（含经理、副经理级别）薪酬管理及定级。

一、薪酬总额的分配和管理：

（一）公司对各单位年度工资实行总额承包。

1. 单位年度工资总额依据年度经济责任考核目标及定编人数确定，分月兑现。在定期内增人不增资，减人不减资（公司中层以上管理人员不纳入承包工资总额范围）。

2. 各单位月度工资总额随本单位每月综合目标完成率整体浮动。综合目标完成率超计划1%，工资总额上浮2%；综合目标完成率低于计划1%，工资总额扣减1%。

3. 单位在月度工资总额内提出不低于40%的部分作为员工当月绩效工资分配。

……

五、本规定经公司职代全联席会审议通过，由人力资源部负责解释。

附件1：工资标准表

附件2：倒班津贴标准表

人力资源部

2020年7月10日

附件1：工资标准表

岗位（职位）	月基本工资（元）	职位工资（元）	绩效工资（元）	备注
经理	8,000	1,000	0~2,000	
副经理	7,000	500	0~1,000	
辅助人员	6,000			
质量管理中心、维修中心一般员工	5,500			
生产部一般员工	计件工资			特殊时期，执行保底工资2,000元

附件2：倒班津贴标准表

人员	发放标准(元/天)	
	中班	晚班
四班三倒员工	30	50

图 2-1　《操作岗位人员薪酬管理办法（细则）》（节选）

认知识别　《操作岗位人员薪酬管理办法（细则）》中的分配方式确保了薪酬总额与单位的目标和人员规模相匹配，避免了资源的浪费或不足。通过绩效工资的合理设置、加班工资的核定与发放、津贴与奖金的精细化管理、岗位工资与职位工资的明确等方面的精细化管理措施，确保了薪酬体系的公平性、竞争力和激励作用，为公司的发展提供了有力的支持。

二、科学设置绩效考核管理指标，激发员工的工作积极性和创新能力

【场景2-2】为实现公司的战略目标，通过分析生产部门的工作特点和目标，生产部门设计了相应的考核指标，出台了《生产部门及人员绩效考核管理办法》(节选见图2-2，完整文件扫码获取)。

生产部门及人员绩效考核管理办法

第一章　目的

第一条　实现公司战略目标，使生产部门员工专注于清晰的目标、明确的发展方向和工作重点，调动员工的工作积极性和责任感，提高员工工作业绩，以及公司整体工作的有效性。

第二条　为建立一致的绩效考核手段，了解、评估员工的工作绩效、能力及潜力，为员工职业发展提供指导及相关培训，吸引人才、留住人才为员工岗位变动、职级调整、薪酬调整、劳动合同管理、优秀员工评比等提供重要依据。

……

3.岗位绩效任务指标考核表如下：

岗位绩效任务指标考核表

被考核部门				被考核二级部门性质	
考核期限					
关键绩效指标		分值	指标值	考核标准	适用岗位类型
出勤率		4分		出勤情况考核总得分	通用
产量指标		30分		分值公式：班组得分=(实际产量 ÷ 计划产量)×25	生产班组
质量指标		30分		质量情况考核表总得分	生产班组
人员培训	培训实施目标达成率	2.5分		培训实际达成率=(培训实际达成的培训目标数 ÷ 计划达成的培训目标数)×100%×2.5	生产班组
	培训考核通过率	2.5分		培训通过率=(培训考核通过人数 ÷ 参加培训的总人数)×100%×2.5	生产班组
非生产时间	断纸次数	4分		分值公式：断纸次数分根据断纸次数排出名次，第一名4分、第二名3分、第三名2分、第四名1分	生产班组
	非生产时间	6分		非生产时间分根据班组工艺非生产时间排出名次，第一名6分、第二名5分、第三名4分、第四名3分	生产班组
现场安全	安全检查完成率	5分		每月安全检查次数达到要求，按时完成检查任务 安全检查完成率=(实际完成的检查次数 ÷ 计划的检查次数)×100% 100%完成：5分；90%~99%完成：4分；80%~89%完成：2分；<80%完成：0分	生产班组
	安全事故	5分		无安全事故发生：5分； 发生一般安全事故扣减5分； 发生严重安全事故扣减10分； 发生重大安全事故直接排名末位	生产班组
	6S现场管理	5分		整理、整顿、清扫、清洁、素养、安全方面的落实情况 分值公式：班组得分=(评分表实际得分 ÷ 100)×5	生产班组
	SOP执行情况	5分		标准操作程序的执行情况，操作是否按标准流程进行	生产班组

续表

工艺查定	0分		此为扣分项，无故障则不扣分 a）因机电仪故障导致的设备损坏导致无法使用的，扣班组综合分1分 b）因工艺问题处理或引纸过程损害织物，导致不能使用的，扣班组综合分2分 c）因工艺问题处理或引纸过程损害织物，较轻微经过处理修补还可以使用的，扣班组综合评分1分	生产班组
本次考核总得分				
本次考核排名				

被考核部门负责人	被考核班组负责人	考核人	复核人
签字：	签字：	签字：	签字：
日期：	日期：	日期：	日期：

……

2020年1月1日

图 2-2 《生产部门及人员绩效考核管理办法》（节选）

认知识别 生产绩效评价指标的分类

生产绩效的评价指标是衡量生产部门为实现其生产职能所确定绩效目标的实现程度。这些指标不仅反映了生产效率和效果，还体现了生产管理的综合水平。为了全面、系统地评估生产绩效，可以从多个角度对评价指标进行分类。

1. 关键绩效指标（KPI）和基础绩效指标（CPI）

关键绩效指标（KPI）：KPI是衡量生产部门核心绩效的量化指标，通常与企业的战略目标和关键业务流程紧密相关，如产量达成率、产品合格率、设备综合效率（OEE）等。

基础绩效指标（CPI）：CPI是评估生产部门基础运营绩效的指标，涉及生产过程的各个方面，但不一定与核心战略目标直接相关，如员工出勤率、设备故障率、物料损耗率等。

2. 财务指标和非财务指标

财务指标：财务指标主要衡量生产部门的经济效益和成本控制情况，如生产成本、毛利率、库存周转率等。

非财务指标：非财务指标关注生产过程中的效率、质量、客户满意度等非经济方面，如客户满意度、生产周期、员工培训计划完成率等。

3. 结果指标和过程指标

结果指标：结果指标衡量生产部门实现的最终成果或效果，如产量、销售额、利润率等。

过程指标：过程指标评估生产过程中各个环节和活动的效率和效果，如生产准备时间、换模时间、在制品库存量等。

风险控制 《生产部门及人员绩效考核管理办法》旨在实现公司战略目标，明确生产部门员工的工作方向，提升员工的工作积极性和工作业绩，进而提升公司整体工作效率。其用途主要体现在两个方面：一方面，作为统一的绩效考核工具，它评估员工工作绩效、能力及潜力，为员工的职业发展提供指导和培训支持；另一方面，它为公司的人力资源管理提供重要依据，如岗位变动、职级调整、薪酬调整、劳动合同管理以及优秀员工评比等，有助于吸引并留住人才，确保公司长期稳定发展。

【场景2-3】将结果指标与非权重指标相结合，对各事业部设置绩效考核，如表2-1所示。

表 2-1 事业部绩效考核表

<table>
<tr><td>被考核部门</td><td colspan="5"></td></tr>
<tr><td>考核期限</td><td colspan="5"></td></tr>
<tr><td>指标类别</td><td>关键绩效指标</td><td>权重</td><td colspan="2">绩效目标值</td><td>考核得分</td></tr>
<tr><td rowspan="6">结果指标</td><td>生产计划完成率</td><td>25%</td><td colspan="2">目标值=100%，得分=（实际完成的生产任务数量 ÷ 计划生产任务数量）×25</td><td></td></tr>
<tr><td>产品质量合格率</td><td>25%</td><td colspan="2">目标值=100%，得分=（实际达到质量标准的产品数量 ÷ 生产的产品总数量）×25</td><td></td></tr>
<tr><td>生产设备利用率</td><td>20%</td><td colspan="2">目标值=100%，得分=（实际产量 ÷ 设计产能）×20</td><td></td></tr>
<tr><td>设备正常运转率</td><td>20%</td><td colspan="2">目标值=100%，得分=（实际运转时间 ÷ 计划运转时间）×20</td><td></td></tr>
<tr><td>吨纸成本</td><td>5%</td><td colspan="2">目标值=×××元，得分=（计划成本 ÷ 实际成本）×5</td><td></td></tr>
<tr><td>生产成本降低率</td><td>5%</td><td colspan="2">比上一考核周期降低2个百分点</td><td></td></tr>
<tr><td rowspan="4">非权重指标</td><td>质量意识与控制</td><td>否决指标</td><td colspan="2">无质量事故发生。发生一般质量事故扣减10分，发生严重质量事故扣减20分</td><td></td></tr>
<tr><td>成本意识与控制</td><td>否决指标</td><td colspan="2">无成本事故发生。发生一般成本事故扣减10分，发生严重成本事故扣减20分</td><td></td></tr>
<tr><td>安全生产</td><td>否决指标</td><td colspan="2">无安全事故发生。发生一般安全事故扣减0.5分，发生严重安全事故扣减5分，发生重大安全事故扣减20分</td><td></td></tr>
<tr><td>责任客户投诉</td><td>否决指标</td><td colspan="2">责任客户投诉次数。投诉超过2次每增加一次扣减2分</td><td></td></tr>
<tr><td colspan="5">本次考核总得分</td><td></td></tr>
<tr><td colspan="2">被考核部门负责人</td><td colspan="2">考核人</td><td colspan="2">复核人</td></tr>
<tr><td>签字：</td><td></td><td>签字：</td><td></td><td>签字：</td><td></td></tr>
<tr><td>日期：</td><td></td><td>日期：</td><td></td><td>日期：</td><td></td></tr>
</table>

认知识别 非权重指标

生产绩效指标中的非权重指标，一般是指那些在考核体系中不占据具体权重的指标。这些指标虽然重要，但通常不是常规工作的考核内容。如果将其作为权重指标考核，可能会对绩效考核的战略导向产生影响。然而，这些事项的发生对组织和部门战略目标的实现又具有重大意义。因此，对这类指标的考核采取不占权重的形式。具体来说，非权重指标可以包括以下几种类型：

否决指标：这类指标通常涉及安全生产、产品质量等关键方面。一旦这些方面出现问题，如发生安全事故或产品质量严重不合格，即使其他权重指标表现良好，也可能导致整个绩效考核的不合格。因此，否决指标具有“一票否决”的性质。

奖励指标：这类指标是指那些能够为企业带来额外收益或贡献的方面，如创新成果、节能减排等。当员工在这些方面取得显著成绩时，企业会给予相应的奖励，以激励员工继续努力。

奖惩指标：这类指标结合了否决指标和奖励指标的特点。当员工在某些特定方面未达到预期要求时，会受到相应的惩罚；当员工在这些方面表现出色时，则会获得奖励。

风险控制 对生产部门设置考核指标，一方面是为了完成企业的战略目标，激发员工的积极性和创造力；另一方面通过考核，可以发现事业部在生产过程中的不足和需要改进的地方，从而推动持续改进和流程优化。

三、生产中心多能工培养机制，提升生产的灵活性和连续性

【场景 2-4】 生产管理中心制定了《生产中心多能工培养方案》（节选见图2-3，完整文件扫码获取），本次培训适用于生产中心所有工段。

生产中心多能工培养方案

一、目的

为了适应和满足公司发展需要，提升生产的灵活性和连续性，打造一支具有柔性制造能力的团队，缩短生产周期时间。以提高员工操作技能和综合素质为根本，以“学技能、争先进、创一流”为主线，结合“学习型员工”争创活动，全面展示员工比学赶超、拼搏奉献的崭新风貌，促进广大职工快速成才，通过对员工的系统培训，丰富员工的工作内容，减少职业倦怠的现象，让员工具有多能化的技能，保证生产正常运行，保证产品质量符合要求，促进年度各项任务顺利实现，特制定本方案。

二、培养范围

1. 关键岗位、作业手法复杂、机器设备操作要求较复杂等岗位。

2. 本次活动适用于生产中心所有工段。

三、定义

1. 多能工：具有操作多种机器设备能力的作业人员，或在生产线上能熟练掌握两种或两种以上岗位技能的人员。

2. 传帮带：“传帮带”是一种传统的以老带新的工作方法。这里的“传”是指传授、传承，“帮”是指帮助、帮教，“带”是指带领、带动。

四、职责分工

1. 科长、班长：负责制定多能工培养需求表、多能工培养计划表、多能工师徒关系表、多能工岗位考评标准。负责对管辖内的多能工的选拔及培养对象的操作技能培训进度、结果进行跟踪，参与现场考评。

2. 组长：负责对管辖内的多能工培养对象进行培训、指导，确保人员顺利达到“多能工岗位考评标准”内容的要求。

3. 经理：全面负责此次多能工培养工作的顺利推进，组织现场考评。

……

生产中心

2023年2月24日

图 2-3　《生产中心多能工培养方案》（节选）

风险控制 造纸行业面临的市场需求可能会随着季节、消费者偏好和经济环境的变化而波动。多能工的存在使得企业能够更快速地调整生产策略，提高生产的灵活性，满足市场的即时需求。

多能工能够在多个岗位上工作，从而优化了人力资源的配置。通过培养多能工，企业可以减少对特定岗位专业工人的依赖。这不仅降低了因特定技能工人缺勤或离职带来的风险，还减少了频繁招聘和培训新员工的成本。

【场景2-5】造纸事业六部对相关人员的操作技能进行统计，并安排本月培训计划，如表2-2所示。

表2-2　　多能工训练计划表

部门：造纸事业六部　　日期：2023年3月6日—2023年3月18日　　单据编号：ZZ06-2023030301

姓名	工龄（年）	已会操作								计划培训				培训效果检验						占组别总人数比例
		工位1	工位2	工位3	工位4	工位5	工位6	工位7	工位8	工位1	工位2	工位3	工位4	能指导别人A	操作较佳B	自己会C	有人帮忙会D	培训中E	计划培训F	
冯娜万	5	A		C					B		√		√							33.33%
薛念凤	2		A		C			B		√		√								33.33%
黎翠珠	3			A		C	B			√	√									33.33%
钱美欣	4				A	B	C			√	√									33.33%
袁雪菲	2				B	A		C		√	√									33.33%
蔡玮棋	5			B			A		C	√	√									33.33%
王译昱	3		B			C		A		√		√								33.33%
施尊元	4	B			C				A		√	√								33.33%

【场景2-6】2023年3月造纸事业六部二班率先试运行此方案。对其中8个关键工位进行轮岗培训，轮换工位时间表如表2-3所示。

表2-3　　轮换工位时间表

部门：造纸事业六部　　日期：2023年3月6日　　单据编号：ZZ06-20230301

日期	时间段	工位1	工位2	工位3	工位4	工位5	工位6	工位7	工位8
2024年3月6日	上午	冯娜万	薛念凤	黎翠珠	钱美欣	袁雪菲	蔡玮棋	王译昱	施尊元
2024年3月6日	下午	施尊元	冯娜万	薛念凤	黎翠珠	钱美欣	袁雪菲	蔡玮棋	王译昱
2024年3月7日	上午	薛念凤	黎翠珠	钱美欣	袁雪菲	蔡玮棋	王译昱	施尊元	冯娜万
2024年3月7日	下午	王译昱	施尊元	冯娜万	薛念凤	黎翠珠	钱美欣	袁雪菲	蔡玮棋
2024年3月8日	上午	黎翠珠	钱美欣	袁雪菲	蔡玮棋	王译昱	施尊元	冯娜万	薛念凤
2024年3月8日	下午	蔡玮棋	王译昱	施尊元	冯娜万	薛念凤	黎翠珠	钱美欣	袁雪菲
2024年3月9日	上午	钱美欣	袁雪菲	蔡玮棋	王译昱	施尊元	冯娜万	薛念凤	黎翠珠
2024年3月9日	下午	袁雪菲	蔡玮棋	王译昱	施尊元	冯娜万	薛念凤	黎翠珠	钱美欣
2024年3月10日	上午	蔡玮棋	王译昱	施尊元	冯娜万	薛念凤	黎翠珠	钱美欣	袁雪菲
2024年3月10日	下午	黎翠珠	钱美欣	袁雪菲	蔡玮棋	王译昱	施尊元	冯娜万	薛念凤
2024年3月11日	上午	王译昱	施尊元	冯娜万	薛念凤	黎翠珠	钱美欣	袁雪菲	蔡玮棋
2024年3月11日	下午	薛念凤	黎翠珠	钱美欣	袁雪菲	蔡玮棋	王译昱	施尊元	冯娜万

风险控制 员工培训计划要有针对性，如果培训需求分析不够清晰或准确，可能导致培训计划与员工的实际需求和企业的发展目标不匹配，进而造成培训资源的浪费和效果不佳。由于造纸企业生产线上的岗位具有多样化、专业化的特点，所以应高度重视多能工培训工作，提升员工的综合技能，使他们能够灵活应对各种生产任务。

【场景 2-7】2023 年 3 月 20 日造纸事业六部对工位 1 进行考核，并颁布相关合格证书，重要工序培训计划及成绩汇总表如表 2-4 所示。

表 2-4　　重要工序培训计划及成绩汇总表

部门：造纸事业六部

序号	班次	产品系列	工序名称	姓名	培训日期		考核记录			总分	评定	颁证日期	截止日期
					计划	实际	理论	IE 实践	QE 实践				
1	二班	热敏原纸	工位 1	冯娜万	3 月 1—15 日	3 月 6—18 日	20	39	38	97	通过	2023 年 3 月 20 日	
2	二班	热敏原纸	工位 1	薛念凤	3 月 1—15 日	3 月 6—18 日	20	38	38	96	通过	2023 年 3 月 20 日	
3	二班	热敏原纸	工位 1	黎翠珠	3 月 1—15 日	3 月 6—18 日	20	39	39	98	通过	2023 年 3 月 20 日	
4	二班	热敏原纸	工位 1	钱美欣	3 月 1—15 日	3 月 6—18 日	20	40	38	98	通过	2023 年 3 月 20 日	
5	二班	热敏原纸	工位 1	袁雪菲	3 月 1—15 日	3 月 6—18 日	20	39	38	97	通过	2023 年 3 月 20 日	
6	二班	热敏原纸	工位 1	蔡玮棋	3 月 1—15 日	3 月 6—18 日	20	39	40	99	通过	2023 年 3 月 20 日	
7	二班	热敏原纸	工位 1	王译昱	3 月 1—15 日	3 月 6—18 日	20	39	39	98	通过	2023 年 3 月 20 日	
8	二班	热敏原纸	工位 1	施尊元	3 月 1—15 日	3 月 6—18 日	20	40	40	100	通过	2023 年 3 月 20 日	

考核人：王觅青　　审核：韩度　　批准：徐理

风险控制 多能工培训使员工能够掌握多种岗位技能，这意味着在部门内部，员工之间的技能互补性增强。当某个岗位出现人员短缺或任务量激增时，其他具备该岗位技能的员工能够迅速填补空缺，确保生产或服务的连续性，从而提升部门整体绩效。

任务小结

生产部门的员工管理对于生产过程控制具有至关重要的作用。它不仅能够保障生产过程的稳定性和效率，提升产品质量，还能增强生产过程的可控性，并促进企业的持续改进和文化建设。因此，企业应该高度重视生产部门的员工管理工作，不断完善员工管理制度和激励机制，充分发挥员工在生产过程控制中的关键作用。

任务发布

请阅读公司内控制制度中关于人力资源及薪酬管理的相关文件。

任务2 生产设备管理

【教学重点】了解并熟悉生产设备管理体系。

【教学难点】运用精细化的管理理念制定全过程的设备管理制度。

任务导入

公司为实现经营目标，对企业所有车间、部室、维修中心的设备，进行从计划、设计、制造、购置、安装调试、使用、维修、改造直至报废的全过程综合管理。设备管理实行分级管理制度，公司主管副总经理为设备管理最高负责人，委托设备管理部经理行使设备管理权，并通过设备管理部组织和协调有关部门实施设备专业管理。公司还设立了维修中心，在设备管理部的统一指导下，负责热电事业部、供排水事业部、化学事业部、化机浆事业部、造纸事业部、纸品加工事业部及生产系统公共部分的各项设备的维护保养、调校、巡检、检修和备件管理；负责公司网络和信息设备硬件及软件的维护和管理。

任务实施

一、设定设备管理的组织构架，明晰责任主体

【场景2-8】公司制定了《设备管理规定》（节选见图2-4，完整文件扫码获取），实行分级管理制度。

设备管理规定

一、总则

设备管理，是企业管理的一个重要领域，是企业生产活动的主要手段和基础，加强设备管理是提高设备运行效率、增进企业经营效益的根本保证。根据企业的生产经营目标，采取一系列技术、经济和管理措施，对企业的设备从计划、设计、制造、购置、安装调试、使用、维修、改造直至报废的全过程进行综合管理，追求并达到设备综合效益最大化。在此基础上制定设备管理目标及考核标准，严格按制度执行。本规定适用于公司内所有车间、部室、维修中心。

二、机构与职责

1 设备管理实行分级管理制度。

1.1 公司主管副总经理为设备管理最高负责人，委托设备管理部经理行使设备管理权，并通过设备管理部组织和协调有关部门实施设备专业管理。

1.2 在设备维修或抢修中，设备管理部统一组织、协调、管理和监督。

> 2　各级职责：
>
> 2.1　公司主管副总经理：
>
> 2.1.1　受总经理委托主管设备管理工作，对设备管理负领导责任。
>
> 2.1.2　认真贯彻执行上级对设备管理和设备维修工作的路线、方针、政策，根据公司实际情况，建立管理机构，配备人员，制定考核方案，明确各级人员责、权、利。
>
> ……

图 2-4　《设备管理规定》（节选）

风险控制　设备管理规定实施详尽的分级管理制度，确保设备从计划到报废的全生命周期有序管理。通过状态监测和故障诊断技术，结合设备运行状况制定维修策略，提高运行效率。同时，建立修理质量、环境和职业健康安全保证体系，以及合理储备和管理备品配件，实现精细化设备管理。这份规定充分体现了精细化管理在设备管理中的应用，为企业的稳定运营和高效发展提供坚实保障。

二、进一步划分责任，明确各部门的责任范围

【场景 2-9】在已明确设备管理组织架构情况下，进一步划分各部门的责任范围，公司制定了《生产设备管理细则》（节选见图2-5，完整文件扫码获取）。

> **生产设备管理细则**
>
> 为了确保生产及设备安全正常运行，对公司设备使用维护及检修责任区域管理进行划分。
>
> **1　职责**
>
> 1.1　设备管理部是设备主管部门，负责设备区域的划分以及制定相应的区域管理办法，并监督区域所属单位执行情况。
>
> 1.2　设备管理部部长是全厂设备的主管领导。
>
> 1.3　各设备使用单位负责本单位设备、工艺管道的日常使用清洁保养。维修中心负责本辖区内设备的完好及检修清洁保养。高压带电设备及高温高压设备由相关专业检修单位按规定负责清洁保养。
>
> ……

图 2-5　《生产设备管理细则》（节选）

风险控制　通过制度和流程的细化，企业可实现对设备检修工作的全方位、精细化管理。《生产设备管理细则》明确了设备检修的四大原则，包括预防为主、生产优先、专业与群众修理结合以及勤俭节约。文件详细规定了日常维护保养和一级保养的具体流程和要求，强调了计划性、专业性和系统性。此外，通过明确的巡检、润滑记录，以及缺陷及时上报的规定，确保了检修工作的精准和高效。

三、建立日常维修制度，并考核到人，确保设备的正常运行

【场景 2-10】公司制定了《设备检修管理制度》（节选见图2-6，完整文件扫码获取），采取维护和修理相结合的方式，保证设备的正常运行。

设备检修管理制度

一、总则

检修，是为保持或恢复设备完成规定功能的能力而采取的技术和管理措施，包括维护和修理。其目标是以最经济合理的费用（包括修理费、运行费和停产损失费等）使设备经常维持良好的性能，保证生产上有效地使用设备，从而实现企业的经营目标。

1 检修管理的四项原则

1.1 以预防为主，维护保养与计划检修并用。维护保养与计划检修工作都是贯彻“预防为主”方针的重要手段。

1.2 以生产为主，维修为生产服务。生产活动是企业的主要活动，维修必须树立为生产服务的观念，但生产也要保证合理使用设备，为维修提供必要的条件，确保设备安全稳定运行。

1.3 专业修理和群众修理相结合，以专业修理为主。维修工作要形成专管成线、群管成网的方法，但专业人员必须发挥主导作用。

1.4 勤俭节约，修旧利废。在保证设备维修质量和有利于技术进步的前提下，要开源节流，少花钱多办事，努力降低维修费用。例如，推行维修工作中的十二字经验（焊、补、喷、镀、铆、镶、配、改、校、涨、缩、粘）解决配件问题。

……

图 2-6 《设备检修管理制度》（节选）

【场景2-11】为使设备处于良好的工作状态，及时发现并处理安全隐患，避免停机，设备维修部建立了全天候的设备巡检制度，并按要求填写“班组巡检记录表”，如表2-5所示。

表 2-5 班组巡检记录表

日期：2023年3月10日　　时间：08:00—17:00

部门：造纸事业七部　　班组：一班

巡检人员：范锦琛　　生产线名称：9#生产线

一、巡检项目及结果

序号	巡检项目	检查内容及要求	检查结果（正常/异常）	备注
1	外观检查	外观是否完好，有无损坏或变形	正常	无异常
2	液体泄漏	有无油、水、汽等泄漏	正常	无泄漏
3	启动运行状态	启动是否正常，运转是否平稳	正常	无异常
4	温度/湿度	各仪表读数是否在正常范围	正常	无异常
5	压力/流量	各仪表读数是否在正常范围	异常	压力上升
6	异常噪声/振动	运行中有无异常噪声或振动	正常	无异常
7	润滑系统	润滑油液位、颜色、黏度是否正常	正常	润滑油液位正常
8	电气系统	电气连接是否牢固，保护装置是否正常	正常	无异常
9	传动系统	传动带、链条是否松动或磨损	正常	无松动或磨损
10	安全装置	安全防护装置、报警系统是否正常	正常	无异常
11	清洁状况	设备及周边是否清洁，有无积尘、油污等	正常	设备清洁，周边无积尘

二、发现的问题及处理情况

问题描述	处理措施	处理结果	处理人员	处理时间
压力上升至2.1bar	检查压力调节阀和管道	发现压力调节阀故障，已更换	范锦琛	2023年3月10日 10:30

三、巡检总结及建议

今天的巡检发现压力上升至2.1bar，检查发现压力调节阀故障，已更换新阀门。建议定期维护和检测压力调节阀，确保其正常运行，避免压力异常。

巡检人员签字：范锦琛

班组长签字：冯西市

风险控制　设备检修管理制度的目的是以最经济合理的费用（包括修理费、运行费和停产损失费等）使设备维持良好的性能，保证生产中能有效地使用设备，从而实现企业的经营目标。

四、界定各类故障的范围，对设备故障实行全过程管理

【场景2-12】公司制定的《设备故障、事故管理规定》（节选见图2-7，完整文件扫码获取），主要包括故障的各种术语解释、故障和事故的划分标准、事故损失的计算、汇报程序、故障的全过程管理等。

设备故障、事故管理规定

为加强故障和事故管理，研究故障和事故发生的规律，做好分析总结，吸取教训，以便采取措施排除或减少故障和事故的再发生，保证设备安全运行，特作如下规定。设备管理部负责设备故障、事故的管理职能。

一、术语

1　设备故障，指设备（系统）或零部件丧失其规定的功能，影响正常生产运行。故障按其发展情况可分为突发性和渐发性两大类。

1.1　突发性（偶发）故障，通过事前监测无法预测，即事先无明显征兆，亦无发展过程的随机故障。发生故障的概率与使用时间无关，如过载引起零件折断、控制电路板突发故障等。

1.2　渐发性（磨损）故障，通过事前监测可以预测，发生故障的概率与使用时间有关，使用时间越长，发生故障的概率越高，如磨损、腐蚀、疲劳、老化等引起的故障。

2　设备事故，指企业生产设备因非正常损坏造成停产或效能降低，停机时间和经济损失超过规定限额者。

2.1　按其损坏程度对生产造成损失的大小和修理费用多少可划分为四个不同的级别，即一般设备事故、大设备事故、重大设备事故、特大设备事故。

2.2　按事故发生的性质可分为三类：自然事故、质量事故、责任事故。

2.2.1　自然事故。凡因遭受自然灾害，致使设备损坏停产或效能降低，称为自然事故。

2.2.2　质量事故。凡因设计、制造、安装等原因，致使设备损坏停产或效能降低，称为质量事故。

2.2.3　责任事故。凡属于人为原因，如违反操作维护规程、擅离工作岗位、超负荷运转、加工工艺不合理以及维护不到位、检修不良等，致使设备损坏停产或效能降低，称为责任事故。

……

图 2-7　《设备故障、事故管理规定》（节选）

认知识别 这份文件为管理提供了清晰的界定标准，通过详细的分类和分级，对故障和事故进行了精细化管理，有助于准确判断其影响程度并采取相应措施。此外，文件还规定了故障信息的收集、分析、处理及成果评价等流程，确保管理过程的完整性和系统性。这些规定提高了设备管理的效率，降低了故障和事故的风险。

任务小结

公司通过全过程综合管理、分级管理制度、专业化管理和信息化管理等方式，实现了设备管理的精细化。这种精细化管理提高了设备的使用效率和寿命，降低了设备故障率和维修成本，既保证了生产的连续性，也创造了价值，为公司实现战略目标提供了保障。

任务发布

请仔细阅读珠江纸业股份有限公司内控制度中的关于设备管理的相关制度和文件。

任务3 生产过程监控

【教学重点】通过先进的生产监控系统实时收集和分析生产数据。

【教学难点】识别影响产品质量和生产效率的关键过程参数。

任务导入

公司为了保证完成生产作业计划规定的产品产量和交货期限，提高产品质量，降低生产成本，提高生产效率，进行了全面的生产过程监控。生产监控的首要任务是找出监控的关键点，找出与产品质量和生产效率相关的关键参数。

生产过程监控是指对生产全过程中涉及的各个环节、设备、物料、人员等制造资源进行实时监视和控制的活动。

一、生产监控的内容

生产监控是通过实时监测、数据采集与分析以及及时发现问题并处理，对生产过程进行全面、实时的管理和优化，以提高生产效率和产品质量，确保生产流程的顺畅与安全。

生产监控包括设备监控、能耗管理、生产流程监控、工艺监控与优化、安全与环境监控等。

二、生产过程监控的重要性

生产过程监控可以帮助企业实现以下目标：

（1）提高产品质量：通过及时监测和调控生产过程中的参数，可以及时发现问题并采取措施，以确保产品的质量符合标准要求。

（2）降低生产成本：通过监控和控制生产过程中的参数，可以减少废品率，降低能源消耗和原材料浪费，从而降低生产成本。

（3）提高生产效率：通过实时监控生产过程中的关键参数，可以及时调整生产计划和工艺参数，提高生产效率和产能利用率。

（4）提高生产安全性：生产过程监控有助于确保生产环境的安全。通过实时监控生产设备的运行状态和工作环境参数，可以及时发现潜在的安全隐患，并采取相应措施进行预防和应对，避免安全事故的发生。

子任务 1　制作生产看板

【教学重点】生产看板的内容及关键指标设定。

【教学难点】如何利用生产看板对生产过程进行管控。

任务导入

公司用生产看板来监控生产过程，主要是运用实时可视化生产数据提高生产效率和质量、降低生产成本、诊断与解决问题以及进行跨部门协作与沟通等方面。以造纸事业七部 9# 和 10# 生产线为例制作与使用生产看板。

生产看板是一种用于监控和管理制造生产过程的工具。它可以是物理的展示板，也可以是电子化的系统，主要目的是提供实时、可视化的生产状态，以便团队能够迅速了解生产进度、问题和绩效指标。

任务实施

一、明确看板需求和目标

（1）确定看板的目的：明确生产看板是用于监控哪些生产环节、展示哪些关键绩效指标（KPI）。

（2）收集信息：收集与生产过程相关的数据和信息，如产量、质量、工时、交货期等。

二、设计看板结构

（1）选择看板类型：根据生产流程和需求，选择合适的看板类型，如物理看板、电子看板等。

（2）设计版面布局：规划看板的版面布局，包括标题、各个区域的划分、信息的展示方式等。

三、确定生产看板的内容

【场景2-13】2023年3月10日10：00，造纸事业七部的生产管控看板如图2-8所示。

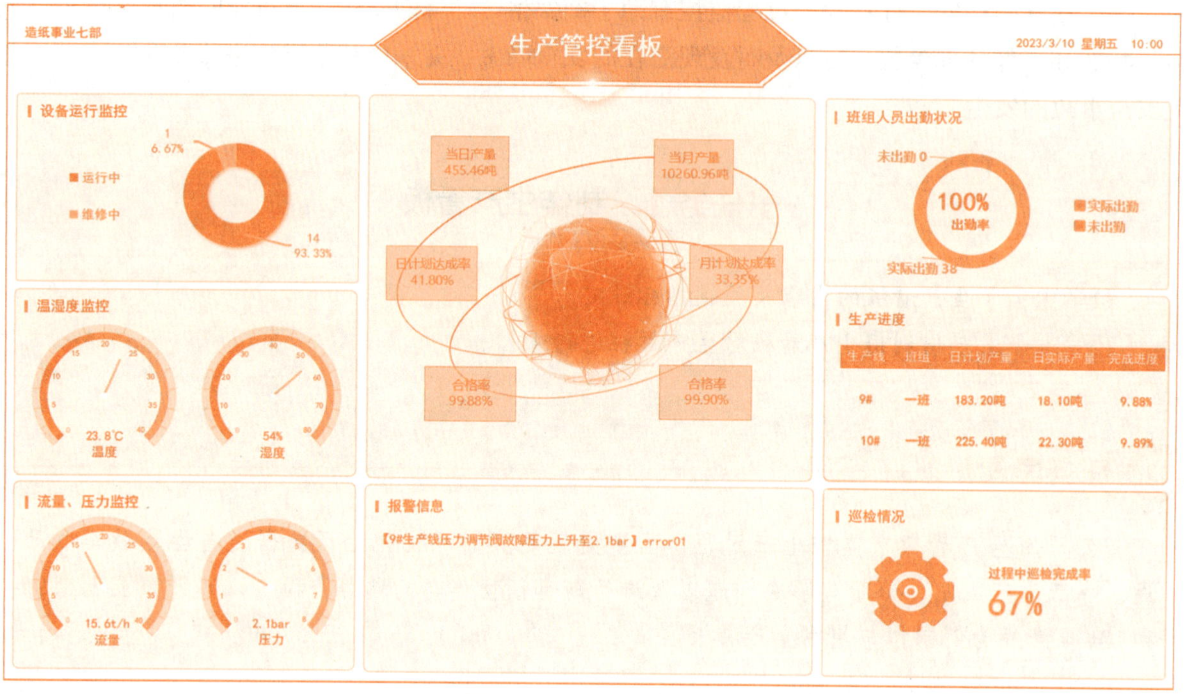

图2-8 生产管控看板

认知识别 生产管控看板包含的内容

人员考勤：显示当前车间内工作人员的出勤情况，包括已签到、未签到、请假等状态，确保人员到位和工作的正常开展。

生产进度：展示当前生产任务的进度情况，通常以百分比或图形化的方式呈现，帮助管理者了解生产任务的完成程度。

当班产量：显示当前班次或时间段内的实际生产数量，与计划产量进行对比，以便及时调整生产节奏。

当日产量：显示整个工作日内的累计生产数量，是评估当日生产效率的重要指标。

当日计划达成率：通过对比实际产量与计划产量，计算得出当日计划的达成率，反映生产计划的执行情况。

当月完成进度：展示当前月份内生产任务的完成进度，与月度生产计划进行对比，帮助管理者掌握整体生产进度。

日合格率：统计当日生产的合格产品数量占总产量的比例，反映当日生产质量状况。

月合格率：统计当月生产的合格产品数量占当月总产量的比例，是评估整个月生产质量水平的重要指标。

设备运行情况：显示关键设备的运行状态，如运行中、暂停、故障等，帮助及时发现并处理设备问题。

温湿度：显示生产车间的温湿度数据，确保生产环境在适宜的范围内，保障产品质量和设备正常运行。

压力情况：监控压力的设备或环节，显示实时的压力数据，确保生产过程的稳定和安全。

报警信息：显示车间内的实时报警信息，包括设备故障、生产异常等，帮助管理者及时发现并处理生产过程中的问题，减少生产损失。

这样的看板设计能够全面、直观地展示生产车间的运行情况，为管理者提供有效的决策支持，同时也有助于提高生产效率、保障产品质量和降低生产成本。

风险控制 看板中的“报警信息”显示“【9#生产线压力调节阀故障压力上升至2.1bar】error01”，传感器将设备故障信息传递到生产管控看板，设备维修部的巡检人员迅速响应，以最短的时间排除故障，杜绝安全隐患和质量问题。生产看板对跨部门的协作提出了更高的要求，企业需要制定或优化跨部门协作流程，明确各部门的职责、任务和时间节点。通过流程标准化，减少因沟通不畅或职责不清导致的延误和错误。

子任务 2 生产设备监控

【教学重点】生产数据的实时采集与分析。

【教学难点】根据设备性能和产品相关要求设置监控关键点。

任务导入

公司为了实现高效的生产管理，借助先进的监控技术和数据分析工具，可以实现生产过程的智能化管理。通过对生产数据的实时收集、分析和处理，可以为企业提供更加精准、高效的生产决策支持，推动企业的数字化转型和升级。

设备监控指的是通过安装传感器，实时监测设备的运行状态，包括温度、湿度、压力、流量等关键参数，对生产设备进行实时状态监测、数据收集、故障诊断以及预防性维护的过程。

任务实施

一、确定生产关键控制点

【场景2-14】生产中心为了确保生产质量，根据经验确定了生产过程的监控要点，详见《生产关键控制点监控记录文件》(见图2-9)。

生产关键控制点监控记录文件

生产的关键控制点监控记录文件是确保纸类产品生产过程符合质量要求的重要工具。这些文件详细记录了生产过程中关键步骤的监控情况，以确保产品质量和安全。以下是关键控制点监控记录文件的主要内容：

一、原材料检验记录

记录原材料的来源、批次和数量。

记录原材料的物理和化学性能测试结果，如水分含量、纤维长度、灰分等。

对于不合格原材料的处理方式及记录。

二、制浆与混合控制记录

记录制浆过程中的工艺参数，如浆料浓度、温度、搅拌速度等。

记录混合过程中各种原料的配比和混合均匀性。

三、纸张成型与干燥控制记录

记录纸张成型机的操作参数，如网速、压力、湿度等。

记录纸张干燥过程中的温度、湿度和风速等参数。

四、纸张表面处理与涂布控制记录

记录纸张表面处理（如压光、压纹）的工艺参数和效果。

记录涂布过程中涂料的配比、涂布里和余布均匀性。

五、切割与包装控制记录

记录切割机的操作参数和切割尺寸。

记录包装过程中的产品数量、包装方式和包装质量。

六、在线质量检测记录

记录在线质量检测设备的检测数据和结果，如纸张厚度、强度、平滑度等。

对于不合格品的处理方式和追溯记录。

七、环境与安全监控记录

记录生产过程中的温度、湿度、噪声等环境参数。

记录有害物质的排放情况和处理措施。

八、关键设备维护与校准记录

记录关键设备的定期维护和保养情况。

记录设备的校准结果和校准周期。

这些关键控制点监控记录文件应定期更新、归档并备份，以便于产品质量追溯和生产过程的持续优化。通过有效的监控和记录，企业可以及时发现并解决生产过程中的问题，确保纸类产品的质量和安全。同时，这些记录也是企业质量管理体系的重要组成部分，有助于提升企业的质量管理水平和市场竞争力。

生产中心

2020年1月3日

图2-9 《生产关键控制点监控记录文件》

二、获取关键数据的信息化措施

1. 采用传感器和监测设备

【场景2-15】为了提高生产效率，实时监控温湿度，公司在各车间安装了温湿度一体的传感器来测量实时的温湿度，并将传感器的温湿度数据实时传输到温湿度调节设备中，如图2-10所示。

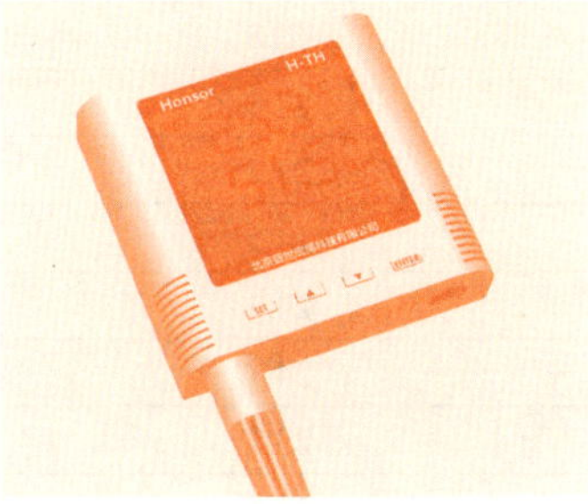

图 2-10 温湿度传感器

认知识别 安装在生产设备和生产线上的传感器和监测设备可以实时监测关键参数，如温度、压力、湿度、流量等。这些设备可以直接连接到数据采集系统，以便实时获取数据。

实时数据监控在现代生产环境中扮演着至关重要的角色。通过物联网（IoT）设备的实时数据收集，企业能够实现即时决策和过程调整，从而提升生产流程的透明度和响应速度。这种技术的应用不仅优化了生产效率，还减少了资源浪费，为企业带来了显著的经济效益。同时，预测性维护作为物联网技术的另一个关键应用，通过监测设备状态和性能，能够预防生产中的意外停机和故障。这种前瞻性的维护策略能够降低维修成本，延长设备寿命，并确保生产过程的连续性和稳定性。

工程部人员事先将范围内的温湿度设置到温湿度调节设备中，小范围内的温湿度差异，系统会自动进行调节。超过范围内的温湿度差异或者长时间的温湿度差异，系统将自动报警传输到监控室内。

工程部人员对生产车间的温度、湿度进行定点测试，寻找到合适的位置后安装温湿度传感器。

2. 数据采集与处理系统

【场景2-16】生产中心的监控人员每天定点登记实时数据，2023年3月10日生产车间的温湿度定点检查记录如表2-6所示。

表 2-6 温湿度定点检查记录表（9# 生产线）

时间	温度（℃）	湿度（%）
2023-03-10 1：00	23	55
2023-03-10 2：00	22.5	54
2023-03-10 3：00	21.8	53
2023-03-10 4：00	21.5	52
2023-03-10 5：00	22	51

续表

时间	温度(℃)	湿度（%）
2023-03-10　6：00	22.3	50
2023-03-10　7：00	22.7	56
2023-03-10　8：00	23	57
2023-03-10　9：00	23.5	55
2023-03-10　10：00	23.8	54
2023-03-10　11：00	24	53
2023-03-10　12：00	24.2	52
2023-03-10　13：00	24.5	51
2023-03-10　14：00	24.3	50
2023-03-10　15：00	24	55
2023-03-10　16：00	23.7	56
2023-03-10　17：00	23.5	57
2023-03-10　18：00	23.3	54
2023-03-10　19：00	23	53
2023-03-10　20：00	22.8	52
2023-03-10　21：00	22.5	51
2023-03-10　22：00	22.3	50
2023-03-10　23：00	22	55
2023-03-10　24：00	21.8	54

分析研判 通过采集传感器数据，并利用数据处理技术，如数据挖掘和模型建立等，对生产过程中的数据进行分析和处理，以提取有用的信息。

3. 监控软件和可视化工具

【场景2-17】2023年3月10日，监控室内显示器的车间内温度、湿度走势图，如图2-11所示。

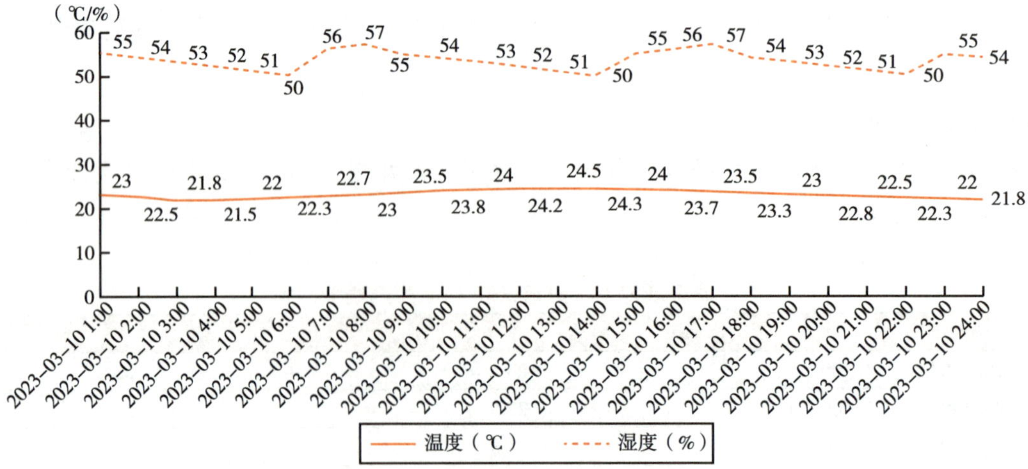

图2-11　3月10日车间内温度、湿度走势图（9#生产线）

分析研判 使用专门的监控软件和可视化工具来显示生产过程的实时状态和趋势。这些工具可以帮助操作人员快速识别异常情况，并采取相应的措施。数据可视化和仪表盘的应用极大地提高了数据的可理解性和可操作性。通过将复杂的数据转换为直观的图表和图形，生产管理者可以迅速洞察生产过程中的关键指标和趋势，并作出更加明智的决策。

4. 自动化控制系统

利用自动化控制系统对生产过程进行实时调整和控制。这些系统可以根据预设的参数和规则自动执行操作，以确保生产过程稳定运行并达到预期目标。

5. 质量检测与分析

【场景2-18】生产中心根据系统数据，统计2023年3月每天的温度、湿度及纸张的合格率，如表2–7所示。据此，生产中心对温度及湿度对合格率的影响作出分析，并及时调整设备。

表 2–7　　温度、湿度及纸张的合格率表（9# 生产线）

序号	时间	平均温度（℃）	平均湿度（%）	合格率	备注
1	1日	23.4	54.7	99.90%	湿度不符合要求
2	2日	21.1	53.2	99.92%	湿度不符合要求
3	3日	22.7	57.2	99.84%	湿度不符合要求
4	4日	22.1	53.3	99.88%	湿度不符合要求
5	5日	24.4	57.7	99.96%	湿度不符合要求
6	6日	21.3	52.4	99.96%	湿度不符合要求
7	7日	23.9	52.7	99.90%	湿度不符合要求
8	8日	24.3	57.8	100.00%	
9	9日	21.3	55.3	99.88%	湿度不符合要求
10	10日	22.1	56.7	99.88%	湿度不符合要求
11	11日	22.7	52.7	99.84%	湿度不符合要求
12	12日	23.0	54.8	99.96%	湿度不符合要求
13	13日	24.6	56.7	99.80%	湿度不符合要求
14	14日	23.7	55.3	99.88%	湿度不符合要求
15	15日	22.1	56.7	99.90%	湿度不符合要求
16	16日	21.1	56.4	99.94%	湿度不符合要求
17	17日	22.0	56.9	99.82%	湿度不符合要求
18	18日	24.8	55.6	99.90%	湿度不符合要求
19	19日	22.8	56.4	99.94%	湿度不符合要求
20	20日	22.1	54.9	99.88%	湿度不符合要求
21	21日	21.4	55.0	100.00%	
22	22日	22.4	52.2	99.96%	湿度不符合要求
23	23日	21.2	56.9	99.96%	湿度不符合要求

续表

序号	时间	平均温度（℃）	平均湿度（%）	合格率	备注
24	24日	22.9	54.7	99.90%	湿度不符合要求
25	25日	22.5	55.0	99.88%	湿度不符合要求
26	26日	24.5	57.6	99.88%	湿度不符合要求
27	27日	22.7	54.1	100.00%	
28	28日	21.4	54.0	99.94%	湿度不符合要求
29	29日	22.5	54.0	99.96%	湿度不符合要求
30	30日	22.5	54.0	99.96%	湿度不符合要求
31	31日	22.0	54.2	99.88%	湿度不符合要求

分析研判 在生产过程中进行质量检测，并利用质量分析工具对检测结果进行统计和分析，可以帮助企业了解产品质量情况，并及时调整，提高产品质量。

6. 异常报警系统

设置异常报警系统来监测生产过程中的异常情况，并在发现异常时发送警报。这可以帮助企业及时采取措施防止生产故障和质量问题的出现。

在生产过程监控中，应定期对生产过程进行评估和分析，识别潜在的改进机会，并采取措施优化生产过程，以帮助企业不断提高生产效率和产品质量。

三、监控过程异常情况的应对措施

【场景 2-19】2023年3月17日，设备管理部收到监控室发出的温度报警系统提醒，相关人员立马对相关设备进行物理干预降温，调整环保空调系统，降低室内温度。温度调节完以后，针对此类问题，相关部门拟定了操作建议。

分析研判 由于3月9#生产线湿度不稳定，导致有33吨胶版纸的克重、水分合格率不达标，质量验收不合格。生产中心召集管理人员、生产老员工讨论，确定了导致异常的原因，并制定了改进措施：

（1）加大设备巡检次数；

（2）增加浆浓度的抽检频次；

（3）改进通风系统等硬件设备。

风险控制 设备监控的目的是提高设备的运行效率，延长设备的使用寿命，减少故障停机时间，从而降低生产成本并提高整体生产效率。这对于需要连续运行和高可靠性的生产设备尤为重要。

子任务 3 生产进度监控

【教学重点】生产进度关键指标的内容、资源调配的重要性。

【教学难点】如何协同其他部门解决生产过程中的生产计划、生产工艺、生产环境等变更。

任务导入

公司生产纸张产品的生产过程较为复杂，车间主任或计划中心需要及时了解生产进度的执行、生产过程的预警管理等，通过有效的监控和管理，可以确保生产过程的高效、安全和产品质量。

生产进度监控主要是实时监测生产线上的关键指标，例如产量、质量、效率等。帮助管理人员及时了解生产状况，进行调整和优化，以提高生产效率，降低产品不良率。

任务实施

一、生产进度控制

【场景 2-20】造纸事业七部根据每日排产计划，实时跟进登记完工进度表，如表 2-8 所示。

表 2-8 日排产计划跟进表

部门：造纸事业七部　　日期：2023 年 3 月　　单位：吨

项目	计划投产数量		实际完成数量		差异数	
日期	胶版纸	办公用纸	胶版纸	办公用纸	胶版纸	办公用纸
2023-03-01	1,089.5	0	1,088.42	0	-1.08	0
2023-03-02	1,089.5	0	1,088.25	0	-1.25	0
2023-03-03	1,089.5	0	1,088.00	0	-1.50	0
2023-03-04	1,089.5	0	1,088.05	0	-1.45	0
2023-03-05	1,089.5	0	1,088.80	0	-0.70	0
2023-03-06	1,089.5	0	1,088.42	0	-1.08	0
2023-03-07	1,089.5	0	1,088.40	0	-1.10	0
2023-03-08	1,089.5	0	1,088.70	0	-0.80	0
2023-03-09	1,089.5	0	1,088.25	0	-1.25	0
2023-03-10	1,089.5	0	1,088.10	0	-1.40	0
2023-03-11	1,089.5	0	1,088.01	0	-1.49	0
2023-03-12	1,089.5	0	1,089.30	0	-0.20	0
2023-03-13	1,089.5	0	1,087.90	0	-1.60	0
2023-03-14	1,089.5	0	1,088.05	0	-1.45	0
2023-03-15	1,089.5	0	1,088.45	0	-1.05	0
2023-03-16	1,089.5	0	1,088.35	0	-1.15	0
2023-03-17	1,089.5	0	1,087.75	0	-1.75	0
2023-03-18	1,089.5	0	1,087.94	0	-1.56	0

续表

项目	计划投产数量		实际完成数量		差异数	
日期	胶版纸	办公用纸	胶版纸	办公用纸	胶版纸	办公用纸
2023-03-19	1,089.5	0	1,088.55	0	-0.95	0
2023-03-20	1,089.5	0	1,088.35	0	-1.15	0
2023-03-21	1,089.5	0	1,088.82	0	-0.68	0
2023-03-22	1,089.5	0	1,088.23	0	-1.27	0
2023-03-23	1,089.5	0	1,088.45	0	-1.05	0
2023-03-24	1,089.5	0	1,088.10	0	-1.40	0
2023-03-25	1,089.5	0	1,087.80	0	-1.70	0
2023-03-26	1,089.5	0	1,050.86	0	-38.64	0
2023-03-27	488.5	385	488.50	409	0	24
2023-03-28	488.5	601	488.20	600	-0.30	-1
2023-03-29	488.5	601	488.30	599.5	-0.20	-1.5
2023-03-30	488.5	601	488.30	600.5	-0.20	-0.5
2023-03-31	489.0	601	488.40	580	-0.60	-21
合计	3,0770.0	2,789	30,700.00	2,789	-70.00	0

分析研判 表2-8显示3月胶版纸的实际生产量比计划生产量少70吨。生产中心经过分析得出，其中入库时有33吨不合格品，剩余的34吨是由于设备检修超时2.14小时，造成产能利用率不足导致。

【场景2-21】 随着数字化技术的运用，生产中心采用了生产管理系统对生产技术进行控制，实现了实时监控和反馈。生产管理系统在进行生产进度管理时，会根据制订的排产计划，跟进每日产量完成情况。公司制定了《生产进度控制办法》，如图2-12所示。

生产进度控制办法

为了确保生产过程的顺利进行和按时交付。公司制定了相关流程的控制办法：

一、编制详细的生产计划

根据市场需求、设备状况、人员配置等因素，制订具体、可操作的生产计划。

计划中应包含每个工序的时间节点、资源需求、预期产出等信息。

二、设立进度监控机制

设立专门的进度监控岗位，负责实时跟踪生产进度。

使用生产管理软件或电子表格等工具，记录实际进度并与计划进度进行对比。

三、定期召开生产进度会议

定期组织生产、技术、采购等相关部门召开进度会议。

会议中讨论进度偏差的原因，提出改进措施，并分配后续工作任务。

四、建立生产进度报告制度

每日或每周编制生产进度报告，汇总实际生产数据，分析进度偏差。

将报告分发给相关部门和人员，以便及时了解生产情况并作出调整。

五、实施生产现场巡视

管理人员定期巡视生产现场，了解实际生产情况，及时发现并解决问题。

与一线员工交流，收集他们对生产进度控制的意见和建议。

六、加强供应商管理

对供应商进行评估和选择，确保原材料供应的稳定性和及时性。

与供应商建立长期合作关系，签订保供协议，降低供应风险。

七、优化生产流程

对生产流程进行定期审查和优化，消除瓶颈问题和浪费。

引入先进的生产技术和设备，提高生产效率和质量。

八、建立激励机制

设立生产进度奖励制度，对按时完成任务的员工进行表彰和奖励。

通过激励机制激发员工的工作积极性和创造力。

九、应对异常情况

对于突发事件、设备故障等异常情况，建立快速响应机制，及时调整生产计划。

定期对异常情况进行总结和分析，提出预防措施，避免类似问题再次发生。

十、强化员工培训

对员工进行生产进度控制方面的培训，提高他们的专业素养和操作技能。

通过培训使员工更好地理解生产进度控制的重要性，并积极参与其中。

珠江纸业股份有限公司

2020年1月3日

图 2-12 《生产进度控制办法》

风险控制 在生产过程中，可能会遇到各种不可预见的风险，如设备故障、原材料短缺、人力不足等，这些都是影响生产进度的重要因素。保持生产的连续性是生产进度控制的关键，企业应运用大数据技术开展预测性生产维护，并与其他部门保持良好的沟通和协作，避免停产给企业带来损失。

二、生产预警管理

【场景2-22】公司利用人工智能技术实时监控浆料制备系统，通过安装传感器实时获取流量、压力等数据，如表2-9所示。

表 2-9 流量、压力监控记录表（9# 生产线）

时间	流量（t/h）	压力（bar）	检测结果	备注	巡检班组	巡检人员
2023-03-10 1：00	15.5	1.5	正常	无	三班	胡畅威
2023-03-10 2：00	15.6	1.6	正常	无	三班	胡畅威
2023-03-10 3：00	15.4	1.4	正常	无	三班	胡畅威
2023-03-10 4：00	15.3	1.5	正常	无	三班	胡畅威
2023-03-10 5：00	15.5	1.6	正常	无	三班	胡畅威

续表

时间	流量（t/h）	压力（bar）	检测结果	备注	巡检班组	巡检人员
2023-03-10 6：00	15.4	1.5	正常	无	三班	胡畅威
2023-03-10 7：00	15.6	1.4	正常	无	三班	胡畅威
2023-03-10 8：00	15.5	1.6	正常	无	一班	范锦琛
2023-03-10 9：00	15.7	1.8	正常	无	一班	范锦琛
2023-03-10 10：00	15.6	2.1	压力异常	压力超标	一班	范锦琛
2023-03-10 11：00	15.5	1.5	正常	无	一班	范锦琛
2023-03-10 12：00	15.4	1.4	正常	无	一班	范锦琛
2023-03-10 13：00	15.6	1.6	正常	无	一班	范锦琛
2023-03-10 14：00	15.7	1.5	正常	无	一班	范锦琛
2023-03-10 15：00	15.8	1.4	正常	无	一班	范锦琛
2023-03-10 16：00	15.5	1.5	正常	无	一班	范锦琛
2023-03-10 17：00	15.6	1.4	正常	无	二班	何雨江
2023-03-10 18：00	15.7	1.5	正常	无	二班	何雨江
2023-03-10 19：00	15.8	1.6	正常	无	二班	何雨江
2023-03-10 20：00	15.5	1.4	正常	无	二班	何雨江
2023-03-10 21：00	15.2	1.5	正常	无	二班	何雨江
2023-03-10 22：00	14.8	1.6	流量异常	流量低于标准	二班	何雨江
2023-03-10 23：00	15.2	1.5	正常	无	二班	何雨江
2023-03-10 24：00	15.1	1.4	正常	无	二班	何雨江

认知识别 生产预警管理是一种预防性管理策略，旨在通过收集、分析生产过程中的相关数据和信息，及时发现和预测可能导致生产事故或设备故障的原因。

公司共有造纸生产线10条，其中的10#生产线并不是最先进的，它的与众不同在于，其运维是由AI智能来守护的。

10#生产线上安装了近200个传感器，用物联技术有效采集设备振动、温度关键性能指标数据，再通过AI人工智能，对设备进行诊断，提醒设备维护人员及时维护，维持设备高效运转。

10#生产线抄纸操作站中，8台电脑显示器上各种图表、数据实时变动，其中一台显示的就是设备故障预警与监控平台PHM。设备分为A、B、C、D四种状态，如果屏幕显示C和D就要小心了，说明此处设备存在故障隐患。

以前检修人员每天对纸机进行两次设备巡检，特定区域的设备巡检只能是停机后，检修人员进入，通过手摸、耳听，凭经验，感觉不对就更换，难免有过度维修的情况。物联网和人工智能技术应用后，故障预警与监控更加精准。

分析研判 将大数据和人工智能技术应用于造纸生产线，通过安装传感器来收集实时数据，是智能制造和工业4.0时代的重要实践，也是大数据在生产领域深度应用的一个典型案例。这种应用不仅提升了生产效率，还显著增强了产品质量控制的精确性和灵活性。

风险控制 通过大数据和人工智能技术获取实时数据时，要加强数据安全与隐私保护、确保数据质量与准确性、提高系统稳定性与可靠性、保障人工智能模型的可靠性与准确性、遵守法规合规与风险管理以及防范内部威胁与外部攻击等措施，可以有效降低风险并保障生产过程的顺利进行。

三、工艺监控与优化

【场景 2-23】 为了应对原材料利用率低、能源消耗大，寻求绿色、环保且高效的生产方式，公司着重加强技术创新，提高产品质量和生产效率，同时努力降低生产成本。优化生产工艺流程是实现这一目标的关键。通过减少不必要的工序和浪费，减少原材料和能源的消耗，从而降低生产成本。造纸生产工艺流程如图 2-13 所示。

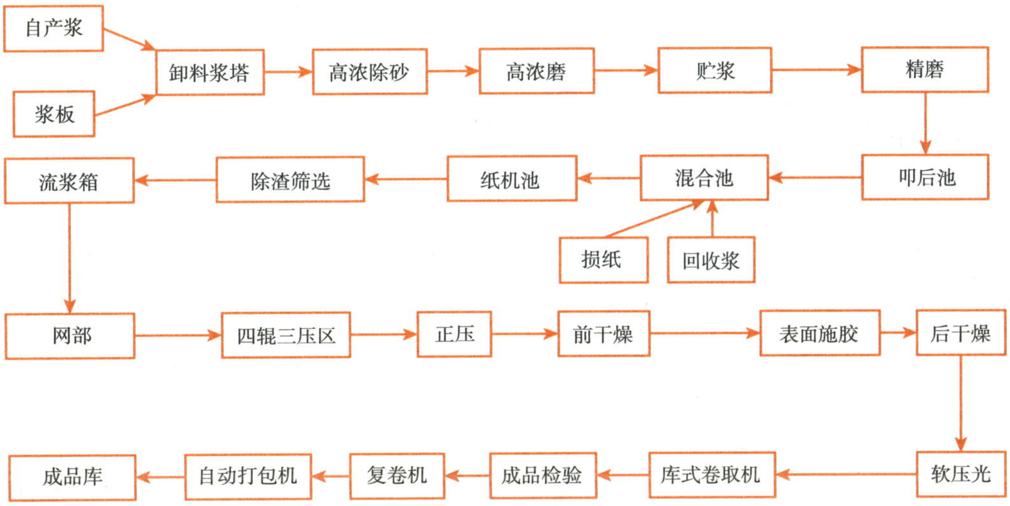

图 2-13 造纸生产工艺流程图

认知识别 工艺监控与优化是工业制造过程中的重要环节，涉及对生产流程的实时监控、数据收集、分析和优化。并对收集到的数据进行深入分析，找出影响产品质量和生产效率的关键因素。通过反馈控制来调整设备或工艺参数，以达到最佳生产效果和产品质量。

分析研判 干燥是造纸生产工艺中的关键流程，对于确保纸张质量和生产效率具有至关重要的作用。

纸机干燥部是在烘缸通入高温蒸汽对湿纸幅干燥脱水，约35%~40%的水分需通过干燥部脱出，能耗量占整个造纸过程能耗总量的45%~55%。从某种程度上说。汽耗量成为影响造纸企业成本和利润的关键因素，更是造纸产业节能降耗的重要环节。

造纸事业部生产线纸机干燥部为多段进汽的控制方式，汽耗用量较大。实施节能技术改造后，汽单耗下降0.688631t/t纸，节降率23.62%，根据生产能力分析表，9#生产线年产能为178,370

吨，每年可节约178,370×0.688631=12.28万吨，如表2–10、表2–11如示。

表2–10　　生产能力分析（8#、9#、10#生产线）

生产机台	生产车间	产品类别	设计产能（吨）
8#	造纸事业六部	印刷用纸	144,810.00
9#	造纸事业七部	印刷用纸	178,370.00
10#	造纸事业七部	印刷用纸/办公用纸	219,590.00

注：全部生产线生产能力分析扫码获取。

表2–11　　生产能力消耗变化

生产线	技改前汽单耗（吨）	技改后汽单耗（吨）	节约汽单耗（吨）	节降率
9#生产线	3.604231	2.9156	0.688631	23.62%

通过干燥部节能技术改造，采用先进的生产工艺技术，注重资源的循环利用和可持续发展，降低生产成本和资源浪费。

风险控制 在大数据背景下，通过传感器、数据采集模块等设备，对工艺参数进行实时监控，确保生产过程的稳定性和安全性。并通过实时对监控数据进行记录和分析，发现潜在问题并制定改进措施，提高生产效率和产品质量。

四、安全与环境监控

【场景2–24】公司出台了《生产安全管理制度》（节选见图2–14，完整文件扫码获取），指定安全环保部门全面负责全公司日常安全生产管理工作，安全生产责任制层层压实，将安全责任落实到每个员工。

生产安全管理制度

一、总则

1.目的

为了保证员工在生产过程中的安全与健康，预防和减少生产安全事故的发生，保障企业的财产安全，特制定本制度。

2.适用范围

本制度适用于公司所有生产经营活动及所有员工。

二、组织机构与职责

1.安全生产委员会

安全生产委员会由公司总经理任主任，各部门主管为成员。安全生产委员会负责公司的安全生产管理工作，定期召开安全生产会议，分析安全生产形势，制定和落实安全生产措施。

对企业生产结构、功能、工艺等系统的现状和历史情况进行调查研究，根据调查分析结果编制生产安全全面检查计划，并将其提交总经理审批。

3.安全环保部

……

图2–14　《生产安全管理制度》（节选）

【场景2–25】安全生产首要的任务是确保员工的生命安全，公司将安全管理纳入年终绩效考核，并将安全生产设置为否决性指标，突出安全生产的重要性，如表2–12所示。

表 2–12　事业部绩效考核表

指标类别	关键绩效指标	权重	绩效目标值	考核得分
非权重指标	质量意识与控制	否决指标	无质量事故发生。发生一般质量事故扣减10分，发生严重质量事故则直接判定为绩效考核不合格	
	成本意识与控制	否决指标	无成本事故发生。发生一般成本事故扣减10分，发生严重成本事故则直接判定为绩效考核不合格	
	安全生产	否决指标	无安全事故发生。发生一般安全事故扣减10分，发生严重安全事故扣减20分，发生重大安全事故则直接判定为绩效考核不合格	
	责任客户投诉	扣分指标	责任客户投诉次数。投诉超过2次每增加一次扣减2分	

风险控制　安全生产对于保障员工生命安全、维护企业稳定运营、提升企业信誉、促进社会和谐与稳定以及符合法律法规要求等方面都具有重要意义。因此，企业应高度重视安全生产工作，不断完善相关制度和措施，确保员工和企业的安全。

任务小结

生产管理与过程监控的核心任务是确保生产流程的顺利进行和产品质量的稳定。这包括制定生产计划、协调资源分配、监控生产进度、及时处理生产中的问题。同时，对生产过程的每个环节进行严格的质量控制，确保产品符合标准。通过有效的生产管理和过程监控，可以提高生产效率，减少浪费，保证产品质量，从而提升企业整体运营效率和市场竞争力。这是一项系统性工作，需要细致入微的管理和不断的优化调整，以实现生产的高效、稳定和可持续发展。

任务发布

请了解造纸事业部的生产关键控制点，并思考珠江纸业股份有限公司是运用哪些方法和手段进行生产过程控制的。

项目总结

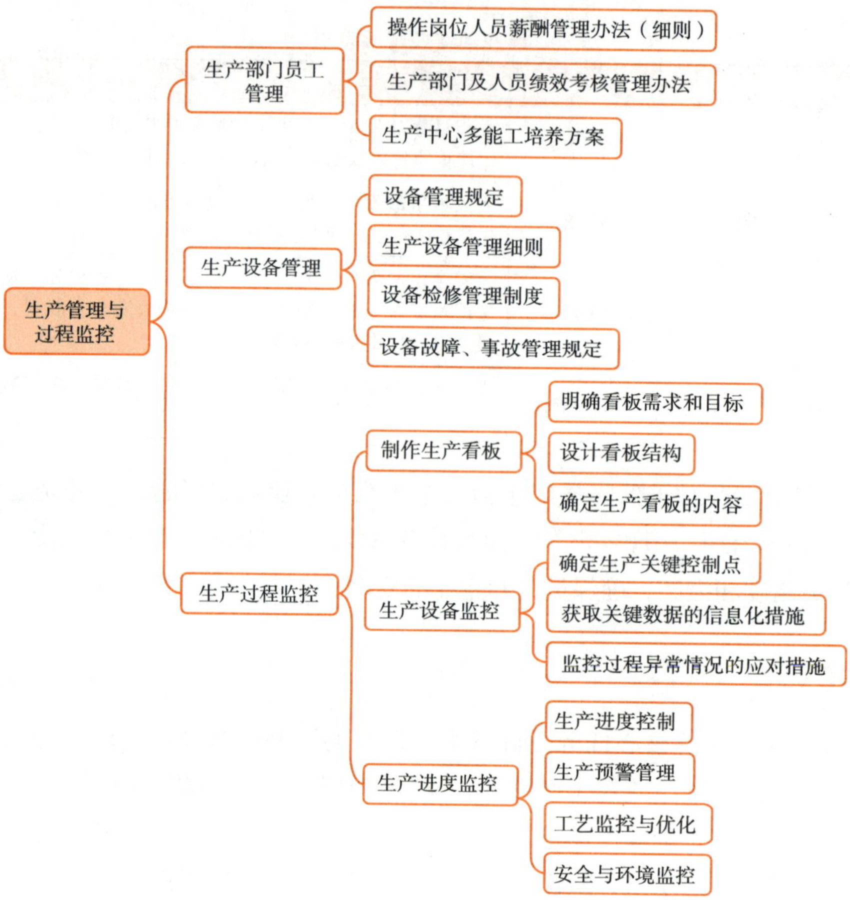
生产管理与过程监控
生产部门员工管理
操作岗位人员薪酬管理办法（细则）
生产部门及人员绩效考核管理办法
生产中心多能工培养方案
生产设备管理
设备管理规定
生产设备管理细则
设备检修管理制度
设备故障、事故管理规定
生产过程监控
制作生产看板
明确看板需求和目标
设计看板结构
确定生产看板的内容
生产设备监控
确定生产关键控制点
获取关键数据的信息化措施
监控过程异常情况的应对措施
生产进度监控
生产进度控制
生产预警管理
工艺监控与优化
安全与环境监控

项目 3　生产执行

学习目标

知识目标

1. 了解辅助生产费用，掌握辅助生产费用的归集与分配方法；
2. 了解生产成本的构成，掌握直接材料、直接人工和制造费用的核算方法；
3. 理解生产过程中的业务管理、成本控制与财务成本计算的基本知识；
4. 理解作业成本法的含义，掌握作业成本法的概念；
5. 熟悉大数据环境下生产会计数据的采集、处理和分析流程。

技能目标

1. 能够运用大数据技术进行会计数据的收集、整理和分析；
2. 能够独立完成生产业务核算工作，包括成本计算、费用分摊等；
3. 能够设计作业成本中心，进而运用作业成本法核算。

素质目标

1. 提升职业素养和道德观念，在进行会计核算和日常管理时遵循职业操守；
2. 增强团队合作精神，具备与采购、仓储、销售等部门进行有效沟通的能力；
3. 提高对数据的敏感度和分析能力。

由公司生产概况可知，公司拥有10条造纸生产线，主要生产印刷用纸、办公用纸和包装纸，年设计产能96万吨。

按照公司的《产品成本核算制度》（全文扫码获取），公司设有7个造纸事业部、1个纸品加工事业部作为基本生产车间，7个造纸事业部生产胶版纸、颜B纸、轻型纸、颜A纸、轻涂纸、办公用纸、淋膜原纸、热敏原纸、牛皮包装纸9个纸品的原纸，纸品加工事业部对原纸进行切割包装。

辅助生产车间有热电事业部、供排水事业部、化学事业部、化机浆事业部。热电事业部为各车间供应电和汽；供排水事业部为各车间供应清水和处理污水；化学事业部主要生产辅料轻钙和回收碱；化机浆事业部主要生产原料化机浆。其他的原料、辅料等均为外购。

各产品按照产品品种确定成本核算对象。产品制造成本构成分为直接材料、燃料和动力、直接人工和制造费用四个部分。

在本项目中，我们采用了两种会计核算方法，任务1和任务2采用传统的完全成本法，分步算出完工产品的成本；在任务3中仅对纸品加工事业部采用作业成本法，核算出完工产品的成本。最后对两种方法核算出的完工产品成本进行对比分析。

公司根据2023年2月制定的3月排产计划，执行生产，完成3月的生产任务。

一、材料的分类

材料按其在生产经营过程中的作用不同，可分为以下几类。

1. 原料及主要材料

原料及主要材料是指构成产品实体或主要成分的各种原料和材料，如加工企业炼铁用的铁矿石、纺纱用的原棉、炼油用的原油、制造机器用的钢材等。企业如有作为进一步加工用的外购半成品，其性质与原材料一样，构成产品实体或主要成分的也可列入本类。

2. 辅助材料

辅助材料是指直接用于生产过程，有助于产品的形成或为产品生产创造正常劳动条件，但不构成产品主要实体的各种材料。例如，漂染用的漂白剂、染料，防腐用的油漆都属于辅助材料。

3. 燃料

燃料是指在生产过程中用来燃烧发热的各种燃料，包括固体燃料、液体燃料和气体燃料，如煤炭、汽油、天然气等。

4. 修理用备件

修理用备件是指为修理本企业的机器设备和运输设备等所专用的各种备品配件，如齿轮、阀门、轴承等。

5. 包装物

包装物是指为包装本企业产品，并随同产品一起出售的，或者在销售过程中出租或者出借给购货单位使用的各种包装用的物品，如桶、箱、坛、袋、瓶等。

6. 低值易耗品

低值易耗品是指单位价值较低，容易耗损的各种工具、管理用具、玻璃器皿以及劳保用品等。从性质上看，低值易耗品并不是劳动对象，而是劳动资料，但由于不具备固定资产的条件，因此列为材料一类。

上述分类，是按照材料在生产过程中的作用来划分的，因而同一种材料在不同的企业中，就有可能划分在不同的类别中，如果存在一种材料兼有多种用途，应按其主要用途进行分类。

二、成本核算的一般程序

成本核算的一般程序是企业在生产经营过程中，为了准确计算产品成本而遵循的一系列标准化步骤。这些步骤有助于企业了解和控制成本，从而制定合理的价格策略，提高经济效益。成本核算的一般程序主要包括以下6个方面。

1. 生产费用支出的审核

在成本核算的初始阶段，企业需要对所有发生的生产费用支出进行严格审核。这一步骤的目的是确保所有费用支出都符合国家法律法规、上级主管部门的规定以及企业内部的财务管理制度。审核的内容包括但不限于费用的真实性、合法性、合规性以及是否存在浪费和不合理支出。通过严格的审核，企业可以及时发现并纠正不符合规定的费用支出，从而避免不必要的经济损失。

2. 确定成本核算对象和成本项目

确定成本核算对象和成本项目是成本核算的基础。成本核算对象通常是企业生产的产品、提供的服务或实施的项目等。而成本项目则是指构成产品成本的各项费用，如直接材料费、直接人工费、制造费用等。企业需要根据自身的生产特点和成本管理要求，合理确定成本核算对象和成本项目。这有助于企业更清晰地了解各项费用的构成和分布情况，为后续的成本核算提供明确的目标和范围。

3. 设置成本和费用明细账

为了准确记录和归集各项生产费用，企业需要设置相应的成本和费用明细账。这些明细账应能够清晰地反映各项费用的来源、金额和归属对象。通过设置成本和费用明细账，企业可以实现对生产费用的精细化管理，确保成本核算的准确性和可追溯性。同时，这也有助于企业及时发现并纠正成本核算中的错误和偏差。

4. 收集并审核发生的费用

在成本核算过程中，企业需要收集并审核各种与产品生产相关的数据和信息，如生产量、入库量、在产品盘存量以及材料、工时、动力消耗等。这些数据和信息是计算产品成本的重要依据。企业需要确保这些数据的真实性和准确性，以便为后续的成本核算提供可靠的依据。同时，企业还需要对所有已发生的费用进行审核，确保这些费用都符合成本核算的要求和规定。

5. 归集并分配全部费用

在收集并审核完所有相关数据和信息后，企业需要将所有发生的费用按照确定的成本计算对象进行归集和分配。这一步骤是成本核算的核心环节。对于直接费用（如直接材料费和直接人工费），企业可以直接将其计入相应的成本核算对象中。而对于间接费用（如制造费用），则需要采用合理的分配方法（如生产工时比例、机器工时比例、材料消耗比例等）将其分配到各成本核算对象中。通过归集和分配全部费用，企业可以得出各成本核算对象的成本。

6. 计算产品的总成本和单位成本

在归集和分配完所有费用后，企业需要根据成本核算方法（如品种法、分批法、分步法等）

计算各产品的总成本和单位成本。总成本是指生产某种产品所消耗的全部费用之和；而单位成本则是指生产单位产品所消耗的费用。通过计算产品的总成本和单位成本，企业可以了解每种产品的成本构成和盈利情况，为制定合理的价格策略提供重要依据。

任务1 辅助生产车间业务执行与核算

珠江纸业股份有限公司将生产车间划分为4个辅助生产车间和2个基本生产车间。辅助生产车间是为基本生产车间提供支持和服务的部门。

制造企业的辅助生产是相对于基本生产而言的，辅助生产车间是指为企业的基本生产或经营管理提供辅助产品或劳务的生产车间。虽然辅助产品或劳务也对外销售，但不构成辅助生产车间的主要任务。

实际工作中，若辅助生产车间只生产一种产品或提供一种劳务，被称为单品种辅助生产车间；如果生产多种产品或提供多种劳务，则被称为多品种辅助生产车间。

辅助生产车间从事辅助产品生产，需要计算辅助产品的总成本和单位成本。进行成本核算时，需要设置“生产成本——辅助生产成本”账户，辅助产品完工后，成本结转到“原材料”“周转材料”等账户。

子任务1 自制燃料和动力——电、汽

【教学重点】辅助生产费用的顺序分配法。

【教学难点】识别自制燃料和动力业务流程中的关键业务节点，并进行风险控制。

任务导入

热电事业部是公司的辅助生产车间，生产流程包含燃烧系统、汽水系统和电气系统。锅炉是燃烧系统的核心，负责燃烧燃料（煤炭、谷壳和柴油）以产生高温高压蒸汽；汽水系统是地下水经过深水泵抽出后，经过冷却、沉淀、过滤处理，实现水的除盐目的，再通过除氧器、高压加热器，最终送入省煤器和汽包生成饱和蒸汽；电气系统是饱和蒸汽驱动汽轮机转动，汽轮机带动发电机旋转，将机械能转化为电能。

通过以上三个系统，热电事业部提供的主产品为电，联产品为汽，为各事业部和行政部门提供燃料和动力。其生产和核算流程如图3-1所示。

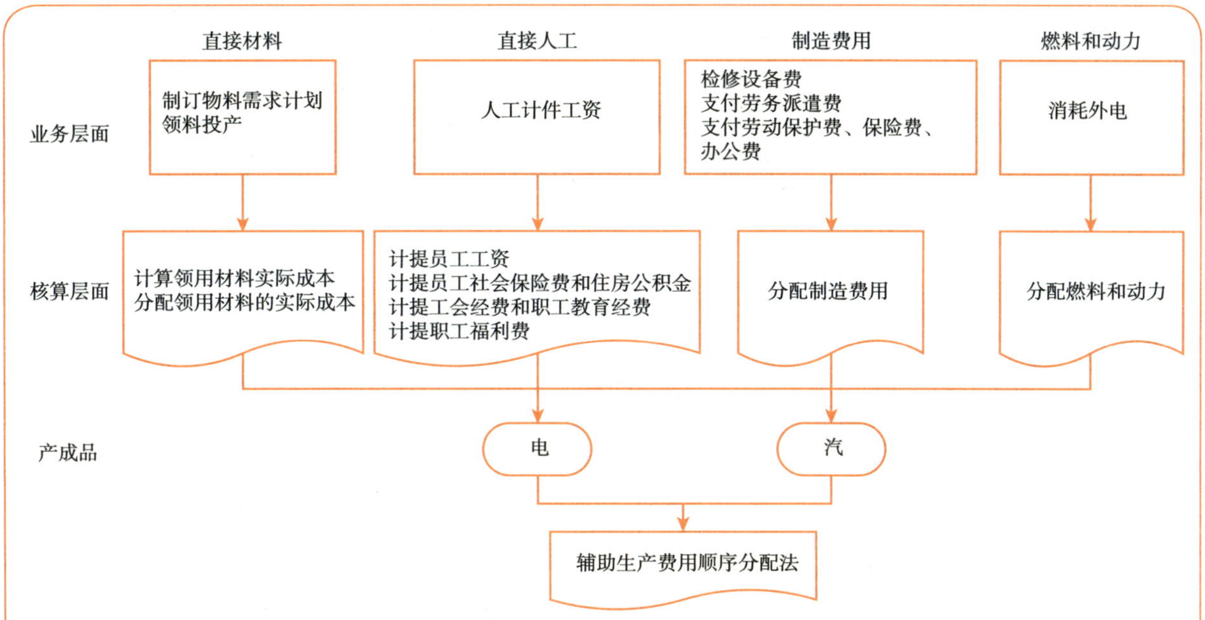

图 3-1 热电事业部生产、核算流程图

任务实施

一、制订物料需求计划

【场景 3-1】 2023 年 2 月 20 日，热电事业部根据生产决策委员会作出的 2023 年 3 月排产计划，填制物料需求计划表，如表 3-1 所示。

表 3-1 3 月物料需求计划表

部门：热电事业部

项目：电、汽　　　　日期：2023 年 2 月 20 日　　　　编号：WKXQ-20230200001

类别	产品名称	规格型号	单位	计划投产量	73,150,572.26KWH
				标准单耗	总耗
能源	煤炭	烟煤	吨	0.0005618882	41,102.44
能源	谷壳	100 千克/袋	吨	0.0000493493	3,609.93
能源	柴油	0#	吨	0.0000015003	109.75

审批：周瞿　　　　制表：吴番

认知识别 标准单耗即标准工艺单耗，在生产场景概述中可查询到标准工艺单耗表。

分析研判 根据生产决策委员会作出的 2023 年 3 月排产计划，热电事业部 3 月计划生产电 73,150,572.26KWH。

煤炭预计总消耗量 = 计划投产量 × 标准单耗 =73,150,572.26 × 0.0005618882=41,102.44（吨）

谷壳预计总消耗量 = 计划投产量 × 标准单耗 =73,150,572.26 × 0.0000493493=3,609.93（吨）

柴油预计总消耗量=计划投产量×标准单耗=73,150,572.26×0.0000015003=109.75（吨）

二、领料投产

【场景3–2】2023年3月1日，热电事业部领料员李佳填写领料单，经主管审核后向仓储事业部领用煤炭13,700.81吨、谷壳1,203.31吨、柴油36.58吨，如表3–2所示。

表3–2　　3月第一次领料单

部门：热电事业部

用途：因生产需求，需领用材料　　日期：2023年3月1日　　编号：LLD–20230300001

存货类别	材料名称	规格	单位	申请数量	实发数量	计划单价	金额（元）	备注
能源	煤炭	烟煤	吨	13,700.81	13,700.81	900.00	12,330,729.00	
能源	谷壳	100千克/袋	吨	1,203.31	1,203.31	370.07	445,308.93	
能源	柴油	0#	吨	36.58	36.58	4,671.29	170,875.79	
合计				14,940.70	14,940.70		12,946,913.72	

主管：周瞿　　发料员：张鹤立　　领料员：李佳　　核算员：高陶益

第一批物料投产后，领料员李佳于2023年3月9日办理第二次领料手续，如表3–3所示。

表3–3　　3月第二次领料单

部门：热电事业部

用途：因生产需求，需领用材料　　日期：2023年3月9日　　编号：LLD–20230300019

存货类别	材料名称	规格	单位	申请数量	实发数量	计划单价	金额（元）	备注
能源	煤炭	烟煤	吨	27,401.63	27,401.63	900.00	24,661,467.00	
能源	谷壳	100千克/袋	吨	2,406.62	2,406.62	370.07	890,617.86	
能源	柴油	0#	吨	73.17	73.17	4,671.29	341,798.29	
合计				29,881.42	29,881.42		25,893,883.15	

主管：周瞿　　发料员：张鹤立　　领料员：李佳　　核算员：高陶益

分析研判1　物料来源

由公司概况可知，热电事业部所需物料煤炭、谷壳、柴油均为外购物料。热电事业部分两次领用本月全部所需物料。由于仓储事业部的库存量有限，3月1日热电事业部领用的物料为本月物料总需求的1/3。本月采购到货后，仓储事业部的库存量充足，3月9日热电事业部领用了本月物料总需求剩余的2/3。

分析研判2　成本核算

按照公司产品成本核算制度，对外购原材料采用计划成本法核算，原材料如果按计划成本计价，在发出材料时仍按计划成本进行账务处理，但需要在月末将计划成本转为实际成本。

根据物料档案的年初计划单价，计算出领用物料的计划成本，如表3–4所示。

表 3-4 热电事业部领用物料计划成本明细表

材料名称	计划单价(元/吨)	本期领用数量(吨)	金额(元)
煤炭	900.00	41,102.44	36,992,196.00
谷壳	370.07	3,609.93	1,335,926.79
柴油	4,671.29	109.75	512,674.08
合计			38,840,796.87

会计人员根据两张领料单，进行账务处理：

借：生产成本——辅助生产成本（热电事业部）——直接材料　　38,840,796.87

　贷：原材料——能源——煤炭　　36,992,196.00

　　　　　——能源——谷壳　　1,335,926.79

　　　　　——能源——柴油　　512,674.08

风险控制 质量管控

生产车间领取材料后应对材料进行质量检查，详细记录检查结果，并对检查结果进行分析，判断材料是否能够满足生产需求。

生产车间在领取材料后进行的质量检查是确保产品质量和生产效率的重要环节。通过严格的检查流程和准确的检查结果分析，可以有效地控制产品生产过程中的材料质量，从而提高产品质量，降低生产成本，提升企业的市场竞争力。

煤炭是热电事业部的主要原料，煤炭的质量对生产起着至关重要的作用。车间人员在领取煤炭之前，应进行严格的煤质检验，确保煤炭的质量符合热电事业部的使用标准。这包括对煤炭的热值、灰分、硫分等关键指标的检测，以确保车间的安全生产和稳定运行。

三、计算领用材料实际成本

【场景3-3】在【场景3-2】中，本月热电事业部为生产电和汽共领用煤炭的计划成本为36,992,196.00元，谷壳的计划成本为1,335,926.79元，柴油的计划成本为512,674.08元。2023年3月31日，会计人员编制材料实际成本计算表，将计划成本转为实际成本，如表3-5所示。

表 3-5 热电事业部材料实际成本计算表

部门：热电事业部　　产品名称：电、汽　　日期：2023年3月31日　　单位：元

材料名称	计划成本	期初材料计划成本	期初材料成本差异	本月入库材料计划成本	本月入库材料实际成本	本月材料成本差异	差异率	差异额	实际成本
煤炭	36,992,196.00	10,739,313.00	-533,549.84	36,902,601.00	34,934,462.28	-1,968,138.72	-5.25%	-1,942,469.26	35,049,726.74
谷壳	1,335,926.79	463,275.83	0	1,335,371.69	1,335,371.69	0	0	0	1,335,926.79
柴油	512,674.08	177,695.87	0	512,674.08	512,674.08	0	0	0	512,674.08
合计	38,840,796.87	11,380,284.70	-533,549.84	38,750,646.77	36,782,508.05	-1,968,138.72	-5.25%	-1,942,469.26	36,898,327.61

注：存货类别和物料规格与前述相同，此处不再体现。

认知识别 在计划成本法下，月末需将发出材料的计划成本调整为实际成本，也就是要计算发出材料应负担的成本差异，即将材料成本差异额在发出材料和结存材料之间进行分配。

发出材料的实际成本＝发出材料的计划成本＋发出材料应分摊的材料成本差异

发出材料应分摊的材料成本差异＝发出材料的计划成本 × 材料成本差异率

材料成本差异率＝（月初材料成本差异＋本月收入材料成本差异）÷（月初结存材料计划成本＋本月收入材料计划成本）

分析研判 谷壳和柴油的实际采购单价与年初计划单价一致，所以实际成本与计划成本一致，不需要另做调整。

下面将领用煤炭的计划成本调整为实际成本，首先计算材料成本差异率，月初材料成本差异为2023年2月材料成本差异账户的期末余额–533,549.84元；月初结存材料计划成本为2023年2月原材料账户的期末余额10,739,313元；本月收入材料成本差异是本月采购形成的材料成本差异，为材料成本差异账户的本期发生额–1,968,138.72 元；本月收入材料计划成本为原材料账户的本月增加额36,902,601元。

材料成本差异率＝（月初结存煤炭成本差异额＋本月收入煤炭成本差异额）÷（月初结存煤炭计划成本＋本月收入煤炭计划成本）＝（–533,549.84–1,968,138.72）÷（10,739,313+36,902,601）× 100%=–5.25102447%

领用煤炭应分摊的材料成本差异＝领用煤炭的计划成本 × 材料成本差异率

=36,992,196 ×（–5.25102447%）

=–1,942,469.26（元）

账务处理：

借：材料成本差异——煤炭　　1,942,469.26

　贷：生产成本——辅助生产成本（热电事业部）——直接材料　　1,942,469.26

领用煤炭的实际成本＝领用煤炭的计划成本＋应分摊的材料成本差异

=36,992,196–1,942,469.26=35,049,726.74（元）

四、分配领用材料的实际成本

【场景3–4】 本月热电事业部为生产电和汽领用煤炭的实际成本为35,049,726.74元，谷壳的实际成本为1,335,926.79元，柴油的实际成本为512,674.0775元，2023年3月31日。会计人员编制费用分配表，将实际成本在电和汽之间合理分配，如表3–6所示。

表 3–6　热电事业部费用分配表——直接材料

部门：热电事业部　　日期：2023年3月31日　　编号：FP–DIAN–20230300001

名称	单位	车间总消耗		分配率（元/吨）	电		汽	
		数量	金额（元）		分配数量	分配金额（元）	分配数量	分配金额（元）
煤炭	吨	41,102.44	35,049,726.74	852.740780	16,720.47	14,258,226.63	24,381.97	20,791,500.11
谷壳	吨	3,609.93	1,335,926.79	370.069999	1,468.52	543,455.19	2,141.41	792,471.6

续表

名称	单位	车间总消耗		分配率（元/吨）	电		汽	
		数量	金额（元）		分配数量	分配金额（元）	分配数量	分配金额（元）
柴油	吨	109.75	512,674.08	4,671.290023	44.65	208,573.1	65.1	304,100.98
合计			36,898,327.61			15,010,254.92		21,888,072.69

认知识别 用于产品生产的原料及主要材料，按产品分别领用的，属于直接费用，应根据领料凭证直接记入各种产品成本的“直接材料”项目。但是，有时一批材料是被几种产品共同耗用的，则要采用一定的分配方法，分别计入各种产品成本。

分析研判 热电事业部产出的主产品为电，联产品为汽，应将领用材料的实际成本在电和汽之间合理分配。根据公司制定的《成本核算细则》、《生产成本控制制度》（全文扫码获取），各项材料消耗数量均按供电占40.68%、供汽占59.32%的比例分配给电和汽。

煤炭：

分配率=35,049,726.74 ÷ 41,102.44=852.74078（元/吨）

生产电消耗的煤炭数量=41,102.44 × 40.68%=16,720.47（吨）

生产汽消耗的煤炭数量=41,102.44 × 59.32%=24,381.97（吨）

产品电分配的煤炭金额=852.74078 × 16,720.47=14,258,226.63（元）

产品汽分配的煤炭金额=35,049,726.74−14,258,226.63=20,791,500.11（元）

谷壳：

分配率=1,335,926.79 ÷ 3,609.93=370.069999（元/吨）

生产电消耗的谷壳数量=3,609.93 × 40.68%=1,468.52（吨）

生产汽消耗的谷壳数量=3,609.93 × 59.32%=2,141.41（吨）

产品电分配的谷壳金额=370.069999 × 1,468.52=543,455.19（元）

产品汽分配的谷壳金额=1,335,926.79−543,455.19=792,471.6（元）

柴油：

分配率=512,674.08 ÷ 109.75=4,671.290023（元/吨）

生产电消耗的柴油数量=109.75 × 40.68%=44.65（吨）

生产汽消耗的柴油数量=109.75 × 59.32%=65.1（吨）

产品电分配的柴油金额=4,671.290023 × 44.65=208,573.1（元）

产品汽分配的柴油金额=512,674.08−208,573.1=304,100.98（元）

汇总以上分配的金额，可以得出：

产品电消耗的物料金额=14,258,226.63+543,455.19+208,573.1=15,010,254.92（元）

产品汽消耗的物料金额=20,791,500.11+792,471.6+304,100.98=21,888,072.69（元）

账务处理为：

借：生产成本——辅助生产成本（电）——直接材料　　　　15,010,254.92

生产成本——辅助生产成本（汽）——直接材料　　21,888,072.69

贷：生产成本——辅助生产成本（热电事业部）——直接材料　　36,898,327.61

五、核算工人计件工资

【场景3-5】2023年3月31日，人资组员工袁琦芹核算热电事业部生产工人计件工资。本月热电事业部共产出电73,150,572.26KWH，计划单价为0.0176元/KWH，部门计件工资总额为1,286,935.09元，一线生产工人共244人，所以人均计件工资为5,274.32元，如表3-7所示。

表3-7　热电事业部生产工人计件工资计算表

日期：2023年3月31日　　编号：JJGZ-20230300001

序号	部门	产品类型	产品名称	计件数量（KWH）	计件单价（元）	合格品率	部门计件工资（元）	本部门生产工人人数（人）	人均计件工资（元）
1	热电事业部	燃料和动力	电	73,150,572.26	0.0176	99.96%	1,286,935.09	244	5,274.32
合计				73,150,572.26			1,286,935.09	244	5,274.32

审批人：王旗　　审核人：胡洋　　审核人：吴静乐　　制表：袁琦芹

认知识别　计件工资是一种按照生产合格品的数量或完成的作业量，并结合预设的计件单价来计算报酬的工资制度。

分析研判

热电事业部计件工资总额=计件数量×计件单价×合格品率

=73,150,572.26×0.0176×99.96%

=1,286,935.09（元）

风险控制　生产车间采用计件工资是因为它能够直接将员工的劳动成果与报酬挂钩，从而激发员工的积极性，提高生产效率，同时帮助企业更好地控制成本。然而，企业在实施计件工资制时，也应考虑到其可能带来的问题，如员工过度竞争、工作压力增大等，并采取相应的措施来确保制度的公平性和持续性。

六、计提员工工资

【场景3-6】2023年3月31日，人资组员工袁琦芹根据工资标准表、考勤记录表和生产工人计件工资表，核算3月热电事业部所有员工工资，经领导审批后交给财务部。财务部对工资表进行汇总，编制工资计提汇总表，如表3-8所示。

表3-8　热电事业部工资计提汇总表

日期：2023年3月　　单位：元

一级部门	二级部门	职务	基本工资	职位工资	绩效工资	加班工资	倒班津贴	其他扣款	应发工资
生产中心	热电事业部	经理、副经理	64,000.00	5,000.00	8,500.00	0.00	2,880.00	0.00	80,380.00
生产中心	热电事业部	辅助人员	60,000.00	0.00	0.00	0.00	6,400.00	0.00	66,400.00

续表

一级部门	二级部门	职务	基本工资	职位工资	绩效工资	加班工资	倒班津贴	其他扣款	应发工资
生产中心	热电事业部	一般员工	1,286,934.08	0.00	0.00	0.00	156,160.00	0.00	1,443,094.08
合计			1,410,934.08	5,000.00	8,500.00	0.00	165,440.00	0.00	1,589,874.08

认知识别 职工薪酬是指企业为获得职工提供的服务或解除劳动关系而给予的各种形式的报酬或补偿。职工薪酬包括短期薪酬、离职后福利、辞退福利和其他长期职工福利。企业提供给职工配偶、子女、受赡养人、已故员工遗属及其他受益人等的福利，也属于职工薪酬。

分析研判 企业发生的职工工资、奖金、津贴和补贴等货币性职工薪酬，应当在职工为其提供服务的会计期间，将实际发生的职工工资、津贴和补贴等，根据职工提供的服务的受益对象计入当期损益或相关资产成本，并确认职工薪酬负债，如表3-9所示。

表 3-9 热电事业部人工成本分配表——工资

部门：热电事业部 日期：2023年3月31日 编号：FP-GZ-20230300001

名称	车间总消耗		分配率（元/小时）	电		汽	
	数量（小时）	金额（元）		分配数量（小时）	分配金额（元）	分配数量（小时）	分配金额（元）
工资	44,896	1,589,874.08	35.412377	18,263.69	646,760.68	26,632.31	943,113.4
合计		1,589,874.08			646,760.68		943,113.4

制表：高陶益

热电事业部属于公司的辅助生产车间，根据珠江纸业财务核算制度的规定，所有员工工资均计入产品生产成本，人工成本按生产工人工时计算分配比率（依据公司《成本核算细则》第二条规定），生产工人工时供电占40.68%、供汽占59.32%，则：

人工成本分配率=1,589,874.08÷44,896=35.412377（元/小时）

生产电耗费的工人工时=44,896×40.68%=18,263.69（小时）

生产汽耗费的工人工时=44,896×59.32%=26,632.31（小时）

产品电分配的工资=18,263.69×35.412377=646,760.68（元）

产品汽分配的工资=1,589,874.08−646,760.68=943,113.40（元）

根据工资计提汇总表，做账务处理：

借：生产成本——辅助生产成本（电）——直接人工 646,760.68

生产成本——辅助生产成本（汽）——直接人工 943,113.40

贷：应付职工薪酬——工资 1,589,874.08

风险控制 在现代劳动市场中，及时足额支付劳动者工资是用人单位的基本法律责任和义务。然而，拖欠工资的现象时有发生，这种行为不仅侵犯了劳动者的合法权益，还可能给用人单位带来严重的法律风险。

七、计提员工社会保险费和住房公积金

【场景3-7】 2023年3月31日，财务部以2022年员工月平均工资为缴费基数，按国家规定的缴纳标准计提社保费用和住房公积金，如表3-10、表3-11所示。

表3-10 热电事业部社会保险计提汇总表

期间：2023年3月 单位：元

一级部门	二级部门	职务	基本养老保险		基本医疗保险		失业保险		工伤保险	大病互助	公司社保合计	个人社保合计
			公司	个人	公司	个人	公司	个人	公司	个人		
生产中心	热电事业部	经理、副经理	12,217.76	6,108.88	5,116.22	1,527.22	534.56	229.09	916.35	135.00	18,784.89	8,000.19
生产中心	热电事业部	辅助人员	10,092.80	5,046.40	4,226.40	1,261.60	441.60	189.20	757.00	150.00	15,517.80	6,647.20
生产中心	热电事业部	一般员工	217,740.72	108,870.36	91,180.36	27,218.20	9,525.76	4,082.12	16,330.92	3,660.00	334,777.76	143,830.68
合计			240,051.28	120,025.64	100,522.98	30,007.02	10,501.92	4,500.41	18,004.27	3,945.00	369,080.45	158,478.07

表3-11 热电事业部住房公积金计提汇总表

期间：2023年3月 单位：元

一级部门	二级部门	职务	公积金	
			公司	个人
生产中心	热电事业部	经理、副经理	9,163.32	9,163.32
生产中心	热电事业部	辅助人员	7,569.60	7,569.60
生产中心	热电事业部	一般员工	163,306.76	163,306.76
合计			180,039.68	180,039.68

认知识别 社会保险费包括医疗保险费、工伤保险费、养老保险费、失业保险费、生育保险费。养老保险、医疗保险费和失业保险按国家规定由企业和职工共同负担，工伤保险和生育保险费用全部由企业负担。

住房公积金是按照国家规定由企业和职工共同负担用于解决职工住房问题的费用，企业和职工各负担50%。

分析研判1 企业为职工缴纳的社会保险费和住房公积金，应按照国家规定的计提基础和比例，在职工提供服务的会计期间根据受益对象计入当期损益或相关资产成本，并确认相应的应付职工薪酬金额，如表3-12、表3-13所示。

表 3-12　　热电事业部人工成本分配表——社会保险费

部门：热电事业部　　日期：2023年3月31日　　编号：FP-SB-20230300001

名称	车间总消耗		分配率（元/小时）	电		汽	
	数量（小时）	金额（元）		分配数量（小时）	分配金额（元）	分配数量（小时）	分配金额（元）
社会保险费	44,896	369,080.45	8.220787	18,263.69	150,141.91	26,632.31	218,938.54
合计		369,080.45			150,141.91		218,938.54

制表：高陶益

表 3-13　　热电事业部人工成本分配表——住房公积金

部门：热电事业部　　日期：2023年3月31日

名称	车间总消耗		分配率（元/小时）	电		汽	
	数量（小时）	金额（元）		分配数量（小时）	分配金额（元）	分配数量（小时）	分配金额（元）
住房公积金	44,896	180,039.68	4.01015	18,263.69	73,240.14	26,632.31	106,799.54
合计		180,039.68			73,240.14		106,799.54

制表：高陶益

根据公司产品成本核算制度的规定，企业负担的热电事业部的所有员工的社会保险费计入产品生产成本，人工成本按生产工人工时计算分配比率、供电占40.68%、供汽占59.32%，则：

社会保险分配率=企业负担社保总额 ÷ 工人工时总额=369,080.45 ÷ 44,896=8.220787（元/小时）

生产电耗费的工人工时=44,896 × 40.68%=18,263.69（小时）

生产汽耗费的工人工时=44,896 × 59.32%=26,632.31（小时）

产品电分配的社保费=8.220787 × 18,263.69=150,141.91（元）

产品汽分配的社保费=369,080.45-150,141.91=218,938.54（元）

会计人员做账务处理如下：

借：生产成本——辅助生产成本（电）——直接人工　　150,141.91

　　生产成本——辅助生产成本（汽）——直接人工　　218,938.54

　　贷：应付职工薪酬——社会保险费　　369,080.45

根据公司财务核算制度的规定，企业负担的所有员工的住房公积金计入产品生产成本，人工成本按生产工人工时计算分配比率，供电占40.68%、供汽占59.32%，则：

住房公积金分配率=企业负担住房公积金总额 ÷ 工人工时总额=180,039.68 ÷ 44,896=4.01015（元/小时）

生产电耗费的工人工时=44,896 × 40.68%=18,263.69（小时）

生产汽耗费的工人工时=44,896 × 59.32%=26,632.31（小时）

产品电分配的住房公积金=4.01015 × 18,263.69=73,240.14（元）

产品汽分配的住房公积金=180,039.68-73,240.14=106,799.54（元）

会计人员做账务处理如下：

借：生产成本——辅助生产成本（电）——直接人工　　73,240.14

　　生产成本——辅助生产成本（汽）——直接人工　　106,799.54

　　贷：应付职工薪酬——住房公积金　　180,039.68

分析研判2 职工个人负担的社会保险费和住房公积金，由职工所在企业每月从其工资中代扣代缴。会计人员做账务处理如下：

借：应付职工薪酬——工资　　338,517.75

　　贷：其他应付款——社会保险费　　158,478.07

　　　　——住房公积金　　180,039.68

风险控制 合法合规地为员工缴纳社会保险费和住房公积金是企业的法定义务，也是维护企业长远发展和社会责任感的重要体现。企业如果不为员工缴纳社会保险费和住房公积金会带来一系列严重的风险，包括经济损失、法律责任、信誉损失以及劳动关系的不稳定。正确处理这一问题，可以帮助企业构建更加稳定和谐的劳动关系，促进企业的可持续发展。

八、计提工会经费和职工教育经费

【场景3-8】 2023年3月31日，财务部以应付工资总额为基数，按国家规定的标准计提工会经费和职工教育经费，并确认相应的应付职工薪酬金额，如表3-14、表3-15、表3-16所示。

表 3-14　　热电事业部工会经费和职工教育经费计提表

期间：2023年3月　　单位：元

一级部门	二级部门	职务	计提标准	工会经费		职工教育经费		金额合计
			应付工资总额	计提比率	计提金额	计提比率	计提金额	
生产中心	热电事业部	经理、副经理	80,380.00	2%	1,607.60	1.5%	1,205.70	2,813.30
生产中心	热电事业部	辅助人员	66,400.00	2%	1,328.00	1.5%	996.00	2,324.00
生产中心	热电事业部	一般员工	1,443,094.08	2%	28,861.88	1.5%	21,646.41	50,508.29
合计			1,589,874.08		31,797.48		23,848.11	55,645.59

表 3-15　　热电事业部人工成本分配表——工会经费

部门：热电事业部　　日期：2023年3月31日　　编号：FP-GH-20230300001

名称	车间总消耗		分配率（元/小时）	电		汽	
	数量（小时）	金额（元）		分配数量（小时）	分配金额（元）	分配数量（小时）	分配金额（元）
工会经费	44,896	31,797.48	0.708248	18,263.69	12,935.22	26,632.31	18,862.26
合计		31,797.48			12,935.22		18,862.26

制表：高陶益

表 3-16 热电事业部人工成本分配表——职工教育经费

部门：热电事业部 日期：2023年3月31日 编号：FP-JY-20230300001

名称	车间总消耗		分配率（元/小时）	电		汽	
	数量（小时）	金额（元）		分配数量（小时）	分配金额（元）	分配数量（小时）	分配金额（元）
职工教育经费	44,896	23,848.11	0.531186	18,263.69	9,701.42	26,632.31	14,146.69
合计		23,848.11			9,701.42		14,146.69

制表：高陶益

认知识别 根据《中华人民共和国工会法》的规定，企业应按每月全部职工工资总额的2%向工会拨缴工会经费，并在成本费用中列支，主要用于为职工服务和工会活动。

职工教育经费一般由企业按照每月工资总额的8%计提，主要用于职工接受岗位培训、继续教育等方面的支出。

分析研判 根据公司产品成本核算制度规定，热电事业部计提的工会经费计入产品生产成本，人工成本按生产工人工时计算分配比率，供电占40.68%、供汽占59.32%，则：

分配率=31,797.48 ÷ 44,896=0.708248（元/小时）

生产电耗费的工人工时=44,896 × 40.68%=18,263.69（小时）

生产汽耗费的工人工时=44,896 × 59.32%=26,632.31（小时）

产品电分配的工会经费=0.708248 × 18,263.69=12,935.22（元）

产品汽分配的工会经费=31,797.48−12,935.22=18,862.26（元）

会计人员做账务处理如下：

借：生产成本——辅助生产成本（电）——直接人工 12,935.22

　　生产成本——辅助生产成本（汽）——直接人工 18,862.26

　　贷：应付职工薪酬——工会经费 31,797.48

根据公司产品成本核算制度规定，热电事业部计提的职工教育经费均计入产品生产成本，人工成本按生产工人工时计算分配比率，供电占40.68%、供汽占59.32%，则：

分配率=23,848.11 ÷ 44,896=0.531186（元/小时）

生产电耗费的工人工时=44,896 × 40.68%=18,263.69（小时）

生产汽耗费的工人工时=44,896 × 59.32%=26,632.31（小时）

产品电分配的职工教育经费=0.531186 × 18,263.69=9,701.42（元）

产品汽分配的职工教育经费=23,848.11−9,701.42=14,146.69（元）

会计人员做账务处理如下：

借：生产成本——辅助生产成本（电）——直接人工 9,701.42

　　生产成本——辅助生产成本（汽）——直接人工 14,146.69

　　贷：应付职工薪酬——职工教育经费 23,848.11

九、计提职工福利费

【场景3-9】公司下设员工食堂，为员工提供一日三餐，2023年3月食堂共发生支出1,373,040元，人均支出720元，热电事业部共有员工263人，应分配的金额为189,360元，财务部计提福利费，并确认相应的应付职工薪酬金额，如表3-17、表3-18所示。

表3-17　热电事业部福利费计提汇总表

期间：2023年3月

部门	职务	人数（人）	分配金额（元）
热电事业部	所有人员	263	189,360
合计		263	189,360

表3-18　热电事业部人工成本分配表——福利费

部门：热电事业部　　日期：2023年3月31日　　编号：FP-FLF-20230300001

名称	车间总消耗		分配率（元/小时）	电		汽	
	数量（小时）	金额（元）		分配数量（小时）	分配金额（元）	分配数量（小时）	分配金额（元）
福利费	44,896	189,360	4.217748	18,263.69	77,031.64	26,632.31	112,328.36
合计		189,360			77,031.64		112,328.36

制表：高陶益

认知识别　在现代企业中，员工食堂通常被视为提供给员工的福利之一，其目的在于提升员工的生活质量和工作效率，同时也是企业吸引和留住人才的一项策略。

分析研判　根据公司产品成本核算制度规定，热电事业部福利费计入产品生产成本，人工成本按生产工人工时计算分配比率，供电占40.68%、供汽占59.32%，则：

分配率=189,360÷44,896=4.217748（元/小时）

生产电耗费的工人工时=44,896×40.68%=18,263.69（小时）

生产汽耗费的工人工时=44,896×59.32%=26,632.31（小时）

产品电分配的福利费=4.217748×18,263.69=77,031.64（元）

产品汽分配的福利费=189,360−77,031.64=112,328.36（元）

会计人员根据福利费计提汇总表，进行账务处理如下：

借：生产成本——辅助生产成本（电）——直接人工　　77,031.64

　　生产成本——辅助生产成本（汽）——直接人工　　112,328.36

　　贷：应付职工薪酬——福利费　　189,360.00

风险控制　根据企业所得税的相关规定，职工食堂的运营成本可视为职工福利费的一部分，且不超过企业工资总额14%的部分可以在税前扣除，超过部分不得扣除。企业在实际操作过程中需注意，相关支出必须符合我国税法规定的标准，既确保能够顺利享受到税收优惠政策，又要避免带来税务风险。

十、设备检修

【场景3-10】 热电事业部每月制订巡检计划，对设备运行状态、生产环境、员工操作等进行检查。在3月10日的例行巡检中，发现汽轮机存在安全隐患，为防止设备故障和意外停机，需进行维护保养。3月15日，广东方志机械维修有限公司对汽轮机进行维保，发生修理费737,430.98元，对方出具的增值税专用发票如图3-2所示。费用以银行汇款方式支付。

广东增值税专用发票

发票联

No 00296008

1440154057

机器编码：881573078714

1440154057

00296008

开票日期：2023/03/15

购买方	名 称：珠江纸业股份有限公司 纳税人识别号：91441900MA3CCA2C89 地 址、电 话：广东省东莞广麻大道258号0769-8882185 开户行及账号：中国工商银行东莞市长安支行1901322412	密码区	03-0/71111627866—223*33*05+ 7->6989<8<2- 3342>2755*698<0- 1>4<<2272/608287577+99- 19/6*388549*37*01659503<7*—225+3

货物或应税劳务、服务名称	规格型号	单位	数量	单价	金额	税率	税额
*劳务*修理费			1	652593.79	652593.79	13%	84837.19
合计					￥652593.79		￥84837.19
价税合计（大写）	⊗柒拾叁万柒仟肆佰叁拾元玖角捌分				（小写）￥737430.98		

销售方	名 称：广东方志机械维修有限公司 纳税人识别号：91440105M144015024 地 址、电 话：广东省东莞市常平振兴三街102号643室02 开户行及账号：中国工商银行白云支行190100652177898	备注	275723185051444156

收款人：袁格 复核：冯东 开票人：林丹丹 （章）

第三联：发票联 购买方记账凭证

图3-2 增值税专用发票

认知识别 生产车间日常巡检是确保生产安全、提高效率和产品质量的重要活动，包括制订巡检计划、设计巡检清单、培训巡检人员、实施巡检、问题识别与处理、出具分析报告和跟踪复查等环节。

分析研判 按照公司的产品成本核算制度，热电事业部对机器设备的修理费计入制造费用，会计人员根据发票等，进行账务处理：

借：制造费用——修理费	652,593.79	
应交税费——应交增值税（进项税额）	84,837.19	
贷：银行存款		737,430.98

风险控制 生产车间的日常巡检是保证生产顺利进行的关键环节。通过详细的规划、系统的培训、严格的执行以及有效的反馈和改进措施，可以大大提高生产效率，降低故障率，确保产品

质量，并提升整个生产过程的安全性和可靠性。

十一、支付劳务派遣费

【场景3-11】热电事业部3月使用劳务派遣员工5人，共发生支出29,849.60元，由劳务派遣公司广东宣思人力资源有限公司出具增值税专用发票，如图3-3所示。

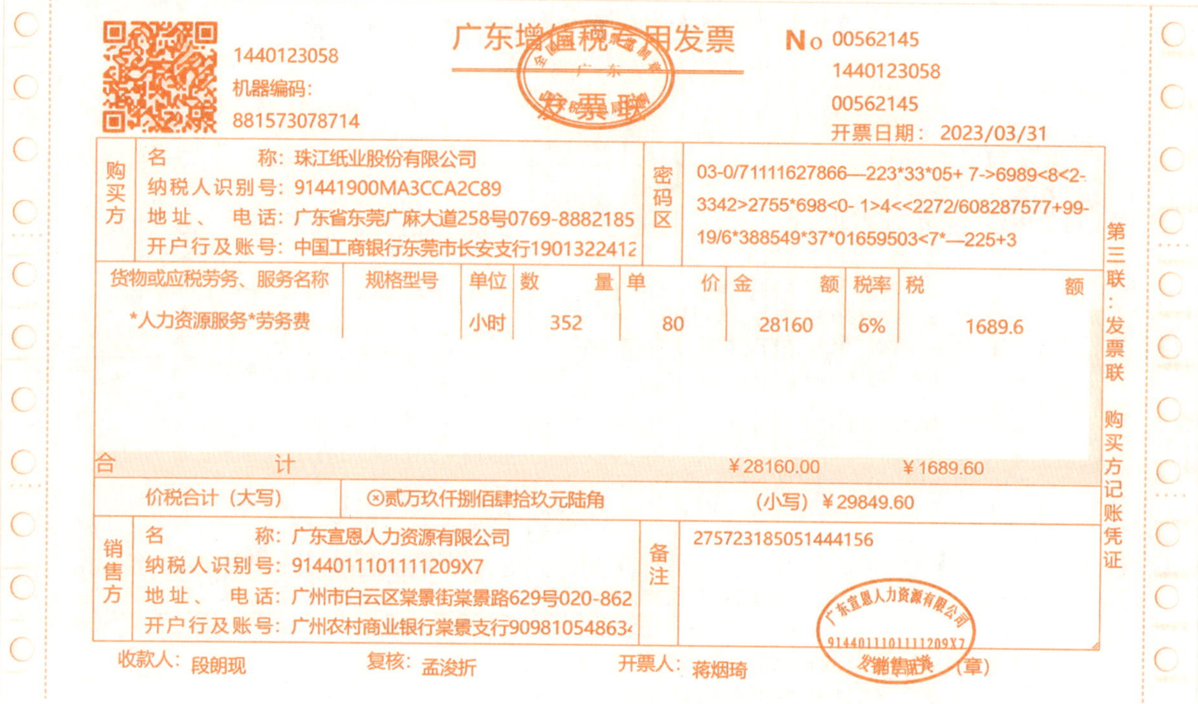

广东增值税专用发票　发票联　No 00562145

1440123058
机器编码:
881573078714

1440123058
00562145
开票日期：2023/03/31

购买方
名　　称：珠江纸业股份有限公司
纳税人识别号：91441900MA3CCA2C89
地址、电话：广东省东莞广麻大道258号0769-8882185
开户行及账号：中国工商银行东莞市长安支行1901322412

密码区
03-0/71111627866—223*33*05+ 7->6989<8<2-
3342>2755*698<0- 1>4<<2272/608287577+99-
19/6*388549*37*01659503<7*—225+3

货物或应税劳务、服务名称	规格型号	单位	数量	单价	金额	税率	税额
*人力资源服务*劳务费		小时	352	80	28160	6%	1689.6
合计					¥28160.00		¥1689.60

价税合计（大写）⊗贰万玖仟捌佰肆拾玖元陆角　（小写）¥29849.60

销售方
名　　称：广东宣恩人力资源有限公司
纳税人识别号：914401110111209X7
地址、电话：广州市白云区棠景街棠景路629号020-862
开户行及账号：广州农村商业银行棠景支行90981054863

备注
27572318505144156

收款人：段朗现　复核：孟浚折　开票人：蒋烟琦　销售方（章）

第三联：发票联　购买方记账凭证

图 3-3　增值税专用发票

认知识别　劳务派遣是一种特殊的用工方式，劳务派遣单位与被派遣劳动者建立劳动关系，并将劳动者派遣到用工单位工作。

分析研判　会计人员根据发票等，进行账务处理：

借：制造费用——人力资源　28,160.00

　　应交税费——应交增值税（进项税额）　1,689.60

　　贷：银行存款　29,849.60

风险控制　劳务派遣作为一种现代且灵活的用工模式，为企业提供了一种有效的人力资源配置方式，使企业能够根据市场需求灵活调整劳动力结构。同时，这种用工方式要求高度的法律责任感和对劳动者权益的保护意识，以确保劳务派遣能在促进经济发展的同时，保障劳动者的基本权利和利益。

十二、发生的其他支出

【场景3-12】2023年3月底，会计人员制作固定资产折旧计提表为热电事业部设备计提折旧，如表3-19所示。2023年3月热电事业部发生的其他支出包括购买劳保用品29,719元、支付设备财产保险费234,464.58元、购买办公用品4,760.61元，相关发票如图3-4、图3-5、图3-6所示。

表3-19　热电事业部固定资产折旧明细表

序号	类别	固定资产名称	购入日期或完装完工日期	原值（元）	折旧年限（年）	单位	数量	部门	残值率	净残值（元）	月折旧额（元）	2023年3月		
												本月折旧额（元）	累计折旧（元）	账面净值（元）
1	房屋及建筑物	热电房1	2003-9-28	5,756,516.66	40	间	1	热电事业部	5%	287,825.83	11,393.11	11,393.11	2,665,987.74	3,090,528.92
2		热电房2	2003-9-28	184,300.00	40	间	1	热电事业部	5%	9,215.00	364.76	364.76	85,353.84	98,946.16
3	机器设备	其他生产线设备	2003-9-28	385,863,209.53	15	组	1	热电事业部	5%	19,293,160.48	2,036,500.27	—	366,570,049.05	19,293,160.48
4		其他生产线设备	2012-12-1	145,000,000.00	15	组	1	热电事业部	5%	7,250,000.00	765,277.78	65,277.78	94,129,166.94	50,870,833.06

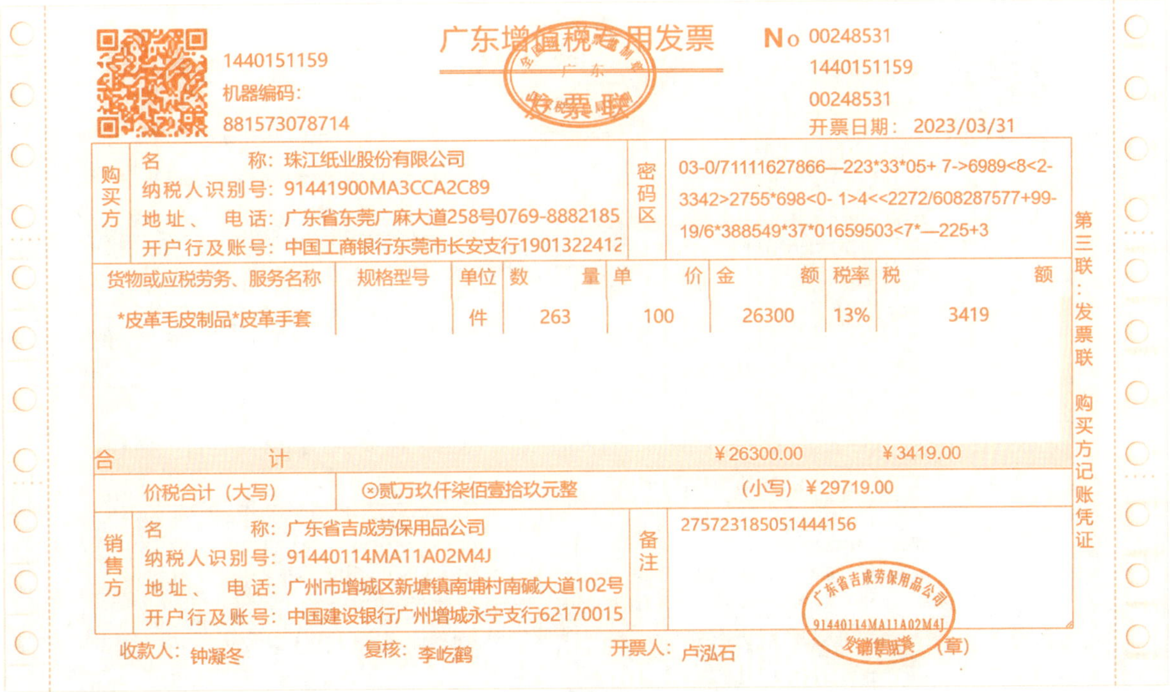
广东增值税专用发票
发票联
No 00248531
1440151159
机器编码：
881573078714
1440151159
00248531
开票日期：2023/03/31

购买方
名　　称：珠江纸业股份有限公司
纳税人识别号：91441900MA3CCA2C89
地 址、电 话：广东省东莞广麻大道258号0769-8882185
开户行及账号：中国工商银行东莞市长安支行1901322412

密码区：03-0/71111627866—223*33*05+ 7->6989<8<2-3342>2755*698<0- 1>4<<2272/608287577+99-19/6*388549*37*01659503<7*—225+3

货物或应税劳务、服务名称	规格型号	单位	数量	单价	金额	税率	税额
*皮革毛皮制品*皮革手套		件	263	100	26300	13%	3419
合计					¥26300.00		¥3419.00

价税合计（大写）⊗贰万玖仟柒佰壹拾玖元整　（小写）¥29719.00

销售方
名　　称：广东省吉成劳保用品公司
纳税人识别号：91440114MA11A02M4J
地 址、电 话：广州市增城区新塘镇南埔村南碱大道102号
开户行及账号：中国建设银行广州增城永宁支行62170015

备注：275723185051444156

收款人：钟凝冬　复核：李屹鹤　开票人：卢泓石　销售方：（章）

第三联：发票联　购买方记账凭证

图3-4　增值税专用发票

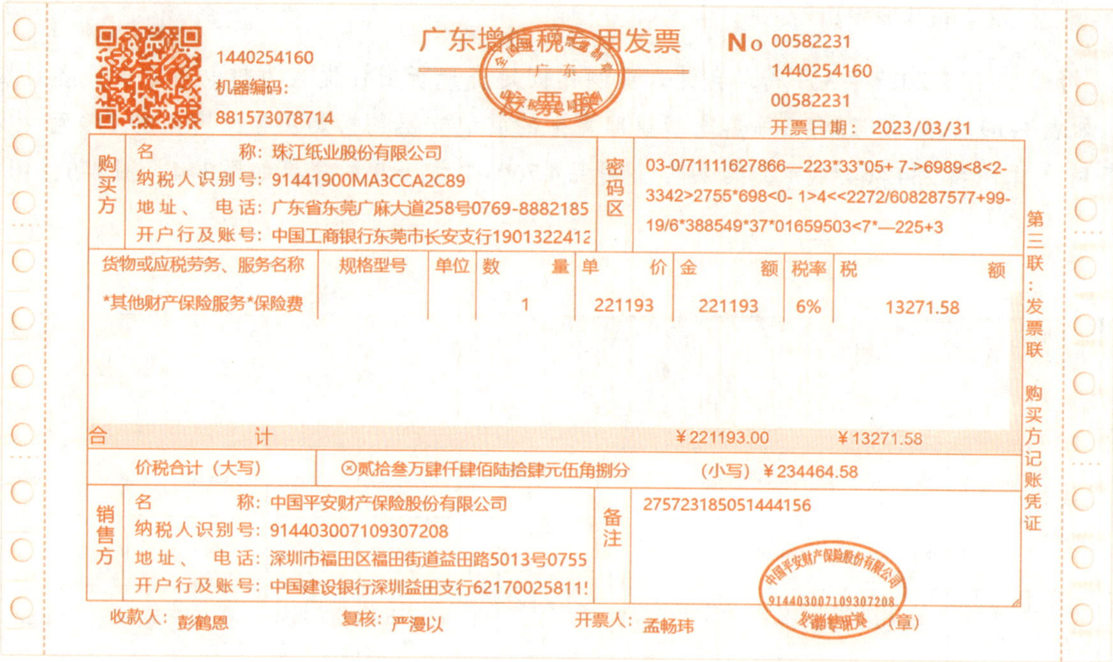
广东增值税专用发票

1440254160
机器编码：
881573078714

No 00582231
1440254160
00582231
开票日期：2023/03/31

购买方	名称：珠江纸业股份有限公司 纳税人识别号：91441900MA3CCA2C89 地址、电话：广东省东莞广麻大道258号0769-8882185 开户行及账号：中国工商银行东莞市长安支行1901322412	密码区	03-0/71111627866—223*33*05+ 7->6989<8<2- 3342>2755*698<0- 1>4<<2272/608287577+99- 19/6*388549*37*01659503<7*—225+3

货物或应税劳务、服务名称	规格型号	单位	数量	单价	金额	税率	税额
*其他财产保险服务*保险费			1	221193	221193	6%	13271.58
合计					¥221193.00		¥13271.58
价税合计（大写）	⊗贰拾叁万肆仟肆佰陆拾肆元伍角捌分				（小写）¥234464.58		

销售方	名称：中国平安财产保险股份有限公司 纳税人识别号：914403007109307208 地址、电话：深圳市福田区福田街道益田路5013号0755 开户行及账号：中国建设银行深圳益田支行62170025811!	备注	275723185051444156

收款人：彭鹤恩　复核：严漫以　开票人：孟畅玮　销售方：（章）

第三联：发票联　购买方记账凭证

图 3-5　增值税专用发票

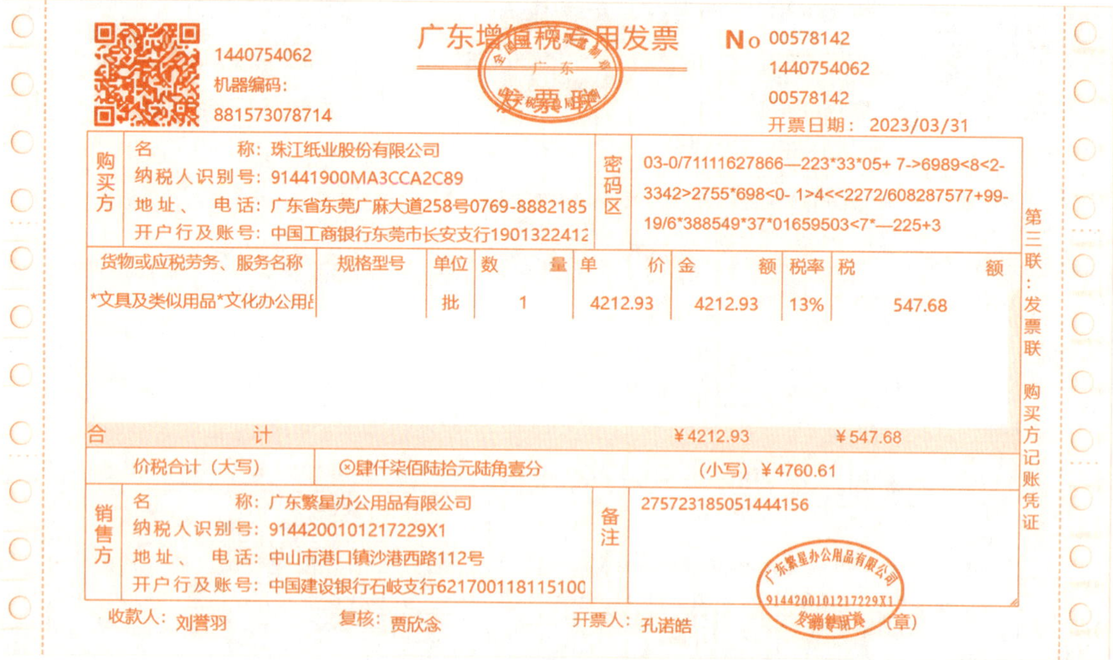
广东增值税专用发票

1440754062
机器编码：
881573078714

No 00578142
1440754062
00578142
开票日期：2023/03/31

购买方	名称：珠江纸业股份有限公司 纳税人识别号：91441900MA3CCA2C89 地址、电话：广东省东莞广麻大道258号0769-8882185 开户行及账号：中国工商银行东莞市长安支行1901322412	密码区	03-0/71111627866—223*33*05+ 7->6989<8<2- 3342>2755*698<0- 1>4<<2272/608287577+99- 19/6*388549*37*01659503<7*—225+3

货物或应税劳务、服务名称	规格型号	单位	数量	单价	金额	税率	税额
*文具及类似用品*文化办公用品		批	1	4212.93	4212.93	13%	547.68
合计					¥4212.93		¥547.68
价税合计（大写）	⊗肆仟柒佰陆拾元陆角壹分				（小写）¥4760.61		

销售方	名称：广东繁星办公用品有限公司 纳税人识别号：9144200101217229X1 地址、电话：中山市港口镇沙港西路112号 开户行及账号：中国建设银行石岐支行62170011811510C	备注	275723185051444156

收款人：刘誉羽　复核：贾欣念　开票人：孔诺皓　销售方：（章）

第三联：发票联　购买方记账凭证

图 3-6　增值税专用发票

认知识别　固定资产折旧计提的方法包括年限平均法、工作量法、双倍余额递减法和年数总和法。

年限平均法，是一种将固定资产的应计折旧额均匀分摊到其预计使用寿命内的折旧方法。

年折旧额＝固定资产原值 ×（1－净残值率）/使用年限

分析研判 1 以热电房 1 为例，固定资产的原值即入账价值为 5,756,516.66 元，预计残值率为 5%，可使用 40 年。

热电房 1 每月的折旧额＝5,756,516.66 ×（1－5%）÷ 40 ÷ 12＝11,393.11（元）

本月热电事业部所有固定资产的月折旧额＝11,393.11＋364.76＋65,277.78＝777,035.65（元）

会计人员根据折旧计提表，做账务处理：

借：制造费用——折旧摊销　　777,035.65

　贷：累计折旧　　777,035.65

分析研判 2 根据公司的财务核算制度，热电事业部发生的劳保费、设备保险费、办公费均计入制造费用核算。

会计人员根据发票，做账务处理：

借：制造费用——劳动保护费　　26,300

　　　　　——保险费　　221,193

　　　　　——办公费　　4,212.93

　应交税费——应交增值税（进项税额）　　17,238.26

　贷：银行存款　　265,944.19

风险控制 对固定资产计提折旧不仅关系到企业的成本控制和盈利能力，还影响着企业的长期发展规划和投资决策，因此，对固定资产折旧计提的方法应选择与预期经济利益实现一致的方式。

十三、分配制造费用

【场景 3-13】 会计人员根据热电事业部制造费用明细账，整理出制造费用汇总表，并将制造费用按机器工时比率分配给产品电和汽，供电占 40.68%、供汽占 59.32%，形成制造费用汇总表和分配表，如表 3-20、表 3-21 所示。

表 3-20　　热电事业部制造费用汇总表

部门：热电事业部　　日期：2023 年 3 月 31 日　　编号：ZZFYHZ-20230300001

项目	明细项目	金额（元）
制造费用	折旧及摊销	777,035.65
	修理费	652,593.79
	人力资源费	28,160
	劳动保护费	26,300
	保险费	221,193
	办公费	4,212.93
总计		1,709,495.37

制表：高陶益

表 3-21 热电事业部制造费用分配表

部门：热电事业部 日期：2023 年 3 月 31 日 编号：FP-DIAN-20230300004

名称	车间总消耗		分配率（元/小时）	电		汽	
	数量(小时)	金额（元）		分配数量（小时）	分配金额（元）	分配数量（小时）	分配金额（元）
制造费用	717.65	1,709,495.37	2,382.07395	291.94	695,422.67	425.71	1,014,072.70
合计		1,709,495.37			695,422.67		1,014,072.70

制表：高陶益

分析研判

分配率 = 制造费用合计 ÷ 机器工时合计 =1,709,495.37 ÷ 717.65=2,382.07395（元/小时）

生产电消耗的数量 =717.65 × 40.68%=291.94（小时）

生产汽消耗的数量 =717.65 × 59.32%=425.71（小时）

产品电分配的制造费用 =2,382.07395 × 291.94=695,422.67（元）

产品汽分配的制造费用 =1,709,495.37−695,422.67=1,014,072.7（元）

会计人员根据制造费用分配表，做账务处理：

借：生产成本——辅助生产成本（电）——制造费用 695,422.67
　　生产成本——辅助生产成本（汽）——制造费用 1,014,072.70
　　贷：制造费用——折旧及摊销 777,035.65
　　　　　　　　——修理费 652,593.79
　　　　　　　　——人力资源 28,160
　　　　　　　　——劳动保护费 26,300
　　　　　　　　——保险费 221,193
　　　　　　　　——办公费 4,212.93

十四、消耗外电

【场景 3-14】 2023 年 3 月 31 日，热电事业部收到东莞市供电局的用电发票，如图 3-7 所示。3 月共用电 36,241,446.79KWH，应向供电局支付电费 23,523,308.36 元。

认知识别 热电事业部在生产电的过程中，高压加热器、汽轮机等设备的运转需要消耗供电局的电作为动力，我们把它称为外电。

分析研判 1 按照公司的产品成本核算制度，热电事业部采购的外电直接计入产品电的成本。

会计人员根据增值税专用发票，进行账务处理：

借：生产成本——辅助生产成本（电）——燃料和动力 20,817,087.04
　　应交税费——应交增值税（进项税额） 2,706,221.32
　　贷：应付账款——广东省电力公司东莞市供电局 23,523,308.36

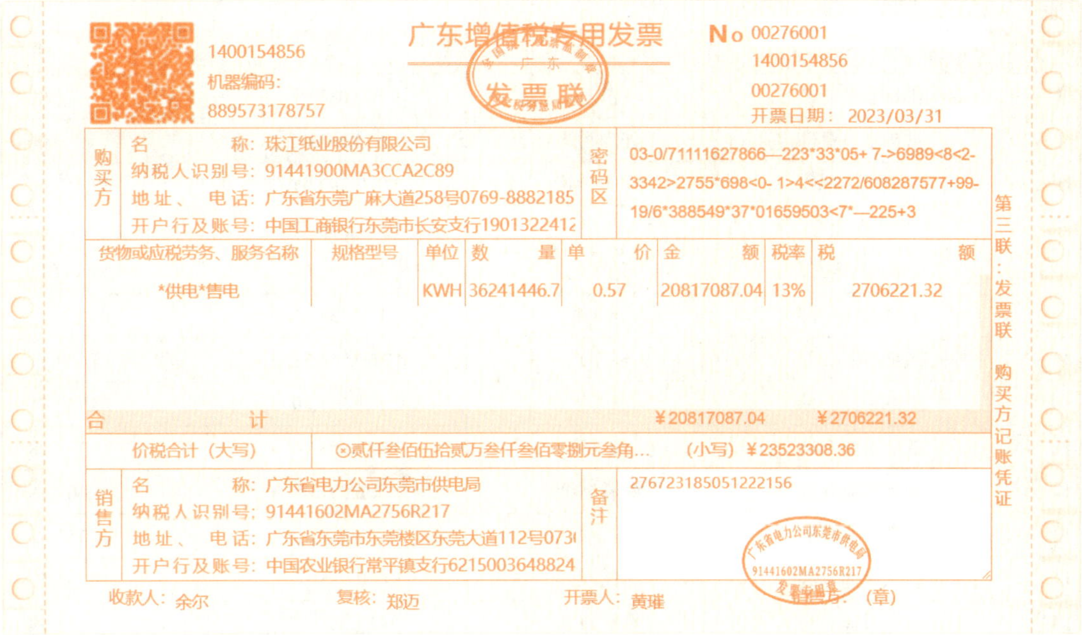
广东增值税专用发票 No 00276001
1400154856
机器编码：
889573178757
1400154856
00276001
开票日期：2023/03/31

购买方
名　　称：珠江纸业股份有限公司
纳税人识别号：91441900MA3CCA2C89
地址、电话：广东省东莞广麻大道258号0769-8882185
开户行及账号：中国工商银行东莞市长安支行1901322412

密码区
03-0/71111627866—223*33*05+7->6989<8<2-
3342>2755*698<0-1>4<<2272/608287577+99-
19/6*388549*37*01659503<7*—225+3

货物或应税劳务、服务名称	规格型号	单位	数量	单价	金额	税率	税额
*供电*售电		KWH	36241446.7	0.57	20817087.04	13%	2706221.32
合计					¥20817087.04		¥2706221.32

价税合计（大写）⊗贰仟叁佰伍拾贰万叁仟叁佰零捌元叁角…　（小写）¥23523308.36

销售方
名　　称：广东省电力公司东莞市供电局
纳税人识别号：91441602MA2756R217
地址、电话：广东省东莞市东莞楼区东莞大道112号073(
开户行及账号：中国农业银行常平镇支行6215003648824

备注 276723185051222156

收款人：余尔　复核：郑迈　开票人：黄璀　销售方：（章）

第三联：发票联　购买方记账凭证

图 3-7　增值税专用发票

分析研判2 对于热电事业部来说，电既作为生产动力使用，又是其生产出来的产品。作为生产动力时，视为“原材料——燃料和动力”；作为产品电时，视为“库存商品——电”。在企业内部，一种材料既是原材料，又是产品的现象并不罕见，这种现象的划分通常是基于企业在生产过程中对材料的使用方式和目的。

十五、辅助生产费用顺序分配

【场景3-15】会计人员根据生产成本——辅助生产成本明细账，整理出产品电和汽的成本明细表，如表3-22所示。同时统计出各部门消耗电、汽的数量，如表3-23所示。

表 3-22　热电事业部成本明细表　单位：元

产品	直接材料	直接人工	制造费用	燃料及动力	合计
电	15,010,254.92	969,811.01	695,422.67	20,817,087.04	37,492,575.64
汽	21,888,072.69	1,414,188.79	1,014,072.7	0	24,316,334.18

表 3-23　热电事业部耗电、耗汽量统计表

编制部门：热电事业部　期间：2023年3月

序号	部门	产品	消耗电量（KWH）	消耗汽量（百万千焦）
1	热电事业部	供电	3,146,506.30	0
2	热电事业部	供汽	4,588,382.43	0

续表

序号	部门	产品	消耗电量（KWH）	消耗汽量（百万千焦）
3	供排水事业部	清水	1,102,088.97	0.00
4	供排水事业部	处理污水	1,653,133.45	0.00
5	化学事业部	回收碱	5,049,547.01	−39,353.60
6	化学事业部	轻钙	1,122,586.82	0.00
7	化机浆事业部	化机浆	16,343,724.97	306,868.11
8	造纸事业一部	颜B纸	2,187,233.65	16,728.93
9	造纸事业二部	轻型纸	1,969,565.21	15,064.11
10	造纸事业三部	颜A纸	3,131,691.29	23,952.57
11	造纸事业四部	颜B纸	3,282,663.70	25,107.28
12	造纸事业五部	淋膜原纸	862,957.68	6,600.28
13	造纸事业五部	牛皮包装纸	5,772,868.18	44,153.47
14	造纸事业六部	轻涂纸	5,650,635.10	43,218.58
15	造纸事业六部	热敏原纸	414,202.27	3,167.99
16	造纸事业七部	胶版纸	14,483,471.32	110,776.04
17	造纸事业七部	办公用纸	1,365,684.22	17,996.15
18	纸品加工事业部	印刷用纸	767,626.27	0.00
19	纸品加工事业部	包装用纸	162,518.30	0.00
20	纸品加工事业部	办公用纸	33,612.41	0.00
21	管理部门		59,872.71	0.00
合计			73,150,572.26	574,279.91

认知识别 顺序分配法

顺序分配法是一种在存在多个辅助生产车间相互提供产品或劳务的企业中，用于辅助生产费用分配的方法。这种方法的核心思想是根据各辅助生产车间相互提供产品或劳务价值量的多少，来确定费用分配的先后顺序。

具体来说，顺序分配法首先要求确定各辅助生产车间提供产品或劳务的受益程度。受益较少的辅助生产车间会被排在前面，而受益较多的辅助生产车间则排在后面。接着，排在前面的辅助生产车间会将其发生的费用，包括本车间直接发生的费用和按一定分配标准从其他辅助生产车间分配转入的费用，分配给排列在后面的辅助生产车间以及基本生产车间和管理部门。该方法的核算特点如下：

（1）排列在前的车间将费用分配给排列在后面的车间，不再承担后面车间的费用。

（2）这种方法虽计算方法较为简便，但不能完整反映各辅助生产车间相互之间的费用分配情况，分配结果可能不够准确。

（3）只适用于企业设置的辅助生产车间较多，且相互之间提供产品或劳务价值量有明显差别的情况。

分析研判 会计人员根据耗电、耗汽量统计表，发现热电事业部为了生产出汽本月消耗电4,588,382.43KWH，而生产电并没有消耗汽，依据生产的电和汽的顺序关系，采用顺序分配法进行成本分配。

第一步：顺序分配。

本月生产电的总成本为37,492,575.64元，共产出电73,150,572.26KWH。

分配率=37,492,575.64 ÷ 73,150,572.26=0.5125397（元/KWH）

热电事业部为了生产出汽本月消耗电4,588,382.43KWH。

热电事业部消耗电的成本=0.5125397 × 4,588,382.43=2,351,728.15（元）

顺序分配法下，热电事业部制造费用在电、汽产品之间分配情况如表3-24所示。

表3-24 热电事业部费用顺序分配表（顺序分配）

项目		供电		供汽		金额合计（元）
		数量（KWH）	金额（元）	数量（百万千焦）	金额（元）	
待分配费用			37,492,575.64		24,316,334.18	61,808,909.82
供应总量		73,150,572.26		574,279.91		
费用分配率			0.5125397			
辅助生产车间耗用	供电	3,146,506.3	1,612,709.4			1,612,709.4
	供汽	4,588,382.43	2,351,728.15			2,351,728.15
	合计	7,734,888.73	3,964,437.55			3,964,437.55

会计人员根据顺序分配表，做账务处理：

借：生产成本——辅助生产成本（汽）——燃料及动力　　2,351,728.15

　　贷：生产成本——辅助生产成本（电）——燃料及动力　　2,351,728.15

第二步：对外分配。

计算电的分配率：

顺序分配后产品电的成本=37,492,575.64−2,351,728.15=35,140,847.49（元）

热电事业部应对外分配的耗电量=73,150,572.26−4,588,382.43−3,146,506.30

=65,415,683.53（KWH）

分配率=35,140,847.49 ÷ 65,415,683.53=0.537193（元/KWH）

计算汽的分配率：

分配后产品汽的成本=24,316,334.18+2,351,728.15=26,668,062.33（元）

热电事业部应对外分配的耗汽量为574,279.91（百万千焦）

分配率=26,668,062.33 ÷ 574,279.91=46.4373938（元/百万千焦）

会计人员根据分配率和每个事业部的耗电、耗汽量算出每个事业部应负担的成本，形成辅助生产费用分配表（见表3-25），并做账务处理。

表 3-25　　热电事业部费用顺序分配表（对外分配）

部门：热电事业部　　日期：2023年3月31日　　编号：FZCB-20230300001

项目			对外分配				
			供电		供汽		金额合计
			数量（KWH）	金额（元）	数量（百万千焦）	金额（元）	
待分配费用				35,140,847.49		26,668,062.33	61,808,909.82
供应总量			65,415,683.53		574,279.91		
费用分配率				0.537193		46.4373938	
生产车间耗用	供排水事业部	清水	1,102,088.97	592,034.48	0	0	592,034.48
	供排水事业部	处理污水	1,653,133.45	888,051.72	0	0	888,051.72
	化学事业部	回收碱	5,049,547.01	2,712,581.31	–39,353.6	–1,827,478.62	885,102.69
	化学事业部	轻钙	1,122,586.82	603,045.78	0	0	603,045.78
	化机浆事业部	化机浆	16,343,724.97	8,779,734.65	306,868.11	14,250,155.27	23,029,889.92
	造纸事业一部	颜B纸	2,187,233.65	1,174,966.61	16,728.93	776,847.91	1,951,814.52
	造纸事业二部	轻型纸	1,969,565.21	1,058,036.64	15,064.11	699,538.01	1,757,574.65
	造纸事业三部	颜A纸	3,131,691.29	1,682,322.64	23,952.57	1,112,294.93	2,794,617.57
	造纸事业四部	颜B纸	3,282,663.7	1,763,423.96	25,107.28	1,165,916.65	2,929,340.61
	造纸事业五部	淋膜原纸	862,957.68	463,574.82	6,600.28	306,499.80	770,074.62
	造纸事业五部	牛皮包装纸	5,772,868.18	3,101,144.38	44,153.47	2,050,372.07	5,151,516.45
	造纸事业六部	轻涂纸	5,650,635.1	3,035,481.62	43,218.58	2,006,958.22	5,042,439.84
	造纸事业六部	热敏原纸	414,202.27	222,506.56	3,167.99	147,113.20	369,619.76
	造纸事业七部	胶版纸	14,483,471.32	7,780,419.41	110,776.04	5,144,150.59	12,924,570.00
	造纸事业七部	办公用纸	1,365,684.22	733,636.21	17,996.15	835,694.30	1,569,330.51
	纸品加工事业部	印刷用纸	767,626.27	412,363.46	0	0	412,363.46
	纸品加工事业部	包装用纸	162,518.3	87,303.69	0	0	87,303.69
	纸品加工事业部	办公用纸	33,612.41	18,056.35	0	0	18,056.35
管理部门			59,872.71	32,163.20	0	0	32,163.20
分配费用合计			65,415,683.53	35,140,847.49	574,279.91	26,668,062.33	61,808,909.82

注：费用分配率保留2位小数，尾差计入造纸事业七部办公用纸。　　制表：高陶益

借：生产成本——基本生产成本（造纸一部）——燃料及动力　　1,951,814.52
　　生产成本——基本生产成本（造纸二部）——燃料及动力　　1,757,574.65
　　生产成本——基本生产成本（造纸三部）——燃料及动力　　2,794,617.57
　　生产成本——基本生产成本（造纸四部）——燃料及动力　　2,929,340.61
　　生产成本——基本生产成本（淋膜原纸）——燃料及动力　　770,074.62
　　生产成本——基本生产成本（牛皮包装纸）——燃料及动力　　5,151,516.45
　　生产成本——基本生产成本（轻涂纸）——燃料及动力　　5,042,439.84
　　生产成本——基本生产成本（热敏原纸）——燃料及动力　　369,619.76
　　生产成本——基本生产成本（七部–胶版纸）——燃料及动力　　12,924,570.00
　　生产成本——基本生产成本（七部–办公用纸）——燃料及动力　　1,569,330.51

生产成本——基本生产成本（加工部-办公用纸）——燃料及动力	18,056.35
生产成本——基本生产成本（加工部-印刷用纸）——燃料及动力	412,363.46
生产成本——基本生产成本（加工部-包装用纸）——燃料及动力	87,303.69
生产成本——辅助生产成本（化机浆）——燃料及动力	23,029,889.92
生产成本——辅助生产成本（轻钙）——燃料及动力	603,045.78
生产成本——辅助生产成本（回收碱）——燃料及动力	885,102.09
生产成本——辅助生产成本（供排水部）——燃料及动力	1,480,086.20
管理费用——水电费	32,163.20
贷：生产成本——辅助生产成本（电）——直接材料	15,010,254.92
——直接人工	969,811.01
——制造费用	695,422.67
——燃料及动力	20,817,087.04
生产成本——辅助生产成本（汽）——直接材料	21,888,072.69
——直接人工	1,414,188.79
——制造费用	1,014,072.70

任务发布

请查阅资料，说明顺序分配法和交互分配法的区别。

子任务 2　自制辅料——清水、污水

【教学重点】辅助生产费用的直接分配法。

【教学难点】识别供排水事业部的业务流程中的关键节点，并进行风险控制。

任务导入

公司的供排水事业部主要负责造纸生产过程中的供水和废水处理工作。

供排水事业部的生产流程主要包括原水处理、供水系统管理、废水回收与处理以及监测和质量控制四个环节。

供排水事业部通过高效的水资源管理和废水处理，不仅保障了生产过程的需要，而且对环境保护起到了关键作用。其生产、核算流程如图3-8所示。

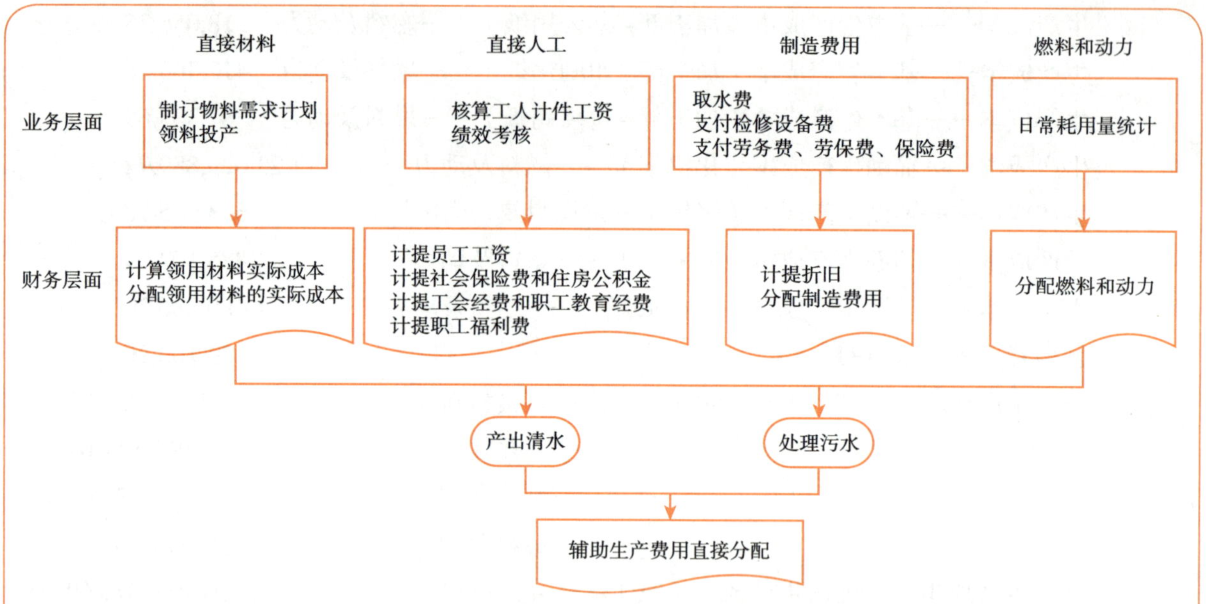

图 3-8　供排水事业部生产、核算流程图

任务实施

一、制订物料需求计划

【场景3-16】 2023年2月20日，供排水事业部王雨填制物料需求计划表，办理审批手续。

分析研判1　按照排产计划，本月需提供清水2,639,208.2吨，依据生产工艺单耗表，每生产1吨清水需要消耗净水剂0.00007218吨，预计总消耗净水剂190.5吨，如表3-26所示。

表 3-26　　供排水事业部物料需求计划表

部门：供排水事业部
项目：清水　　日期：2023年2月20日　　编号：WKXQ-20230200002

类别	产品名称	规格型号	单位	计划投产量	2,639,208.20吨
				标准单耗	总耗
辅料	净水剂	260毫升	吨	0.00007218	190.50

审批：李先进　　制表：王雨

分析研判2　按照排产计划，本月需处理污水3,331,980.99吨，依据生产工艺单耗表，处理1吨污水需要尿素0.00000176吨，预计总消耗尿素5.86吨。同理，填制处理污水的物料需求计划表，如表3-27所示。

表 3-27　　供排水事业部物料需求计划表

部门：供排水事业部
项目：污水　　日期：2023年2月20日　　编号：WKXQ-20230200003

类别	产品名称	规格型号	单位	计划投产量	3,331,980.99吨
				标准单耗	总耗
辅料	尿素	工业级50千克	吨	0.00000176	5.86
辅料	PAM	阴离子	吨	0.00000943	31.42
辅料	净水剂	260毫升	吨	0.00052744	1,757.42
辅料	磷酸三钠a	1×25	吨	0.00000109	3.63
辅料	液体消泡剂	DF-520	吨	0.00000286	9.53
辅料	液氯	≥99.6%	吨	0.00000296	9.86
辅料	盐酸	31% HCL	吨	0.00000624	20.79

审批：李先进　　制表：王雨

二、领料投产

【场景3-17】供排水事业部陈小雨在办理完物料需求计划审批后，于2023年3月1日填写领料单，经主管审核后，向辅料仓储事业部领取物料，如表3-28所示。

表 3-28　　供排水事业部领料单

部门：供排水事业部
用途：因生产清水、处理污水，需领用材料　日期：2023年3月1日　　编号：LLD-20230300002

存货类别	材料名称	规格	单位	申请数量	实发数量	计划单价（元）	金额（元）	备注
辅料	尿素	工业级50千克	吨	1.95	1.95	1,854.70	3,616.67	第一次领料
辅料	PAM	阴离子	吨	10.47	10.47	17,463.67	182,844.62	第一次领料
辅料	净水剂	260毫升	吨	649.31	649.31	371.79	241,406.96	第一次领料
辅料	磷酸三钠a	1×25	吨	1.21	1.21	2,247.93	2,720	第一次领料
辅料	液体消泡剂	DF-520	吨	3.18	3.18	17,466.87	55,544.65	第一次领料
辅料	液氯	≥99.6%	吨	3.29	3.29	1,452.93	4,780.14	第一次领料
辅料	盐酸	31% HCL	吨	6.93	6.93	248.30	1,720.72	第一次领料
合计				676.34	676.34		492,633.76	

主管：李先进　　发料员：于小小　　领料员：陈小雨　　核算员：苏沐驰

第一批物料投产后，领料员陈小雨于2023年3月9日办理第二次领料手续，如表3-29所示。

表 3-29 供排水事业部领料单

部门：供排水事业部

用途：因生产清水、处理污水，需领用材料 日期：2023年3月9日 编号：LLD-20230300020

存货类别	材料名称	规格	单位	申请数量	实发数量	计划单价（元）	金额（元）	备注
辅料	尿素	工业级50千克	吨	3.91	3.91	1,854.70	7,251.88	第二次领料
辅料	PAM	阴离子	吨	20.95	20.95	17,463.67	365,863.89	第二次领料
辅料	净水剂	260毫升	吨	1,298.61	1,298.61	371.79	482,810.21	第二次领料
辅料	磷酸三钠a	1×25	吨	2.42	2.42	2,247.93	5,439.99	第二次领料
辅料	液体消泡剂	DF-520	吨	6.35	6.35	17,466.87	110,914.62	第二次领料
辅料	液氯	≥99.6%	吨	6.58	6.58	1,452.93	9,560.28	第二次领料
辅料	盐酸	31% HCL	吨	13.86	13.86	248.30	3,441.44	第二次领料
合计				1,352.68	1,352.68		985,282.31	

主管：李先进 发料员：于小小 领料员：陈小雨 核算员：苏沐驰

分析研判 依据公司产品成本核算制度，对原材料的核算采用计划成本法，原材料如果按计划成本计价，在处理发出业务时并不存在计算确定发出材料单位成本的问题，只需用事先制定的计划单位成本，乘以发出材料数量，计算出发生材料的计划成本。

以净水剂为例，计划单价371.79元/吨，本月共领用1,947.92吨（649.31+1,298.61=1,947.92），领用净水剂的计划成本为724,217.17元（241,406.96+482,810.21=724,217.17）。

同理，可以计算出本月领用其他物料的计划成本。

会计人员根据两张领料单，进行账务处理如下：

借：生产成本——辅助生产成本（供排水事业部）——直接材料 1,477,916.07

贷：原材料——辅料——尿素 10,868.55

——辅料——PAM 548,708.51

——辅料——净水剂 724,217.17

——辅料——磷酸三钠a 8,159.99

——辅料——液体消泡剂 166,459.27

——辅料——液氯 14,340.42

——辅料——盐酸 5,162.16

三、取水费

【场景3-18】2023年3月31日，供排水事业部收到东莞市水务集团供水有限公司的用水发票。本月，共用水2,843,647.32吨，向水务局支付水费1,343,930.11元，相关单据如图3-9、表3-30、图3-10、表3-31所示。

广东增值税专用发票

发票联

1440258616

No 00782269

1440258616

00782269

开票日期：2023/03/31

购买方	名　　称：珠江纸业股份有限公司 纳税人识别号：91441900MA3CCA2C89 地 址、 电 话：广东省东莞广麻大道258号0769-8882185 开户行及账号：中国工商银行东莞市长安支行1901322412	密码区	03-0/71111627866—223*33*05+ 7->6989<8<2- 3342>2755*698<0- 1>4<<2272/608287577+99- 19/6*388549*37*01659503<7*—225+3

货物或应税劳务、服务名称	规格型号	单位	数量	单价	金额	税率	税额
*水冰雪*水资源费		吨	2843647.32	0.47	1343930.11	免税	***
合计					¥1343930.11		¥***
价税合计（大写）	⊗				（小写）¥***		

销售方	名　　称：东莞市水务集团供水有限公司 纳税人识别号：91441900735697609Z 地 址、 电 话：广东省东莞市莞城街道莞龙路101号020-2 开户行及账号：东莞银行莞城支行510004521684215	备注	91441900735697609Z 发票专用章

收款人：邹欣　　复核：蔡文　　开票人：魏海　　销售方：（章）

第三联：发票联　购买方记账凭证

图 3-9　增值税专用发票

表 3-30　　供排水事业部付款申请单

申请部门	供排水事业部	申请人	陈小雨	日期	2023年3月31日
收款单位	东莞市水务集团供水有限公司			付款内容	
付款方式	电汇			支付3月取水费	
开户银行	东莞银行莞城支行				
账号	510004521684215				
付款金额（大写）	壹佰叁拾肆万叁仟玖佰叁拾元壹角壹分	付款金额（小写）	1,343,930.11	付款类型	应付款

日期	部门	岗位	人员	意见	备注
2023-03-31	行政组	综合专员	刘青清	同意	
2023-03-31	财务部	税务会计	陈子轩	同意	
2023-03-31	财务部	财务经理	胡洋	同意	
2023-03-31	总经办	财务总监	钟淮敏	同意	
2023-03-31	财务部	出纳	唐伯瑞	同意	

ICBC 中国工商银行 业务回单付款 凭证

日期：2023年03月31日　回单编号：998992517

收款人户名：东莞市水务集团供水有限公司　收款人开户行：东莞银行莞城支行

收款人账号：510004521684215

付款人户名：珠江纸业股份有限公司　付款人开户行：中国工商银行东莞市长安支行

付款人账号：1901322412455631285

金额合计（大写）：壹佰叁拾肆万叁仟玖佰叁拾元壹角壹分　小写：1343930.11

业务（产品）种类：网银互联　凭证种类：9129137　凭证号码：6953846647337

摘要：支付取水费　用途：无　币种：人民币

交易机构：0190010180　记账柜员：00132　交易代码：52139　渠道：网上银行

附言：无

支付交易序号：13443669　报文种类：小额客户发起普通贷委托日期：2023-03-31 00:00:

业务类型（种类）：普通汇兑　指令编号：HQP69537578　提交人：0920101905200002

最终授权人：无

本回单为第一次打印，注意重复　打印日期：2023-03-31 打印柜员：10　验证码：402Z8FEPHX17

图 3-10　中国工商银行业务回单

表 3-31　供排水事业部费用分配表——取水费

部门：供排水事业部　日期：2023年3月31日　编号：FP-SHUI-20230300003

应借账户		成本或费用项目	分配数量（吨）	分配率	分配金额（元）
辅助生产成本	清水	取水费	2,843,647.32		1,343,930.11
	污水	取水费	0		0
合计			2,843,647.32	0.472608	1,343,930.11

注：分配率四舍五入保留2位小数。

制表：苏沐驰

认知识别 电汇是汇款人将一定款项交存给汇款银行，由汇款银行通过电报或电传方式通知目的地的分行或代理行（汇入行），指示汇入行向收款人支付一定金额的一种汇款方式。

分析研判 会计人员根据以上凭证，进行账务处理如下：

借：生产成本——辅助生产成本（清水）——直接材料　1,343,930.11

　贷：银行存款　1,343,930.11

风险控制 财务支付审批制度是企业或组织为了确保资金使用的合理性、合法性和有效性，而设立的一套对财务支付进行审查和批准的程序和规定。通过实施严格的财务支付审批制度，企业可以有效地控制和管理资金流动，防止财务风险，提高资金使用效率，从而支持企业的稳健运营和持续发展。

四、计算领用材料实际成本

【场景3-19】在【场景3-17】中，核算了本月供排水事业部为提供清水、处理污水领用各项辅料的计划成本。2023年3月31日，会计人员制作领用材料实际成本计算表，将计划成本转为实际成本，如表3-32所示。

表3-32 供排水事业部材料实际成本计算表

部门：供排水事业部　　产品名称：清水　　日期：2023年3月31日　　编号：FCSJCB-20230300002

材料名称	计划成本	期初材料计划成本（元）	期初材料成本差异（元）	本月入库材料计划成本（元）	本月入库材料实际成本（元）	本月材料成本差异（元）	差异率	差异额（元）	实际成本（元）
尿素	10,868.55	3,746.49	0	10,868.54	10,868.54	0	0	0	10,868.55
PAM	548,708.51	188,258.36	0	550,454.88	550,454.88	0	0	0	548,708.51
净水剂	724,217.17	246,731.01	0	728,652.63	728,652.63	0	0	0	724,217.17
磷酸三钠a	8,159.99	2,967.26	0	8,159.99	8,159.99	0	0	0	8,159.99
液体消泡剂	166,459.27	56,592.66	0	168,205.96	168,205.96	0	0	0	166,459.27
液氯	14,340.42	4,852.79	0	14,471.18	13,047.60	-1,423.58	-7.37%	-1,056.45	13,283.97
盐酸	5,162.16	1,757.96	0	5,186.99	5,186.99	0	0	0	5,162.16
	1,477,916.07	504,906.53	0	1,486,000.17	1,484,576.59	-1,423.58	-7.37%	-1,056.45	1,476,859.62

注：①材料存货类别、规格与表3-28、表3-29一致；②差异率计算时不保留小数位数，否则差异很大。　　制表：苏沐驰

分析研判 尿素、PAM、净水剂、磷酸三钠a、液体消泡剂和盐酸的计划成本与实际成本一致，不需要调整。

液氯的计划成本与实际成本存在差异，需将计划成本调整为实际成本，需要计算成本差异率和成本差异额，计算过程同热电事业部能源煤炭，此处不再赘述。

账务处理如下：

借：材料成本差异——液氯　　1,056.45

　　贷：生产成本——辅助生产成本（热电事业部）——直接材料　　1,056.45

那么，领用液氯的实际成本＝领用液氯的计划成本＋应分摊的材料成本差异

＝14,340.42−1,056.45=13,283.97（元）

五、分配领用材料的实际成本

【场景3-20】会计人员制作直接材料费用分配表，将本月领用材料的实际成本在清水和污水之间合理分配，如表3-33所示。

表 3-33　　供排水事业部费用分配表——直接材料

部门：供排水事业部

名称	单位	车间总消耗		分配率	清水		污水	
		数量	金额（元）		分配数量	分配金额	分配数量	分配金额（元）
尿素	吨	5.86	10,868.55	1854.7014			5.86	10,868.55
PAM	吨	31.42	548,708.51	17463.6700			31.42	548,708.51
净水剂	吨	1947.92	724,217.17	371.7900	190.5	70,826	1757.42	653,391.17
磷酸三钠a	吨	3.63	8,159.99	2247.9311			3.63	8,159.99
液体消泡剂	吨	9.53	166,459.27	17466.8699			9.53	166,459.27
液氯	吨	9.87	13,283.97	1345.8936			9.87	13,283.97
盐酸	吨	20.79	5,162.16	248.3001			20.79	5,162.16
合计			1,476,859.62			70,826		1,406,033.62

分析研判 根据【场景3-16】的描述可知，生产清水只需要净水剂，处理污水需要尿素、PAM、净水剂、磷酸三钠a、液体消泡剂、液氯和盐酸，即生产清水和处理污水都需要使用净水剂，所以需要将净水剂的实际成本在清水和污水之间合理分配。本月供排水车间领用净水剂的实际成本为724,217.17元，领用量为1,947.92吨，清水共耗用190.5吨，污水共耗用1,757.42吨。

分配率=724,217.17/1,947.92=371.79（元/吨）

生产清水应分配的净水剂成本=371.79×190.5=70,826（元）

处理污水应分配的净水剂成本=371.79×1,757.42=653,391.17（元）

那么，生产清水应分配的材料成本=生产清水应分配的净水剂成本=70,826（元）。

处理清水应分配的材料成本=处理污水应分配的净水剂成本+尿素、PAM、磷酸三钠a、液体消泡剂、液氯和盐酸的实际成本=1,406,033.62（元）。

账务处理如下：

借：生产成本——辅助生产成本（清水）——直接材料　　70,826

　　生产成本——辅助生产成本（污水）——直接材料　　1,406,033.62

　　贷：生产成本——辅助生产成本（热电事业部）——直接材料　　1,476,859.62

六、核算工人计件工资

【场景3-21】2023年3月31日，人力资源组员工袁琦芹核算供排水事业部生产工人计件工资。本月供排水事业部提供清水、处理污水共计2,639,208.2吨，计件单价为0.030597元/吨，部门计件工资总额为80,719.55元，一线生产工人共16人，所以人均计件工资为5,044.97元，如表3-34所示。

表 3-34　供排水事业部生产工人计件工资计算表

日期：2023年3月31日　　编号：JJGZ-20230300002

序号	部门	产品类型	产品名称	计件数量（吨）	计件单价（元）	合格品率	部门计件工资（元）	本部门生产工人人数（人）	人均计件工资（元）
1	供排水事业部	辅料	水	2,639,208.2	0.030597	99.96%	80,719.55	16	5,044.97
			合计	2,639,208.2			80,719.55	16	5,044.97

审批人：王旗　　审批人：胡洋　　审核人：吴静乐　　制表：袁琦芹

分析研判

供排水事业部计件工资总额=计件数量×计件单价×合格品率

=2,639,208.2×0.030597×99.96%

=80,719.55（元）

七、计提员工工资

【场景3-22】2023年3月31日，人力资源组员工袁琦芹根据工资标准表、绩效工资计算表、考勤记录和生产工人计件工资计算表，核算3月热电事业部所有员工工资，形成工资表，经领导审批后交给财务部。财务部对工资表进行汇总，编制出工资计提汇总表和人工成本分配表，如表3-35、表3-36、表3-37所示。

表 3-35　供排水事业部车间负责人绩效工资计算表

事业部	岗位	姓名	绩效标准工资（元）	考核得分（分）	绩效发放比例	应发绩效工资（元）
供排水事业部	经理	柴莉娜	2,000	88.99	85.00%	1,700
供排水事业部	副经理	李先进	1,000	88.99	85.00%	850
供排水事业部	副经理	邵盼雅	1,000	88.99	85.00%	850

表 3-36　供排水事业部工资计提汇总表

期间：2023年3月　　单位：元

一级部门	二级部门	职务	基本工资	职位工资	绩效工资	加班工资	倒班津贴	其他扣款	应发工资
生产中心	供排水事业部	经理、副经理	22,000.00	2,000.00	3,400.00	0	960.00	0	28,360.00
生产中心	供排水事业部	辅助人员	36,000.00	0	0	0	3,840.00	0	39,840.00
生产中心	供排水事业部	一般员工	80,719.52	0	0	0	10,240.00	0	90,959.52
合计			138,719.52	2,000.00	3,400.00	0	15,040.00	0	159,159.52

表 3-37　　供排水事业部人工成本分配表——工资

部门：供排水事业部　　日期：2023年3月31日　　编号：FP-GZ-20230300002

名称	单位	车间总消耗		分配率（元/小时）	清水		污水	
		数量（小时）	金额（元）		分配数量（小时）	分配金额（元）	分配数量（小时）	分配金额（元）
工资	元	2,944	159,159.52	54.062337	1,177.6	63,663.81	1,766.4	95,495.71
合计			159,159.52			63,663.81		95,495.71

制表：苏沐驰

分析研判　按照公司产品成本核算制度规定，供排水事业部所有员工的工资均计入生产成本，应将应发工资总额在清水和污水之间合理分配。

分配率＝应发工资总额 ÷ 工人工时总额=159,159.52 ÷ 2,944=54.062337（元/小时）

生产清水共消耗1,177.6小时，处理污水共消耗1,766.4小时。

生产清水应分配工人工资=54.062337 × 1,177.6=63,663.81（元）

处理污水应分配工人工资=54.062337 × 1,766.4=95,495.71（元）

会计人员根据工资计提汇总表，进行账务处理：

借：生产成本——辅助生产成本（清水）——直接人工　　63,663.81

　　生产成本——辅助生产成本（污水）——直接人工　　95,495.71

　　贷：应付职工薪酬——工资　　159,159.52

八、其他人工费核算

【场景3-23】供排水事业部计提职工社会保险、住房公积金、工会经费、职工教育经费、职工福利费等其他薪酬（见表3-38）。

表 3-38　　供排水事业部人工成本分配表——其他人工费

部门：供排水事业部　　日期：2023年3月31日

名称	单位	车间总消耗		分配率（元/小时）	清水		污水	
		数量（小时）	金额（元）		分配数量（小时）	分配金额（元）	分配数量（小时）	分配金额（元）
社会保险费	元	2,944	36,795.87	12.498597	1,177.6	14,718.35	1,766.4	22,077.52
住房公积金	元	2,944	17,949.2	6.096875	1,177.6	7,179.68	1,766.4	10,769.52
工会经费	元	2,944	3,183.19	1.081247	1,177.6	1,273.28	1,766.4	1,909.91
职工教育经费	元	2,944	2,387.39	0.810934	1,177.6	954.96	1,766.4	1,432.43
福利费	元	2,944	18,000	6.11413	1,177.6	7,200.00	1,766.4	10,800
合计			78,315.65			31,326.27		46,989.38

分析研判　由于供排水事业部与热电事业部同属辅助生产部门，其计提社会保险费、住房公积金、工会经费、职工教育经费、职工福利费等其他人工费用，参照热电事业部的核算方法。供排水事业部所有员工的其他人工费用计入生产成本，并在清水和污水之间分配。

供排水事业部其他人工费账务处理为：

借：生产成本——辅助生产成本（清水）——直接人工	31,326.27	
生产成本——辅助生产成本（污水）——直接人工	46,989.38	
贷：应付职工薪酬——社会保险费		36,795.87
——住房公积金		17,949.20
——工会经费		3,183.19
——职工教育经费		2,387.39
——福利费		18,000.00

九、设备检修

【场景3-24】供排水事业部每月制订巡检计划，对设备运行状态、生产环境、员工操作等进行检查。在3月10日的例行巡检中，发现供水管网存在隐患，需进行维护保养。3月31日，广东方志机械维修有限公司对汽轮机进行维保，发生修理费14,858.29元，收到增值税专用发票如图3-11所示。费用在本月未支付。

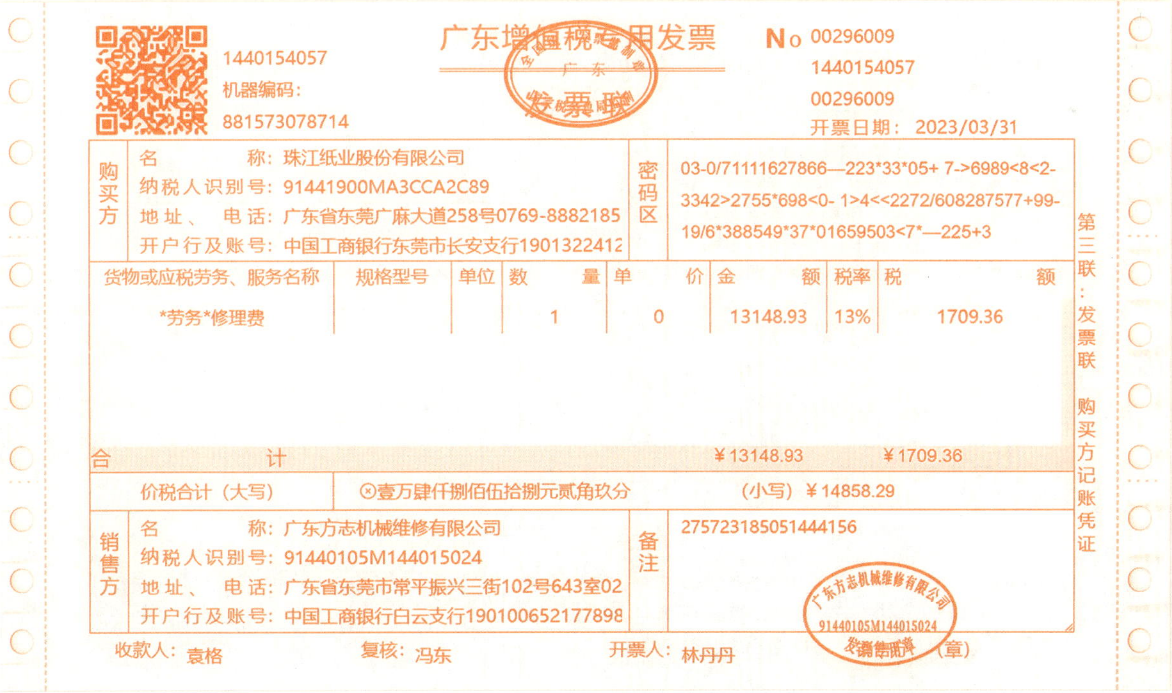
广东增值税专用发票

1440154057
机器编码：
881573078714

No 00296009
1440154057
00296009
开票日期：2023/03/31

购买方	名　　称：珠江纸业股份有限公司 纳税人识别号：91441900MA3CCA2C89 地址、电话：广东省东莞广麻大道258号0769-8882185 开户行及账号：中国工商银行东莞市长安支行1901322412	密码区	03-0/71111627866—223*33*05+ 7->6989<8<2-3342>2755*698<0- 1>4<<2272/608287577+99-19/6*388549*37*01659503<7*—225+3

货物或应税劳务、服务名称	规格型号	单位	数量	单价	金额	税率	税额
*劳务*修理费			1	0	13148.93	13%	1709.36
合计					¥13148.93		¥1709.36
价税合计（大写）	⊗壹万肆仟捌佰伍拾捌元贰角玖分				（小写）¥14858.29		

销售方	名　　称：广东方志机械维修有限公司 纳税人识别号：91440105M144015024 地址、电话：广东省东莞市常平振兴三街102号643室02 开户行及账号：中国工商银行白云支行190100652177898	备注	275723185051444156

收款人：袁格　复核：冯东　开票人：林丹丹　（章）

第三联：发票联　购买方记账凭证

图3-11　增值税专用发票

认知识别 资金时间价值是财务管理的基础概念，指的是一定数量的资金在不同时间点上具有不同价值的概念。它在企业财务管理和投资决策中扮演着重要的角色。

分析研判 按照公司产品成本核算制度，供排水事业部对机器设备的修理费计入制造费用，会计人员根据发票，进行账务处理：

借：制造费用——修理费　　13,148.93

　　应交税费——应交增值税（进项税额）　　1,709.36

　　贷：应付账款——广东方志机械维修有限公司　　14,858.29

风险控制 “早收晚付”作为财务管理中的一项关键策略，体现了资金时间价值的深刻内涵。它要求企业在资金回收上力求迅速，以便将回收的资金更早地投入再投资，延长资金增值周期；同时，在资金支付上则追求合理延迟，以延长资金占用时间并降低资金成本。通过这一策略，企业能够优化资金流动，提高资金使用效率，进而增强财务稳定性和市场竞争力。然而，在实际应用中，企业还需综合考虑风险与收益的平衡，以及市场环境和经营状况的变化，灵活调整策略，以实现可持续发展。

十、发生的其他支出

【场景3-25】本月供排水事业部发生的其他支出：支付劳务派遣费35,107.2元，购买劳保用品2,825元，支付设备财产保险费118,883.24元，收到相关发票如图3-12、图3-13、图3-14所示。

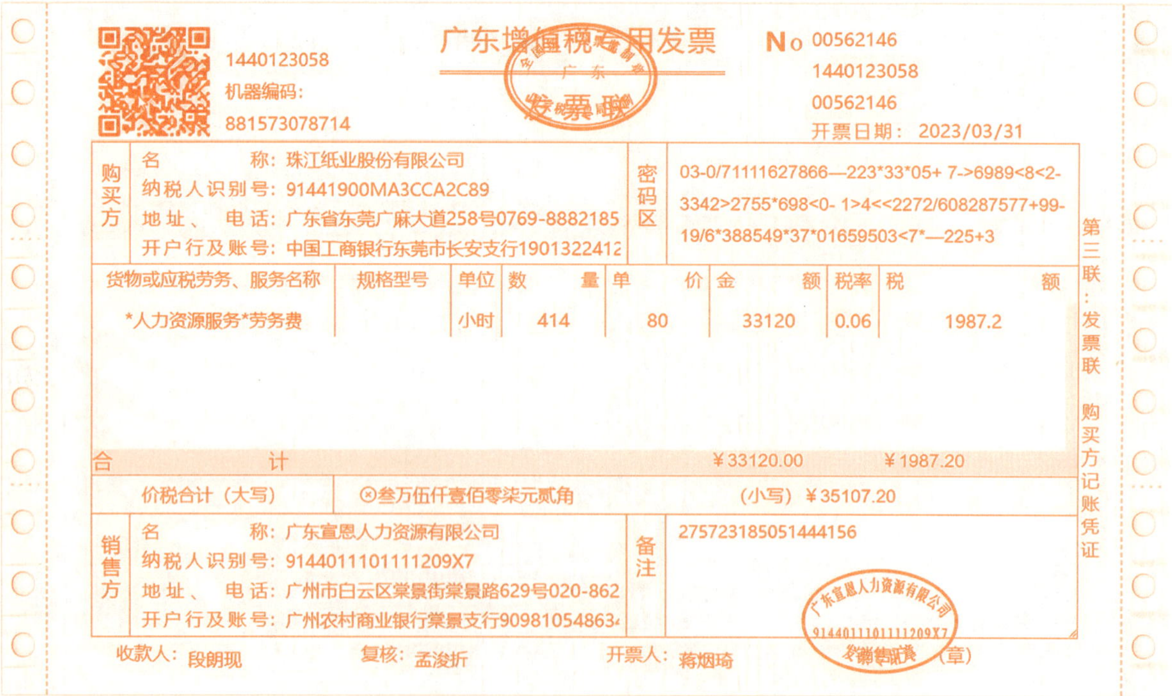

广东增值税专用发票

1440123058
机器编码：
881573078714

No 00562146
1440123058
00562146
开票日期：2023/03/31

购买方
名　　称：珠江纸业股份有限公司
纳税人识别号：91441900MA3CCA2C89
地址、电话：广东省东莞广麻大道258号0769-8882185
开户行及账号：中国工商银行东莞市长安支行1901322412

密码区
03-0/71111627866—223*33*05+ 7->6989<8<2-
3342>2755*698<0- 1>4<<2272/608287577+99-
19/6*388549*37*01659503<7*—225+3

货物或应税劳务、服务名称	规格型号	单位	数量	单价	金额	税率	税额
*人力资源服务*劳务费		小时	414	80	33120	0.06	1987.2
合计					¥33120.00		¥1987.20

价税合计（大写）⊗叁万伍仟壹佰零柒元贰角　（小写）¥35107.20

销售方
名　　称：广东宣恩人力资源有限公司
纳税人识别号：914401110111 1209X7
地址、电话：广州市白云区棠景街棠景路629号020-862
开户行及账号：广州农村商业银行棠景支行90981054863

备注：275723185051444156

收款人：段朗现　复核：孟浚折　开票人：蒋烟琦　销售方：（章）

第三联：发票联　购买方记账凭证

图3-12　增值税专用发票

广东增值税专用发票

发票联

1440151159
机器编码:
881573078714

No 00248532
1440151159
00248532
开票日期: 2023/03/31

购买方	名　　称: 珠江纸业股份有限公司 纳税人识别号: 91441900MA3CCA2C89 地 址 、 电 话: 广东省东莞广麻大道258号0769-8882185 开户行及账号: 中国工商银行东莞市长安支行1901322412	密码区	03-0/71111627866—223*33*05+ 7->6989<8<2- 3342>2755*698<0- 1>4<<2272/608287577+99- 19/6*388549*37*01659503<7*—225+3

货物或应税劳务、服务名称	规格型号	单位	数量	单价	金额	税率	税额
*皮革毛皮制品*皮革手套		件	25	100	2500	0.13	325
合计					¥2500.00		¥325.00
价税合计（大写）	⊗贰仟捌佰贰拾伍元整				（小写）¥2825.00		

销售方	名　　称: 广东省吉成劳保用品公司 纳税人识别号: 91440114MA11A02M4J 地 址 、 电 话: 广州市增城区新塘镇南埔村南碱大道102号 开户行及账号: 中国建设银行广州增城永宁支行62170015	备注	275723185051444156

收款人: 钟凝冬　　复核: 李屹鹤　　开票人: 卢泓石　　广东省吉成劳保用品公司 91440114MA11A02M4J 发票专用章（章）

第三联：发票联　购买方记账凭证

图 3-13　增值税专用发票

广东增值税专用发票

发票联

1440254160
机器编码:
881573078714

No 00582232
1440254160
00582232
开票日期: 2023/03/31

购买方	名　　称: 珠江纸业股份有限公司 纳税人识别号: 91441900MA3CCA2C89 地 址 、 电 话: 广东省东莞广麻大道258号0769-8882185 开户行及账号: 中国工商银行东莞市长安支行1901322412	密码区	03-0/71111627866—223*33*05+ 7->6989<8<2- 3342>2755*698<0- 1>4<<2272/608287577+99- 19/6*388549*37*01659503<7*—225+3

货物或应税劳务、服务名称	规格型号	单位	数量	单价	金额	税率	税额
*其他财产保险服务*保险费			1	112154	112154	0.06	6729.24
合计					¥112154.00		¥6729.24
价税合计（大写）	⊗壹拾壹万捌仟捌佰捌拾叁元贰角肆分				（小写）¥118883.24		

销售方	名　　称: 中国平安财产保险股份有限公司 纳税人识别号: 914403007109307208 地 址 、 电 话: 深圳市福田区福田街道益田路5013号0755 开户行及账号: 中国建设银行深圳益田支行62170025811!	备注	275723185051444156

收款人: 彭鹤恩　　复核: 严漫以　　开票人: 孟畅玮　　中国平安财产保险股份有限公司 914403007109307208 发票专用章（章）

第三联：发票联　购买方记账凭证

图 3-14　增值税专用发票

分析研判 会计人员根据相关发票等，进行账务处理：

借：制造费用——劳动保护费 2,500

——保险费 112,154

——人力资源 33,120

应交税费——应交增值税（进项税额） 9,041.44

贷：银行存款 156,815.44

十一、计提折旧费

【场景3-26】2023年3月底，会计人员制作固定资产折旧计提表为供排水事业部设备计提折旧，如表3-39所示。

表3-39 供排水事业部固定资产折旧明细表

序号	类别	固定资产名称	购入日期或完装完工日期	原值（元）	折旧年限（年）	单位	部门	残值率	净残值（元）	月折旧额（元）	2023年3月		
											本月折旧额（元）	累计折旧（元）	账面净值（元）
1	房屋及建筑物	环保构筑物（一沉池）	2003/9/28	302,437,763.30	40	层	供排水事业部	5%	15,121,888.17	598,574.74	598,574.74	140,066,489.16	162,371,274.14
2		环保构筑物（二沉池）	2008/9/28	338,715,399.80	40	层	供排水事业部	5%	16,935,769.99	670,374.23	670,374.23	116,645,116.02	222,070,283.78
3		环保构筑物（三沉池）	2012/9/28	348,503,795.50	40	层	供排水事业部	5%	17,425,189.78	689,747.10	689,747.10	86,908,134.60	261,595,660.90
合计				989,656,958.60					9,482,847.94		1,958,696.07	343,619,739.78	646,037,218.82

分析研判 会计人员根据折旧计提表，进行账务处理：

借：制造费用——折旧摊销 1,958,696.07

贷：累计折旧 1,958,696.07

十二、分配制造费用

【场景3-27】会计人员根据供排水事业部制造费用明细账，整理出制造费用汇总表，并将制造费用按机器工时比率分配给清水和污水，形成制造费用分配表，如表3-40、表3-41所示。

表3-40 供排水事业部制造费用汇总表

部门：供排水事业部 日期：2023年3月31日 编号：ZZFYHZ-20230300002

项目	明细项目	金额（元）
制造费用	折旧及摊销	1,958,696.07
	修理费	13,148.93
	人力资源	33,120
	劳动保护费	2,500
	保险费	112,154
总计		2,119,619

制表：苏沐驰

表 3-41 供排水事业部费用分配表

部门：供排水事业部　　日期：2023年3月31日　　编号：FP-SHUI-20230300002

名称	单位	车间总消耗		分配率（元/小时）	清水		污水	
		数量（小时）	金额（元）		分配数量（小时）	分配金额（元）	分配数量（小时）	分配金额（元）
制造费用	元	717.65	2,119,619	2,953.555354	251.1775	741,866.65	466.4725	1,377,752.35
合计			2,119,619			741,866.65		1,377,752.35

制表：苏沐驰

分析研判

分配率＝制造费用总额 ÷ 机器总工时＝2,119,619 ÷ 717.65＝2,953.555354（元/小时）。

生产清水共耗用251.1775工时，处理污水共耗用466.4725工时。

生产清水应分配的制造费用＝2,953.555354 × 251.1775＝741,866.65（元）

处理污水应分配的制造费用＝2,953.555354 × 466.4725＝1,377,752.35（元）

会计人员根据制造费用分配表，进行账务处理：

借：生产成本——辅助生产成本（清水）——制造费用　　741,866.65
　　生产成本——辅助生产成本（污水）——制造费用　　1,377,752.35
　　贷：制造费用——折旧及摊销　　1,958,696.07
　　　　　　　　——修理费　　13,148.93
　　　　　　　　——人力资源　　33,120
　　　　　　　　——劳动保护费　　2,500
　　　　　　　　——保险费　　112,154

十三、辅助生产费用直接分配

【场景3-28】会计人员根据生产成本——辅助生产成本明细账，整理出清水和污水的成本明细表，如表3-42所示。

表 3-42 供排水事业部产品成本明细表　　单位：元

项目	直接材料	直接人工	制造费用	燃料和动力	合计
清水	1,414,756.11	94,990.08	741,866.65	592,034.48	2,843,647.32
污水	1,406,033.62	142,485.09	1,377,752.35	888,051.72	3,814,322.78

供排水事业部统计出本月公司各事业部和管理部门耗用清水和产出污水情况，形成清水用量统计表和污水处理统计表，如表3-43、表3-44所示。

表 3-43 供排水事业部清水用水量统计表

部门：供排水事业部　　期间：2023年3月　　单位：吨

序号	部门	产品	消耗清水量
1	化机浆事业部	化机浆	916,494.14
2	化学事业部	轻钙	36,174.46
3	化学事业部	碱回收	465,439.06
4	造纸事业一部	颜B纸	72,511.44
5	造纸事业二部	轻型纸	60,570.63
6	造纸事业三部	颜A纸	99,106.35
7	造纸事业四部	颜B纸	108,767.16
8	造纸事业五部	淋膜原纸	21,158.01
9	造纸事业五部	牛皮包装纸	143,492.20
10	造纸事业六部	轻涂纸	183,842.11
11	造纸事业六部	热敏原纸	13,100.84
12	造纸事业七部	胶版纸	474,216.90
13	造纸事业七部	办公用纸	44,334.90
合计			2,639,208.20

表 3-44 供排水事业部污水处理统计表

部门：供排水事业部　　期间：2023年3月　　单位：吨

序号	部门	产品	处理污水量
1	化机浆事业部	化机浆	1,157,051.72
2	化机浆事业部	轻钙	45,669.38
3	化学事业部	碱回收	587,649.94
4	造纸事业一部	颜B纸	91,543.94
5	造纸事业二部	轻型纸	76,468.96
6	造纸事业三部	颜A纸	125,119.37
7	造纸事业四部	颜B纸	137,315.91
8	造纸事业五部	淋膜原纸	26,711.48
9	造纸事业五部	牛皮包装纸	181,155.43
10	造纸事业六部	轻涂纸	232,096.23
11	造纸事业六部	热敏原纸	16,539.50
12	造纸事业七部	胶版纸	598,687.39
13	造纸事业七部	办公用纸	55,971.74
合计			3,331,980.99

公司采用直接分配法，将生产清水的总成本和处理污水的总成本，分配给各事业部和管理部门。

认知识别 直接分配法是直接将各辅助生产车间发生的费用分配给辅助生产以外的各个受益单位或产品，即不考虑辅助生产内部相互提供的劳务量，不经过辅助生产费用的顺序分配。直接分配法计算公式如下：

辅助生产的单位成本=辅助生产费用总额÷（辅助生产的产品总量－对其他辅助部门提供的产品量）

各受益车间、产品或各部门应分配的费用=辅助生产的单位成本×该车间、产品或部门的耗用量

分析研判 以清水的分配为例，待分配的清水费用总额为2,843,647.32元，各事业部和管理部门共耗用清水2,639,208.2吨。

分配率=2,843,647.32÷2,639,208.2=1.077462（元/吨）

化机浆事业部消耗清水量为916,494.14吨，则该事业部应分配的清水费用=1.077462×916,494.14=987,487.6091（元）

同理，可以计算出其他部门耗用的清水量、产生污水量的成本，如表3-45所示。

表3-45 供排水事业部辅助生产费用分配表（直接分配法）

部门：供排水事业部　　日期：2023年3月31日　　编号：FZCB-20230300002

项目			供排水		
			清水	污水	合计
待分配费用（元）			2,843,647.32	3,814,322.78	6,657,970.10
本月产量（吨）			2,639,208.2	3,331,980.99	5,971,189.19
费用分配率（元/吨）			1.077462	1.144761	
生产车间（吨）	化机浆事业部	化机浆	916,494.14	1,157,051.72	2,312,035.29
	化学事业部	轻钙	36,174.46	45,669.38	91,257.13
	化学事业部	回收碱	465,439.06	587,649.94	1,174,211.63
	造纸事业一部	颜B纸	72,511.44	91,543.94	182,924.25
	造纸事业二部	轻型纸	60,570.63	76,468.96	152,801.24
	造纸事业三部	颜A纸	99,106.35	125,119.37	250,015.10
	造纸事业四部	颜B纸	108,767.16	137,315.91	274,386.38
	造纸事业五部	淋膜原纸	21,158.01	26,711.48	53,375.21
	造纸事业五部	牛皮包装纸	143,492.20	181,155.43	361,987.06
	造纸事业六部	轻涂纸	183,842.11	232,096.23	463,777.60
	造纸事业六部	热敏原纸	13,100.84	16,539.50	33,049.43
	造纸事业七部	胶版纸	474,216.90	598,687.39	1,196,304.66
	造纸事业七部	办公用纸	44,334.90	55,971.74	111,845.12
合计			2,639,208.20	3,331,980.99	6,657,970.10

注：分配率四舍五入保留2位小数，差额计入办公用纸。

账务处理为：

借：生产成本——辅助生产成本（化机浆）——直接材料 987,487.61
生产成本——辅助生产成本（轻钙）——直接材料 38,976.61
生产成本——辅助生产成本（回收碱）——直接材料 501,492.90
生产成本——基本生产成本（造纸一部）——直接材料 78,128.32
生产成本——基本生产成本（造纸二部）——直接材料 65,262.55
生产成本——基本生产成本（造纸三部）——直接材料 106,783.33
生产成本——基本生产成本（造纸四部）——直接材料 117,192.48
生产成本——基本生产成本（淋膜原纸）——直接材料 22,796.95
生产成本——基本生产成本（牛皮包装纸）——直接材料 154,607.39
生产成本——基本生产成本（轻涂纸）——直接材料 198,082.89
生产成本——基本生产成本（热敏原纸）——直接材料 14,115.66
生产成本——基本生产成本（胶版纸）——直接材料 510,950.69
生产成本——基本生产成本（办公用纸）——直接材料 47,769.94
贷：生产成本——辅助生产成本（清水）——直接材料 1,414,756.11
生产成本——辅助生产成本（清水）——直接人工 94,990.08
生产成本——辅助生产成本（清水）——制造费用 741,866.65
生产成本——辅助生产成本（清水）——燃料和动力 592,034.48

用同样的方法，我们可以计算出各事业部应分配的污水处理成本。

账务处理为：

借：生产成本——辅助生产成本（化机浆）——直接材料 1,324,547.68
生产成本——辅助生产成本（轻钙）——直接材料 52,280.52
生产成本——辅助生产成本（回收碱）——直接材料 672,718.73
生产成本——基本生产成本（造纸一部）——直接材料 104,795.93
生产成本——基本生产成本（造纸二部）——直接材料 87,538.69
生产成本——基本生产成本（造纸三部）——直接材料 143,231.77
生产成本——基本生产成本（造纸四部）——直接材料 157,193.90
生产成本——基本生产成本（淋膜原纸）——直接材料 30,578.26
生产成本——基本生产成本（牛皮包装纸）——直接材料 207,379.67
生产成本——基本生产成本（轻涂纸）——直接材料 265,694.71
生产成本——基本生产成本（热敏原纸）——直接材料 18,933.77
生产成本——基本生产成本（胶版纸）——直接材料 685,353.97
生产成本——基本生产成本（办公用纸）——直接材料 64,075.18
贷：生产成本——辅助生产成本（污水）——直接材料 1,406,033.62

生产成本——辅助生产成本（污水）——直接人工 142,485.09
生产成本——辅助生产成本（污水）——制造费用 1,377,752.35
生产成本——辅助生产成本（污水）——燃料和动力 888,051.72

任务发布

请根据【场景3-19】中的数据，写出辅料液氯的材料成本差异率、材料成本差异额的计算过程。

子任务3 自制辅料——轻钙、回收碱

【教学重点】完工产品和在产品的成本分配方法。
【教学难点】识别化学事业部生产业务流程中的关键业务节点，并进行风险管控。

任务导入

化学事业部是公司的辅助生产车间，主要负责生产过程中所有与化学相关的处理和控制，产成品为辅料轻钙和回收碱。

化学事业部在纸浆制作和纸张制造过程中扮演着重要角色，通过应用化学技术和方法来处理和优化生产过程。从原材料处理到废水处理，化学事业部的工作涵盖广泛，对提高产品质量和环境保护均有重要影响。

化学事业部生产、核算流程图如图3-15所示。

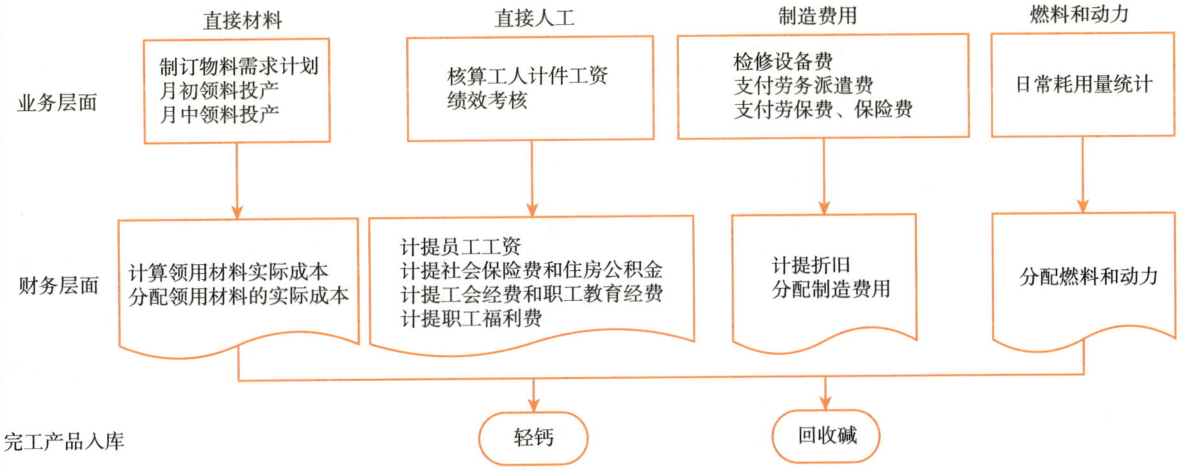

图3-15 化学事业部生产、核算流程图

任务实施

一、制订物料需求计划

【场景3-29】2023年2月20日，化学事业部于善石填制物料需求计划表，办理审批手续。

分析研判 如表3-46、表3-47所示，以轻钙为例，按照排产计划，2023年3月化学事业部计划生产轻钙13,549.77吨，依据生产工艺单耗表，每生产1吨轻钙需要消耗清水2.6697475吨，预计总消耗清水36,174.46吨。

同理，计算填制其他物料总需求量。

表3-46 化学事业部物料需求计划表——轻钙

部门：化学事业部

项目：轻钙 日期：2023年2月20日 编号：WKXQ-20230200004

类别	产品名称	规格型号	单位	计划投产量	13,549.77吨
				实际单耗	总耗
辅料	清水	0	吨	2.6697475	36,174.46
辅料	碳酸钙	50千克/袋	吨	0.184656	2,502.05
辅料	重钙	325–800	吨	0.419281	5,681.16
辅料	二氧化碳	10立方米/罐装	吨	0.011339	153.64

审批：蒋晴海 制表：于善石

表3-47 化学事业部物料需求计划表——回收碱

部门：化学事业部

项目：回收碱 日期：2023年2月20日 编号：WKXQ-20230200005

类别	产品名称	规格型号	单位	计划投产量	9,085.52吨
				标准单耗	总耗
辅料	石灰	石灰粉	吨	0.853909	7,758.21
辅料	清水	0	吨	51.228665	465,439.06
辅料	固体硫化碱	50千克/袋装	吨	0.009799	89.03
辅料	液体硫化碱	25升/桶装	吨	0.007731	70.24
辅料	烧碱	50千克/桶装	吨	0.145576	1,322.63
辅料	磷酸三钠b	50千克/袋装	吨	0.000336	3.05

审批：蒋晴海 制表：于善石

二、月初领料投产

【场景3-30】2023年3月1日，化学事业部章江昕填写领料单，经主管审核后向仓储事业部领取本月生产轻钙、回收碱所需的物料，如表3-48、表3-49所示。

表 3-48 化学事业部领料单

部门：化学事业部
用途：因生产需求，需领用材料　　日期：2023年3月1日　　编号：LLD-20230300003

存货类别	材料名称	规格	单位	申请数量	实发数量	计划单价（元）	金额（元）	备注
辅料	碳酸钙	50千克/袋	吨	834.09	834.09	565.35	471,552.78	轻钙
辅料	重钙	325–800	吨	1,893.89	1,893.89	493.40	934,445.33	轻钙
辅料	二氧化碳	10立方米/罐装	吨	51.22	51.22	676.77	34,664.16	轻钙
合计				2,779.2	2,779.2		1,440,662.27	

主管：蒋晴海　　发料员：唐斌灏　　领料员：章江昕　　核算员:章江昕

表 3-49 化学事业部领料单

部门：化学事业部
用途：因生产需求，需领用材料　　日期：2023年3月1日　　编号：LLD-20230300004

存货类别	材料名称	规格	单位	申请数量	实发数量	计划单价（元）	金额（元）	备注
辅料	石灰	石灰粉	吨	2,586.49	2,586.49	414.39	1,071,815.59	回收碱
辅料	固体硫化碱	50千克/袋装	吨	29.68	29.68	4,135.15	122,731.25	回收碱
辅料	液体硫化碱	25升/桶装	吨	23.42	23.42	2,744.34	64,272.44	回收碱
辅料	烧碱	50千克/桶装	吨	440.95	440.95	2,070.46	912,969.34	回收碱
辅料	磷酸三钠b	50千克/袋装	吨	1.02	1.02	2,258.71	2,303.88	回收碱
合计				3,081.56	3,081.56		2,174,092.50	

主管：蒋晴海　　发料员：沈梅晓　　领料员：章江昕　　核算员：戴梅巧

认知识别 由于清水是公司供排水事业部自制的，通过供水管网可以直接输送到化学事业部的生产车间，所以不需要办理领用手续。月底，供排水事业部会根据各事业部的实际使用量核算出各事业部使用清水的成本。

分析研判 碳酸钙、重钙和二氧化碳是外购的，根据财务核算制度的规定，对外购的物料采用计划成本法进行核算。以碳酸钙为例，年初确定的计划单价为565.35元/吨，那么本次领用的计划成本为471,552.78元（834.09 × 565.35=471,552.78）。

会计人员根据领料单，进行账务处理：

借：生产成本——辅助生产成本（轻钙）——直接材料　　1,440,662.27
　贷：原材料——辅料——碳酸钙　　471,552.78
　　　　——辅料——重钙　　934,445.33
　　　　——辅料——二氧化碳　　34,664.16

借：生产成本——辅助生产成本（回收碱）——直接材料　　2,174,092.5
　贷：原材料——辅料——石灰　　1,071,815.59

——辅料——固体硫化碱　　122,731.25

——辅料——液体硫化碱　　64,272.44

——辅料——烧碱　　912,969.34

——辅料——磷酸三钠b　　2,303.88

三、月中领料投产

【场景3-31】2023年3月9日，化学事业部章江昕填写领料单，办理本月第二次领料手续，如表3-50、表3-51所示。

表3-50　　化学事业部领料单——轻钙

部门：化学事业部

用途：因生产需求，需领用材料　　日期：2023年3月9日　　编号：LLD-20230300021

存货类别	材料名称	规格	单位	申请数量	实发数量	计划单价（元）	金额（元）	备注
辅料	碳酸钙	50千克/袋	吨	1,667.96	1,667.96	565.35	942,981.19	轻钙
辅料	重钙	325–800	吨	3,787.27	3,787.27	493.40	1,868,639.02	轻钙
辅料	二氧化碳	10立方米/罐装	吨	102.42	102.42	676.77	69,314.78	轻钙
合计				5,557.65	5,557.65		2,880,934.99	

主管：蒋晴海　　发料员：唐斌灏　　领料员：章江昕　　核算员：章江昕

表3-51　　化学事业部领料单——回收碱

部门：化学事业部

用途：因生产需求，需领用材料　　日期：2023年3月9日　　编号：LLD-20230300022

存货类别	材料名称	规格	单位	申请数量	实发数量	计划单价（元）	金额（元）	备注
辅料	石灰	石灰粉	吨	5,171.72	5,171.72	414.39	2,143,109.05	回收碱
辅料	固体硫化碱	50千克/袋装	吨	59.35	59.35	4,135.15	245,421.15	回收碱
辅料	液体硫化碱	25升/桶装	吨	46.82	46.82	2,744.34	128,490.00	回收碱
辅料	烧碱	50千克/桶装	吨	881.68	881.68	2,070.46	1,825,483.17	回收碱
辅料	磷酸三钠b	50千克/袋装	吨	2.03	2.03	2,258.71	4,585.18	回收碱
合计				6,161.6	6,161.6		4,347,088.55	

主管：蒋晴海　　发料员：沈梅晓　　领料员：章江昕　　核算员：戴梅巧

分析研判　本月采购到货后，仓储事业部的库存量充足，3月9日领用了本月物料总需求的2/3。

会计人员根据领料单，进行账务处理：

借：生产成本——辅助生产成本（轻钙）——直接材料　　2,880,934.99

　贷：原材料——辅料——碳酸钙　　942,981.19

　　——辅料——重钙　　1,868,639.02

——辅料——二氧化碳 69,314.78

借：生产成本——辅助生产成本（回收碱）——直接材料 4,347,088.55

贷：原材料——辅料——石灰 2,143,109.05

——辅料——固体硫化碱 245,421.15

——辅料——液体硫化碱 128,490.00

——辅料——烧碱 1,825,483.17

——辅料——磷酸三钠b 4,585.18

四、计算领用材料实际成本

【场景3-32】在上两个场景中，会计人员根据领料单核算了本月领用物料的计划成本，月末，制作实际成本计算表，将计划成本调整为实际成本，如表3-52、表3-53所示。

表3-52 化学事业部材料实际成本计算表

部门：化学事业部 日期：2023年3月31日 产品名称：轻钙 编号：FCSJCB-20230300003

材料名称	计划成本（元）	期初材料计划成本（元）	期初材料成本差异（元）	本月入库材料计划成本（元）	本月入库材料实际成本（元）	本月材料成本差异（元）	差异率	差异额（元）	实际成本（元）
碳酸钙	1,414,533.97	492,402.89	0	1,412,651.35	1,412,651.35	0	0	0	1,414,533.97
重钙	2,803,084.35	975,747.84	0	2,799,364.11	2,799,364.11	0	0	0	2,803,084.35
二氧化碳	103,978.94	36,227.50	0	103,836.82	103,836.82	0	0	0	103,978.94
合计	4,321,597.26	1,504,378.23	0	4,315,852.28	4,315,852.28	0		0	4,321,597.26

注：材料的存货类别、规格与表3-50一致。 制表：章江昕

表3-53 化学事业部材料实际成本计算表

部门：化学事业部 日期：2023年3月31日 产品：回收碱 编号：FCSJCB-20230300004

材料名称	计划成本（元）	期初材料计划成本（元）	期初材料成本差异（元）	本月入库材料计划成本（元）	本月入库材料实际成本（元）	本月材料成本差异（元）	差异率	差异额（元）	实际成本（元）
石灰	3,214,924.64	1,074,517.41	10,525.95	3,255,232.36	3,299,301.60	44,069.24	1.26%	40,538.01	3,255,462.65
固体硫化碱	368,152.40	123,227.47	0	372,535.66	372,535.66	0	0	0	368,152.40
液体硫化碱	192,762.44	64,272.44	0	195,397.01	195,397.01	0	0	0	192,762.44
烧碱	2,738,452.51	915,226.13	0	2,772,904.96	2,772,904.96	0	0	0	2,738,452.51
磷酸三钠b	6,889.06	2,394.23	0	6,889.07	6,889.07	0	0	0	6,889.06
合计	6,521,181.05	2,179,637.68	10,525.95	6,602,959.06	6,647,028.30	44,069.24		40,538.01	6,561,719.06

注：材料的存货类别、规格与表3-51一致。 制表：戴梅巧

分析研判1 轻钙

各物料材料成本差异科目期初余额为0，本月采购也未产生材料成本差异，所以各物料的计划成本＝实际成本，不需要调整。

分析研判2 回收碱

固体硫化碱、液体硫化碱、烧碱、磷酸三钠b的计划成本等于实际成本，不用调整。

石灰的实际采购单价与计划单价不一致；所以计划成本与实际成本不一致，需要将计划成本调整为实际成本。调整方法参照热电事业部能源煤炭的计算，这里不再赘述。

账务处理为：

借：生产成本——辅助生产成本（回收碱）——直接材料 40,538.01

　　贷：材料成本差异——石灰 40,538.01

领用石灰的实际成本=领用石灰的计划成本+应分摊的材料成本差异

=3,214,924.64+40,538.01=3,255,462.65（元）

五、核算工人计件工资

【场景3-33】2023年3月31日，人力资源组员工袁琦芹核算化学事业部生产工人计件工资，如表3-54所示。

表3-54 化学事业部生产工人计件工资计算表

日期：2023年3月31日 编号：JJGZ-20230300003

序号	部门	产品类型	产品名称	计件数量（吨）	计件单价（元）	合格品率	部门计件工资（元）	本部门生产工人人数（人）	人均计件工资（元）
1	化学事业部	辅料	轻钙	13,549.77	4.2	99.96%	56,886.27	87	653.87
2	化学事业部	辅料	回收碱	9,085.52	42.4	99.96%	385,071.96	87	4,426.11
合计				22,635.29			441,958.23	87	5,079.98

审批人：王旗 审核人：胡洋 审核人：吴静乐 制表：袁琦芹

分析研判 本月化学事业部生产轻钙13,549.77吨，计件单价为4.2元/吨，部门计件工资总额为56,886.27元，一线生产工人共87人，所以人均计件工资为653.87元。同理可得回收碱人均计件工资为4,426.11元。

化学事业部轻钙计件工资总额=计件数量×计件单价×合格品率

=13,549.77×4.2×99.96%

=56,886.27（元）

六、计提员工工资

【场景3-34】2023年3月31日，人力资源组员工袁琦芹根据工资标准表、绩效工资计算表、考勤记录和生产工人计件工资计算表，核算3月化学事业部所有员工工资，形成工资表（见表3-55），经领导审批后交给财务部。财务部对工资表进行汇总，编制出工资计提汇总表（见表3-56）和人工成本分配表（见表3-57）。

表 3-55　化学事业部车间负责人绩效工资计算表

事业部	岗位	姓名	绩效标准工资（元）	考核得分（分）	绩效发放比例	应发绩效工资（元）
化学事业部	经理	谢红	2,000	93	100.00%	2,000
化学事业部	副经理	高亮	1,000	93	100.00%	1,000
化学事业部	副经理	蒋晴海	1,000	93	100.00%	1,000

表 3-56　化学事业部工资计提汇总表

单位：元

二级部门	职务	基本工资	职位工资	绩效工资	加班工资	倒班津贴	其他扣款	应发工资
化学事业部	经理、副经理	22,000.00	2,000.00	4,000.00	0	960.00	0	28,960.00
化学事业部	辅助人员	60,000.00	0	0	0	6,400.00	0	66,400.00
化学事业部	一般员工	441,958.26	0	0	0	53,950.00	0	495,908.26
合计		523,958.26	2,000.00	4,000.00	0	61,310.00	0	591,268.26

表 3-57　化学事业部人工成本分配表——工资

部门：化学事业部　　日期：2023年3月31日　　编号：FP-GZ-20230300003

应借账户		成本或费用项目	生产工人工时（小时）	分配率（元/小时）	分配金额（元）
辅助生产成本	轻钙	直接人工	2,066		76,309.36
	回收碱	直接人工	13,942		514,958.90
	小计		16,008	36.935798	591,268.26

注：分配率保留2位小数。　　制表：章江昕

分析研判 化学事业部属于公司的辅助生产车间，按照公司产品成本核算制度规定，所有员工的工资均计入生产成本。化学事业部应发工资总额在轻钙和回收碱之间合理分配。

会计人员根据工资计提分配表，进行账务处理：

借：生产成本——辅助生产成本（轻钙）——直接人工　　76,309.36

　　生产成本——辅助生产成本（回收碱）——直接人工　　514,958.90

　　贷：应付职工薪酬——工资　　591,268.26

七、其他人工费核算

【场景3-35】 化学事业部计提职工社会保险费、住房公积金、工会经费、职工教育经费、职工福利费等其他薪酬（见表3-58）。

表 3-58 化学事业部人工成本分配表——其他人工费

部门：化学事业部 日期：2023年3月31日

名称	单位	车间总消耗		分配率（元/小时）	轻钙		回收碱	
		数量（小时）	金额（元）		分配数量（小时）	分配金额（元）	分配数量（小时）	分配金额（元）
社会保险费	元	16,008	134,838.39	8.423188	2,066	17,402.31	13,942	117,436.08
住房公积金	元	16,008	65,774.46	4.108849	2,066	8,488.88	13,942	57,285.58
工会经费	元	16,008	11,825.37	0.738716	2,066	1,526.19	13,942	10,299.18
职工教育经费	元	16,008	8,869.02	0.554037	2,066	1,144.64	13,942	7,724.38
福利费	元	16,008	72,000	4.497751	2,066	9,292.35	13,942	62,707.65
合计			78,315.65			37,854.37		255,452.87

注：分配率四舍五入保留2位小数。

分析研判 由于化学事业部与热电事业部同属辅助生产部门，其计提社会保险费、住房公积金、工会经费、职工教育经费、职工福利费等其他人工费用，参照热电事业部的核算方法。化学事业部所有员工的其他人工费用计入生产成本，并在轻钙和回收碱之间分配。

账务处理如下：

借：生产成本——辅助生产成本（轻钙）——直接人工 37,854.37
　　生产成本——辅助生产成本（回收碱）——直接人工 255,452.87
　　贷：应付职工薪酬——社会保险费 134,838.39
　　　　——住房公积金 65,774.46
　　　　——工会经费 11,825.37
　　　　——职工教育经费 8,869.02
　　　　——福利费 72,000.00

八、设备检修

【场景3-36】化学事业部每月制订巡检计划，对设备运行状态、生产环境、员工操作等进行检查。在3月10日的例行巡检中，发现Y1#生产线设备存在安全隐患，为防止设备故障和意外停机，需进行维护保养。3月17日，广东方志机械维修有限公司对Y1#生产线设备进行维保，发生修理费1,918,481.20元。对方开具增值税专用发票，如图3-16所示。

分析研判 按照公司的产品成本核算制度，化学事业部对机器设备的修理费计入制造费用，会计人员根据发票等，进行账务处理：

借：制造费用——修理费 1,697,770.97
　　应交税费——应交增值税（进项税额） 220,710.23
　　贷：应付账款——广东方志机械维修有限公司 1,918,481.20

广东增值税专用发票

1440154057
机器编码：
881573078714

No 00296010
1440154057
00296010
开票日期：2023/03/31

购买方	名　　称：珠江纸业股份有限公司 纳税人识别号：91441900MA3CCA2C89 地 址 、 电 话：广东省东莞广麻大道258号0769-8882185 开户行及账号：中国工商银行东莞市长安支行1901322412	密码区	03-0/71111627866—223*33*05+ 7->6989<8<2-3342>2755*698<0- 1>4<<2272/608287577+99-19/6*388549*37*01659503<7*—225+3

货物或应税劳务、服务名称	规格型号	单位	数量	单价	金额	税率	税额
*劳务*修理费			1	1697770.97	1697770.97	13%	220710.23
合计					¥1697770.97		¥220710.23
价税合计（大写）	⊗壹佰玖拾壹万捌仟肆佰捌拾壹元贰角				（小写）¥1918481.20		

销售方	名　　称：广东方志机械维修有限公司 纳税人识别号：91440105M144015024 地 址 、 电 话：广东省东莞市常平振兴三街102号643室02 开户行及账号：中国工商银行白云支行190100652177898	备注	275723185051444156

收款人：袁格　复核：冯东　开票人：林丹丹　（章）

第三联：发票联　购买方记账凭证

图 3-16　增值税专用发票

九、支付劳务派遣费

【场景3-37】化学事业部3月使用劳务派遣员工10人，共发生支出60,462.40元，劳务派遣公司开具增值税专用发票如图3-17所示。费用已汇出。

广东增值税专用发票

1440123058
机器编码：
881573078714

No 00562147
1440123058
00562147
开票日期：2023/03/31

购买方	名　　称：珠江纸业股份有限公司 纳税人识别号：91441900MA3CCA2C89 地 址 、 电 话：广东省东莞广麻大道258号0769-8882185 开户行及账号：中国工商银行东莞市长安支行1901322412	密码区	03-0/71111627866—223*33*05+ 7->6989<8<2-3342>2755*698<0- 1>4<<2272/608287577+99-19/6*388549*37*01659503<7*—225+3

货物或应税劳务、服务名称	规格型号	单位	数量	单价	金额	税率	税额
*人力资源服务*劳务费		小时	713	80	57040	6%	3422.4
合计					¥57040.00		¥3422.40
价税合计（大写）	⊗陆万零肆佰陆拾贰元肆角				（小写）¥60462.40		

销售方	名　　称：广东宣恩人力资源有限公司 纳税人识别号：9144011101111209X7 地 址 、 电 话：广州市白云区棠景街棠景路629号020-862 开户行及账号：广州农村商业银行棠景支行90981054863	备注	275723185051444156

收款人：段朗现　复核：孟浚折　开票人：蒋烟琦　（章）

第三联：发票联　购买方记账凭证

图 3-17　增值税专用发票

分析研判 会计人员根据发票等，进行账务处理：

借：制造费用——人力资源　　57,040.00

　　应交税费——应交增值税（进项税额）　　3,422.40

　　贷：银行存款　　60,462.40

十、发生的其他支出

【**场景3-38**】本月化学事业部发生的其他支出：月底，会计人员制作固定资产折旧计提表为化学事业部设备计提折旧，如表3-59所示。购买劳保用品11,300.00元，支付设备财产保险费35,592.07元，相关票据如图3-18、图3-19所示。

表3-59　　化学事业部固定资产折旧明细表

固定资产名称	购入日期或完装完工日期	原值	折旧年限（年）	单位	部门	残值率	净残值	月折旧额	2023年3月		
									本月折旧额	累计折旧	账面净值
Y1#生产线设备	2003-9-28	460,490,829.88	15	组	化学事业部	5%	23,024,541.49	2,430,368.27	—	437,466,288.39	23,024,541.49
Y2#生产线设备	2003-9-28	345,368,122.41	15	组	化学事业部	5%	17,268,406.12	1,822,776.20	1,822,776.20	295,289,744.40	50,078,378.01

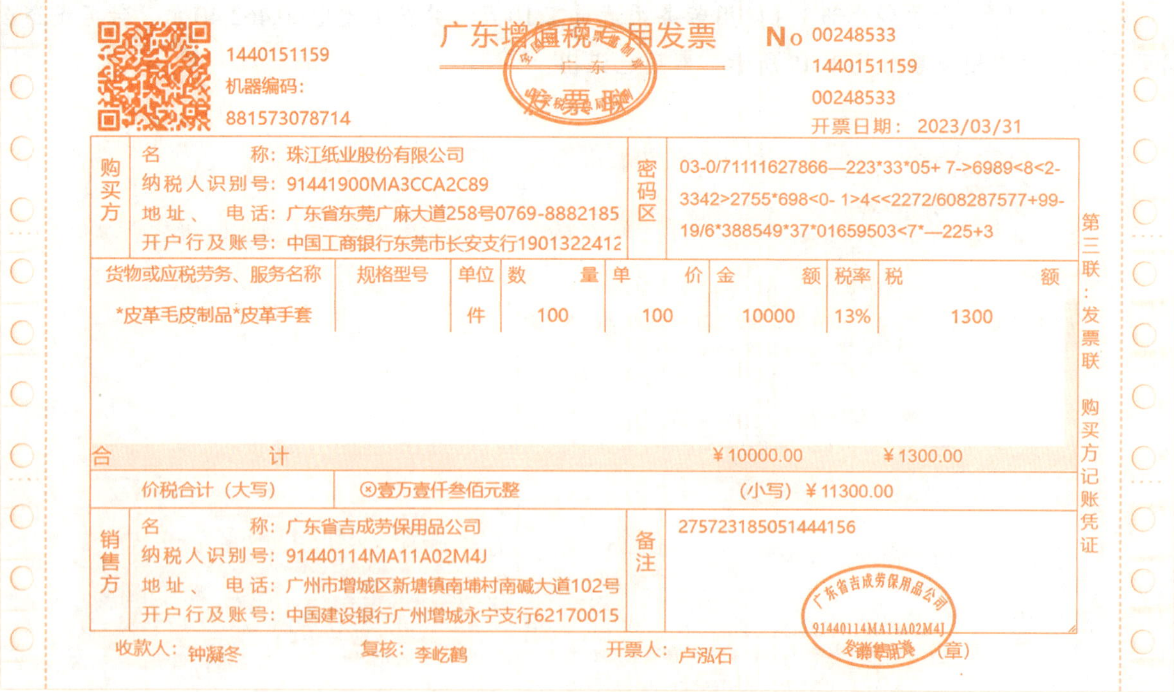

广东增值税专用发票　No 00248533

1440151159　机器编码：881573078714

1440151159　00248533　开票日期：2023/03/31

购买方　名称：珠江纸业股份有限公司　纳税人识别号：91441900MA3CCA2C89　地址、电话：广东省东莞广麻大道258号0769-8882185　开户行及账号：中国工商银行东莞市长安支行1901322412

密码区　03-0/71111627866—223*33*05+ 7->6989<8<2-3342>2755*698<0- 1>4<<2272/608287577+99-19/6*388549*37*01659503<7*—225+3

货物或应税劳务、服务名称	规格型号	单位	数量	单价	金额	税率	税额
*皮革毛皮制品*皮革手套		件	100	100	10000	13%	1300
合计					¥10000.00		¥1300.00

价税合计（大写）⊗壹万壹仟叁佰元整　（小写）¥11300.00

销售方　名称：广东省吉成劳保用品公司　纳税人识别号：91440114MA11A02M4J　地址、电话：广州市增城区新塘镇南埔村南碱大道102号　开户行及账号：中国建设银行广州增城永宁支行62170015

备注　275723185051444156

收款人：钟凝冬　复核：李屹鹤　开票人：卢泓石　销售方：（章）

第三联：发票联　购买方记账凭证

图3-18　增值税专用发票

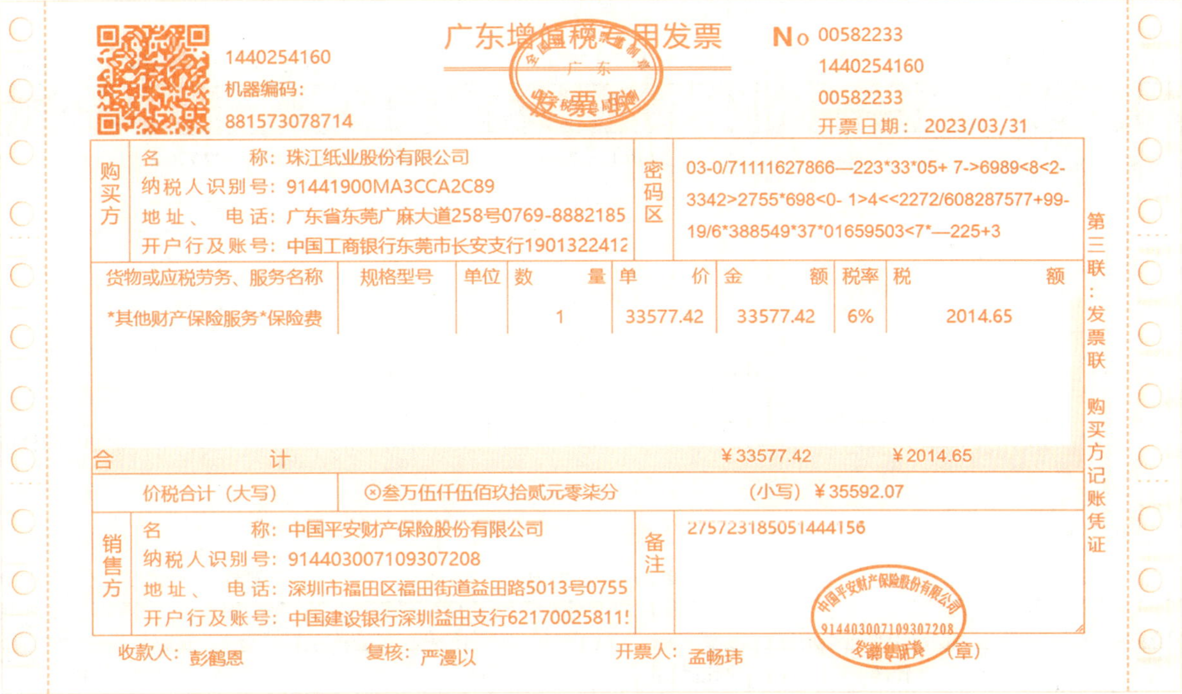

广东增值税专用发票 No 00582233
1440254160
机器编码：
881573078714
1440254160
00582233
开票日期：2023/03/31

购买方：
名称：珠江纸业股份有限公司
纳税人识别号：91441900MA3CCA2C89
地址、电话：广东省东莞广麻大道258号0769-8882185
开户行及账号：中国工商银行东莞市长安支行1901322412

密码区：
03-0/71111627866—223*33*05+ 7->6989<8<2-
3342>2755*698<0- 1>4<<2272/608287577+99-
19/6*388549*37*01659503<7*—225+3

货物或应税劳务、服务名称	规格型号	单位	数量	单价	金额	税率	税额
*其他财产保险服务*保险费			1	33577.42	33577.42	6%	2014.65
合计					¥33577.42		¥2014.65

价税合计（大写）⊗叁万伍仟伍佰玖拾贰元零柒分 （小写）¥35592.07

销售方：
名称：中国平安财产保险股份有限公司
纳税人识别号：914403007109307208
地址、电话：深圳市福田区福田街道益田路5013号0755
开户行及账号：中国建设银行深圳益田支行62170025811!

备注：275723185051444156

第三联：发票联 购买方记账凭证

收款人：彭鹤恩 复核：严漫以 开票人：孟畅玮 （章）

图3-19 增值税专用发票

分析研判 会计人员根据折旧计提表，进行账务处理：

借：制造费用——折旧摊销	1,822,776.20	
贷：累计折旧		1,822,776.20

会计人员根据其他支出发票，进行账务处理：

借：制造费用——劳动保护费	10,000.00	
——保险费	33,577.42	
应交税费——应交增值税（进项税额）	3,314.65	
贷：银行存款		46,892.07

十一、分配制造费用

【场景3-39】会计人员根据化学事业部制造费用明细账，整理出制造费用汇总表（见表3-60），并将制造费用按机器工时比率分配给产品轻钙和回收碱，如表3-61所示。根据车间统计，生产轻钙共耗用机器工时88.44小时，生产回收碱共耗用机器工时629.21小时。

表 3-60 化学事业部制造费用汇总表

部门：化学事业部　　日期：2023年3月31日　　编号：ZZFYHZ-20230300003

项目	明细项目	金额（元）
制造费用	折旧及摊销	1,822,776.2
	修理费	1,697,770.97
	人力资源	57,040
	劳动保护费	10,000
	保险费	33,577.42
总计		3,621,164.59

制表：章江昕

表 3-61 化学事业部费用分配表

部门：化学事业部　　日期：2023年3月31日　　编号：FP-ZZFY-20230300001

应借账户		成本或费用项目	分配数量（小时）	分配率（元/小时）	分配金额（元）
制造费用	轻钙	制造费用	88.44		446,256.25
	回收碱	制造费用	629.21		3,174,908.34
合计			717.65	5,045.864405	3,621,164.59

注：分配率保留2位小数。

制表：章江昕

分析研判 会计人员根据制造费用分配表，进行账务处理：

借：生产成本——辅助生产成本（轻钙）——制造费用　　446,256.25
　　生产成本——辅助生产成本（回收碱）——制造费用　　3,174,908.34
　　贷：制造费用——折旧及摊销　　1,822,776.20
　　　　　　　　——修理费　　1,697,770.97
　　　　　　　　——人力资源　　57,040.00
　　　　　　　　——劳动保护费　　10,000.00
　　　　　　　　——保险费　　33,577.42

十二、产品完工入库

【场景 3-40】根据仓库统计，2023年3月共入库轻钙13,549.77吨，如表3-62所示。根据仓库统计，本月共入库回收碱9,085.52吨，如表3-63所示。

表 3-62 化学事业部 2023 年 3 月产品产量资料

类别	产品	单位	期初在产品	完工产品	期末在产品
原材料	轻钙	吨	0	13,549.77	0

表3-63　　化学事业部12月产品产量资料

类别	产品	单位	期初在产品	完工产品	期末在产品
原材料	回收碱	吨	0	9,085.52	0

认知识别 通过前述各项费用的归集和分配，辅助生产车间在生产过程中发生的各项费用，已经集中反映在“生产成本——辅助生产成本”科目及其明细科目的借方，这些费用都是本月发生的产品生产费用，并不是本月完工产成品的成本。

若要计算出本月产成品成本，还需将本月发生的生产费用，加上月初在产品成本，然后再将其在本月完工产品和月末在产品之间进行分配，以计算出本月产成品成本。

本月发生的生产费用，以及月初在产品成本、月末在产品成本和本月完工产成品成本这四项费用的关系，可用下列公式表达：

月初在产品成本+本月发生生产费用=本月完工产品成本+月末在产品成本

分析研判1 轻钙的生产成本

本月月初在产轻钙为零，月末在产轻钙也为零，根据以上公式，本月发生的生产费用=本月完工轻钙的成本。

会计人员根据以上“生产成本——辅助生产成本（轻钙）”的借方余额和供排水事业部核算的本月耗用清水、处理污水成本计算表和热电事业部核算的本月耗电成本计算表，填制轻钙的成本计算表，如表3-64所示。

表3-64　　化学事业部成本计算表

部门：化学事业部　　产品名称：轻钙　　日期：2023年3月31日　　金额单位：元

成本项目		数量单位	期初在产品		本期投产		生产成本累计		分配率		完工产品		月末在产品	
			数量	金额	数量	金额	数量	金额	数量	金额	数量	金额	数量	金额
原料及主要材料	清水	吨	0	0	36,174.46	91,257.13	36,174.46	91,257.13	2.67	6.73	36,174.46	91,257.13	0	0
原料及主要材料	碳酸钙	吨	0	0	2,502.05	1,414,533.97	2,502.05	1,414,533.97	0.18	104.40	2,502.05	1,414,533.97	0	0
原料及主要材料	重钙	吨	0	0	5,681.16	2,803,084.35	5,681.16	2,803,084.35	0.42	206.87	5,681.16	2,803,084.35	0	0
原料及主要材料	二氧化碳	吨	0	0	153.64	103,978.94	153.64	103,978.94	0.01	7.67	153.64	103,978.94	0	0
原料及主要材料	原料及主要材料小计	吨	0	0	44,511.31	4,412,854.39	44,511.31	4,412,854.39			44,511.31	4,412,854.39	0	0
燃料和动力	电	KWH	0	0	1,122,586.82	603,045.78	1,122,586.82	603,045.78	82.85	44.51	1,122,586.82	603,045.78	0	0
燃料和动力	动力小计	元		0		603,045.78		603,045.78				603,045.78		0
直接人工	工资	元				76,309.36		76,309.36		5.63		76,309.36		0
直接人工	福利费	元				9,292.35		9,292.35		0.69		9,292.35		0
直接人工	社会保险费	元				17,402.31		17,402.31		1.28		17,402.31		0
直接人工	住房公积金	元				8,488.88		8,488.88		0.63		8,488.88		0

续表

成本项目		数量单位	期初在产品		本期投产		生产成本累计		分配率		完工产品		月末在产品	
			数量	金额	数量	金额	数量	金额	数量	金额	数量	金额	数量	金额
直接人工	工会经费	元				1,526.19		1,526.19		0.11		1,526.19		0
直接人工	职工教育经费	元				1,144.64		1,144.64		0.08		1,144.64		0
直接人工	直接人工小计	元		0		114,163.73		114,163.73				114,163.73		0
制造费用		元		0		446,256.25		446,256.25		32.93		446,256.25		0
制造成本		元		0		5,576,320.15		5,576,320.15				5,576,320.15		0

注：分配率显示为保留两位小数。　　　　制表：章江昕

会计人员根据成本计算表，进行账务处理如下：

借：原材料——辅料——轻钙　　5,576,320.15

　　贷：生产成本——辅助生产成本（轻钙）——直接材料　　4,412,854.39

　　　　生产成本——辅助生产成本（轻钙）——燃料和动力　　603,045.78

　　　　生产成本——辅助生产成本（轻钙）——直接人工　　114,163.73

　　　　生产成本——辅助生产成本（轻钙）——制造费用　　446,256.25

那么，本月完工入库13,549.77吨轻钙的总成本为5,576,320.15元，单位成本为411.54元。

分析研判2　回收碱

本月月初在产回收碱为零，月末在产回收碱也为零，根据以上公式，本月发生的生产费用=本月完工回收碱的成本。

会计人员根据以上“生产成本——辅助生产成本（回收碱）”的借方余额和供排水事业部核算的本月耗用清水、处理污水成本计算表和热电事业部核算的本月耗电成本计算表，填制回收碱的成本计算表，如表3-65所示。

表3-65　　化学事业部成本计算表

部门：化学事业部　　产品名称：回收碱　　日期：2023年3月31日　　金额单位：元

成本项目		数量单位	期初在产品		本期投产		生产成本累计		分配率		完工产品		月末在产品	
			数量	金额	数量	金额	数量	金额	数量	金额	数量	金额	数量	金额
原料及主要材料	石灰	吨	0	0	7,758.21	3,255,462.65	7,758.21	3,255,462.65	0.85	358.31	7,758.21	3,255,462.65	0	0
原料及主要材料	清水	吨	0	0	465,439.06	1,174,211.63	465,439.06	1,174,211.63	51.23	129.24	465,439.06	1,174,211.63	0	0
原料及主要材料	固体硫化碱	吨	0	0	89.03	368,152.40	89.03	368,152.40	0.01	40.52	89.03	368,152.40	0	0
原料及主要材料	液体硫化碱	吨	0	0	70.24	192,762.44	70.24	192,762.44	0.01	21.22	70.24	192,762.44	0	0
原料及主要材料	烧碱	吨	0	0	1,322.63	2,738,452.51	1,322.63	2,738,452.51	0.15	301.41	1,322.63	2,738,452.51	0	0

续表

成本项目		数量单位	期初在产品		本期投产		生产成本累计		分配率		完工产品		月末在产品	
			数量	金额	数量	金额	数量	金额	数量	金额	数量	金额	数量	金额
原料及主要材料	磷酸三钠b	吨	0	0	3.05	6,889.06	3.05	6,889.06	0	0.76	3.05	6,889.06	0	0
原料及主要材料	原料及主要材料小计	吨	0	0	474,682.22	7,735,930.69	474,682.22	7,735,930.69			474,682.22	7,735,930.69	0	0
燃料和动力	电	KWH	0	0	5,049,547.01	2,712,581.31	5,049,547.01	2,712,581.31	555.78	298.56	5,049,547.01	2,712,581.31	0	0
燃料和动力	汽	百万千焦	0	0	−39,353.6	−1,827,478.62	−39,353.6	−1,827,478.62	−4.33	−201.14	−39,353.6	−1,827,478.62	0	0
燃料和动力	动力小计			0		885,102.69		885,102.69				885,102.69		0
直接人工	工资	元		0		514,958.90		514,958.90		56.68		514,958.90		0
直接人工	福利费	元		0		62,707.65		62,707.65		6.90		62,707.65		0
直接人工	社会保险费	元		0		117,436.08		117,436.08		12.93		117,436.08		0
直接人工	住房公积金	元		0		57,285.58		57,285.58		6.31		57,285.58		0
直接人工	工会经费	元		0		10,299.18		10,299.18		1.13		10,299.18		0
直接人工	职工教育经费	元		0		7,724.38		7,724.38		0.85		7,724.38		0
直接人工	直接人工小计	元		0		770,411.77		770,411.77				770,411.77		0
制造费用		元		0		3,174,908.34		3,174,908.34		349.45		3,174,908.34		0
制造成本		元		0		12,566,353.49		12,566,353.49				12,566,353.49		0

注：分配率显示为保留两位小数。　　制表：戴梅巧

会计人员根据成本计算表，做账务处理如下：

借：原料料——辅料——回收碱　　12,566,353.49

　　贷：生产成本——辅助生产成本（回收碱）——直接材料　　7,735,930.69

　　　　生产成本——辅助生产成本（回收碱）——燃料和动力　　885,102.69

　　　　生产成本——辅助生产成本（回收碱）——直接人工　　770,411.77

　　　　生产成本——辅助生产成本（回收碱）——制造费用　　3,174,908.34

那么，本月完工入库9,085.52吨回收碱的总成本为12,566,353.49元，单位成本为1,383.12元。

任务发布

查阅资料说明完工产品与在产品的成本分配方法共有几种，并分别简要说明。

子任务 4 自制原料——化机浆

【教学重点】完工产品和在产品的成本分配、实际成本法下发出存货的计价方法。

【教学难点】识别事业部生产业务流程中的关键业务节点，并进行风险管控。

任务导入

化机浆事业部是珠江纸业股份有限公司的辅助生产车间，主要负责化学机械浆的生产，是将原木材料转化为造纸用的浆料的重要部门。

化机浆事业部的生产流程主要包括原材料准备、化学预处理、机械磨解处理、浆料筛选和净化、漂白处理以及成纸加工等步骤。

在整个化机浆的生产过程中，安全生产是首要任务，其次温度、压力、pH值等关键参数的控制至关重要，直接影响到最终产品的质量，最后环保和资源循环利用也是必须要考虑的重要因素。

化机浆事业部的生产、核算流程图如图3-20所示。

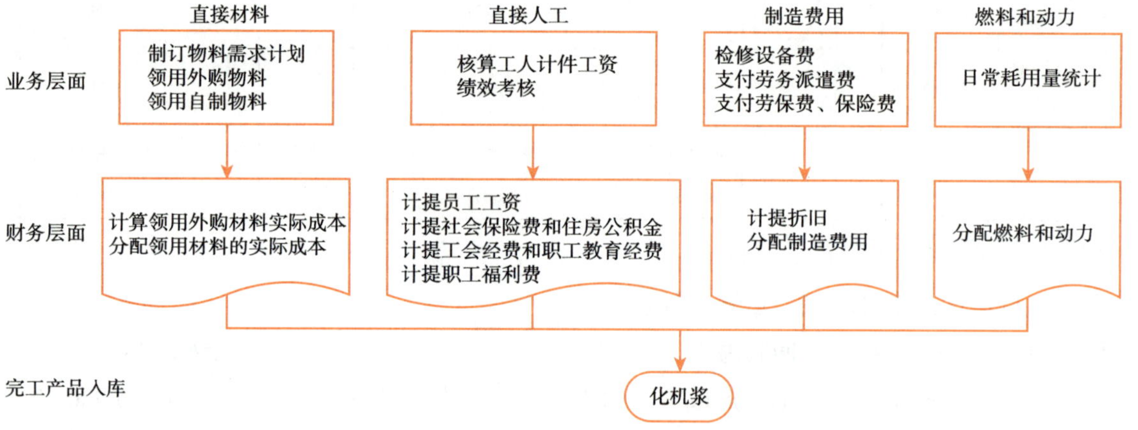

图 3-20 化机浆事业部的生产、核算流程图

任务实施

一、制订物料需求计划

【场景3-41】2023年2月20日，化机浆事业部按照排产计划，填制物料需求计划表，如表3-66所示。

表 3-66　　化机浆事业部物料需求表

部门：化机浆事业部　　日期：2023年2月20日　　编号：WKXQ-20230200006　　项目：化机浆

类别	产品名称	规格型号	单位	计划投产量	39 245.16吨
				标准单耗	总耗
原料	原木	杨树木 1220mm × 2440mm × 2~30mm	吨	0.51046483	20,033.27
原料	木片	杨树木 2~3cm × 0~5mm	吨	0.79440404	31,176.51
辅料	清水	0	吨	23.35304877	916,494.14
辅料	回收碱	0	吨	0.23150683	9,085.52
辅料	液碱	32% 浓度	吨	0.04122696	1,617.96
辅料	甲醇	25升/桶装	吨	0.00524541	205.86
辅料	硫酸	60% 浓度	吨	0.03447169	1,352.85
辅料	氯酸钠	50千克/袋装	吨	0.05790618	2,272.54
辅料	消泡剂a	DF-582	吨	0.00073549	28.86
辅料	双氧水	35% 浓度	吨	0.05698242	2,236.28
辅料	抑垢剂	WF-Y007	吨	0.00105698	41.48
辅料	工业盐	50千克/袋装	吨	0.00033009	12.95
辅料	液氧	10立方米/罐	吨	0.03841946	1,507.78
辅料	松香	3级	吨	0.00006221	2.44
织物	洗浆网	TPY-W01	平方米	0.01343706	527.34

审批：王雨　　制表：周瞿

分析研判 根据生产决策委员会做出的2023年3月排产计划，化机浆事业部3月计划生产化机浆39,245.16吨，按照生产工艺单耗表，计算出各种物料的总需求量，形成物料需求计划表。

以原料原木为例，按照工艺单耗表，标准单耗为0.51046483，即每生产1吨化机浆需要0.51046483吨原木。

本月原木总需求量=39,245.16 × 0.51046483=20,033.27（吨）

二、领用外购物料

【场景3-42】化机浆事业部倪白文在办理完物料需求计划审批后，于2023年3月1日填写领料单，经主管审核后向仓储事业部领取物料，如表3-67所示。

表 3-67　　化机浆事业部领料单

部门：化机浆事业部

用途：因生产需求，需领用材料　　日期：2023年3月1日　　编号：LLD-20230300005

存货类别	材料名称	规格	单位	申请数量	实发数量	计划单价（元）	金额（元）	备注
原料	原木	杨树木 1220mm × 2440mm × 2~30mm	吨	6,677.9	6,677.9	751.59	5,019,042.86	第一次领料
原料	木片	杨树木 2~3cm × 0~5mm	吨	10,392.39	10,392.39	1,215.47	12,631,638.27	第一次领料

续表

存货类别	材料名称	规格	单位	申请数量	实发数量	计划单价（元）	金额（元）	备注
辅料	液碱	32%浓度	吨	539.33	539.33	2,052.24	1,106,834.60	第一次领料
辅料	甲醇	25升/桶装	吨	68.62	68.62	1,975.98	135,591.75	第一次领料
辅料	硫酸	60%浓度	吨	450.96	450.96	579.29	261,236.62	第一次领料
辅料	氯酸钠	50千克/袋装	吨	757.53	757.53	3,236.97	2,452,101.88	第一次领料
辅料	消泡剂a	DF-582	吨	9.62	9.62	20,875.46	200,821.93	第一次领料
辅料	双氧水	35%浓度	吨	745.44	745.44	902.24	672,565.79	第一次领料
辅料	抑垢剂	WF-Y007	吨	13.83	13.83	14,635.81	202,413.25	第一次领料
辅料	工业盐	50千克/袋装	吨	4.32	4.32	664.69	2,871.46	第一次领料
辅料	液氧	10立方米/罐	吨	502.6	502.6	621.16	312,195.02	第一次领料
辅料	松香	3级	吨	0.81	0.81	10,201.32	8,263.07	第一次领料
织物	洗浆网	TPY-W01	平方米	175.78	175.78	82.14	14,438.57	第一次领料
合计				20,339.13	20,339.13		23,020,015.07	第一次领料

主管：高怡　　　发料员：丘蕊璇、萧羽泓、张田田　　　领料员：倪白文　　　核算员：卢灵舒

第一批物料投产后，领料员倪白文于2023年3月9日办理第二次领料手续，如表3-68所示。

表3-68　　化机浆事业部领料单

部门：化机浆事业部

用途：因生产需求，需领用材料　　　日期：2023年3月9日　　　编号：LLD-20230300023

存货类别	材料名称	规格	单位	申请数量	实发数量	计划单价（元）	金额（元）	备注
原料	原木	杨树木 1220mm × 2440mm × 2~30mm	吨	13,355.37	13,355.37	751.59	10,037,762.54	第二次领料
原料	木片	杨树木2~3cm × 0~5mm	吨	20,784.12	20,784.12	1,215.47	25,262,474.34	第二次领料
辅料	液碱	32%浓度	吨	1,078.63	1,078.63	2,052.24	2,213,607.63	第二次领料
辅料	甲醇	25升/桶装	吨	137.24	137.24	1,975.98	271,183.50	第二次领料
辅料	硫酸	60%浓度	吨	901.89	901.89	579.29	522,455.86	第二次领料
辅料	氯酸钠	50千克/袋装	吨	1,515.01	1,515.01	3,236.97	4,904,041.92	第二次领料
辅料	消泡剂a	DF-582	吨	19.24	19.24	20,875.46	401,643.85	第二次领料
辅料	双氧水	35%浓度	吨	1,490.84	1,490.84	902.24	1,345,095.48	第二次领料
辅料	抑垢剂	WF-Y007	吨	27.65	27.65	14,635.81	404,680.15	第二次领料
辅料	工业盐	50千克/袋装	吨	8.64	8.64	664.69	5,742.92	第二次领料
辅料	液氧	10立方米/罐	吨	1,005.17	1,005.17	621.16	624,371.40	第二次领料

续表

存货类别	材料名称	规格	单位	申请数量	实发数量	计划单价（元）	金额（元）	备注
辅料	松香	3级	吨	1.63	1.63	10,201.32	16,628.15	第二次领料
织物	洗浆网	TPY-W01	平方米	351.56	351.56	82.14	28,877.14	第二次领料
合计				40,676.99	40,676.99		46,038,564.88	第二次领料

主管：高怡　　发料员：丘蕊璇、萧羽泓、张田田　　领料员：倪白文　　核算员：卢灵舒

认知识别 由于清水是公司供排水事业部自制的，通过供水管网可以直接输送到化机浆事业部的生产车间，所以不需要办理领用手续。月底，供排水事业部会根据各事业部的实际使用量核算出各事业部使用清水的成本。

分析研判 以原木为例，年初确定的计划单价为751.59元/吨，那么本月领用原木的计划成本=5,019,042.86+10,037,762.54=15,056,805.4（元）。

会计人员根据两张领料单，进行账务处理：

借：生产成本——辅助生产成本（化机浆）——直接材料	69,058,579.95
贷：原材料——原料——原木	15,056,805.40
——原料——木片	37,894,112.61
——辅料——液碱	3,320,442.23
——辅料——甲醇	406,775.25
——辅料——硫酸	783,692.48
——辅料——氯酸钠	7,356,143.80
——辅料——消泡剂a	602,465.78
——辅料——双氧水	2,017,661.27
——辅料——抑垢剂	607,093.40
——辅料——工业盐	8,614.38
——辅料——液氧	936,566.42
——辅料——松香	24,891.22
——辅料——洗浆网	43,315.71

三、计算领用外购材料的实际成本

【场景3-43】在**【场景3-42】**中，根据领料单核算了领用物料的计划成本，月末，会计人员制作实际成本计算表，将计划成本调整为实际成本，如表3-69所示。

表 3-69 化机浆事业部材料实际成本计算表

部门：化机浆事业部　　产品：化机浆　　日期：2023年3月31日　编号：FCSJCB-20230300005

材料名称	计划成本（元）	期初材料计划成本（元）	期初材料成本差异（元）	本月入库材料计划成本（元）	本月入库材料实际成本（元）	本月材料成本差异（元）	差异率	差异额（元）	实际成本（元）
原木	15,056,805.40	5,032,398.62	–3,277.22	15,245,687.48	15,245,687.48	0	–0.02%	–2,433.39	15,054,372.01
木片	37,894,112.61	12,665,148.80	0	44,690,048.47	49,636,408.50	4,946,360.03	8.62%	3,268,019.86	41,162,132.47
液碱	3,320,442.23	1,109,728.26	0	3,362,061.66	3,362,061.66	0	0	0	3,320,442.23
甲醇	406,775.25	135,967.19	0	411,853.51	411,853.51	0	0	0	406,775.25
硫酸	783,692.48	261,931.77	0	793,540.41	793,540.41	0	0	0	783,692.48
氯酸钠	7,356,143.80	2,458,705.30	0	7,448,365.08	7,448,365.08	0	0	0	7,356,143.80
消泡剂a	602,465.78	201,656.95	0	609,980.94	609,980.94	0	0	0	602,465.78
双氧水	2,017,661.27	674,361.24	0	2,043,005.19	2,043,005.19	0	0	0	2,017,661.27
抑垢剂	607,093.40	202,852.33	0	615,289.45	615,289.45	0	0	0	607,093.40
工业盐	8,614.38	2,858.17	0	8,740.67	8,740.67	0	0	0	8,614.38
液氧	936,566.42	313,039.80	0	948,324.97	948,324.97	0	0	0	936,566.42
松香	24,891.22	8,773.13	0	24,891.22	24,891.22	0	0	0	24,891.22
洗浆网	43,315.71	14,481.28	0	43,856.19	43,856.19	0	0	0	43,315.71
合计	69,058,579.95	23,081,902.84	–3,277.22	76,245,645.24	81,192,005.27	4,946,360.03	0	3,265,586.47	72,324,166.42

注：材料的存货类别、规格与表3-68一致。

制表：卢灵舒

分析研判1 领用原木的实际成本

本月领用原木的计划成本为15,056,805.40元，将领用原木的计划成本调整为实际成本。首先计算材料成本差异率，月初材料成本差异为2023年2月材料成本差异账户的期末余额，–3,277.22元；月初结存材料计划成本为2023年2月原材料账户的期末余额，5,032,398.62元；本月收入材料成本差异为本月采购形成的材料成本差异，即0元；本月收入材料计划成本为原材料账户的本月增加额，15,245,687.48元。

材料成本差异率=（月初结存原木成本差异额+本月收入原木成本差异额）÷（月初结存原木计划成本+本月收入原木计划成本）=（–3,277.22+0）÷（5,032,398.62+15,245,687.48）=–0.02%

本月领用原木应分摊的材料成本差异=领用原木的计划成本×材料成本差异率=15,056,805.40×（–0.02%）=–2,433.39元，为节约差。

账务处理为：

借：材料成本差异——原木　　2,433.39

　　贷：生产成本——辅助生产成本（化机浆）——直接材料　　2,433.39

那么，领用原木的实际成本=领用原木的计划成本+应分摊的材料成本差异

=15,056,805.40–2,433.39=15,054,372.01（元）

分析研判2 领用木片的实际成本

本月领用木片的计划成本为37,894,112.61元，将领用木片的计划成本调整为实际成本。首先计算材料成本差异率，月初材料成本差异为2023年2月材料成本差异账户的期末余额，0元；月初结存材料计划成本为2023年2月原材料账户的期末余额，12,665,148.80元；本月收入材料成本差异为本月采购形成的材料成本差异，即4,946,360.03元；本月收入材料计划成本为原材料账户的本月增加额，即44,690,048.47元。

材料成本差异率=（月初结存木片成本差异额+本月收入木片成本差异额）÷（月初结存木片计划成本+本月收入木片计划成本）=（0+4,946,360.03）÷（12,665,148.80+44,690,048.47）=8.62%

本月领用木片应分摊的材料成本差异=领用木片的计划成本×材料成本差异率=37,894,112.61×8.62%=3,268,019.86（元），为超支差。

账务处理为：

借：生产成本——辅助生产成本（化机浆）——直接材料　　3,268,019.86

　　贷：材料成本差异——木片　　3,268,019.86

那么，领用木片的实际成本=领用木片的计划成本+应分摊的材料成本差异

=37,894,112.61+3,268,019.86=41,162,132.47（元）

四、领用自制物料

【场景3-44】在【场景3-41】中，编制了本月生产化机浆所需物料的需求计划表，其中辅料回收碱是化学事业部自制的，每次领用在物料登记表上登记，月底，根据物料登记表形成领料汇总表，如表3-70、表3-71所示。

表3-70　化机浆事业部领料登记表

部门：化机浆事业部　　材料名称：回收碱　　单位：吨　　编号：DJB-20230300001

日期	领用数		发料人	领料人	备注
	当日	累计			
2023-03-01	293.1	293.10	萧羽泓	倪白文	用于化机浆
2023-03-02	293.1	586.20	萧羽泓	倪白文	用于化机浆
2023-03-03	293.1	879.30	萧羽泓	倪白文	用于化机浆
2023-03-04	293.1	1,172.40	萧羽泓	倪白文	用于化机浆
2023-03-05	293.1	1,465.50	萧羽泓	倪白文	用于化机浆
2023-03-06	293.1	1,758.60	萧羽泓	倪白文	用于化机浆
2023-03-07	293.1	2,051.70	萧羽泓	倪白文	用于化机浆
2023-03-08	293.1	2,344.80	萧羽泓	倪白文	用于化机浆
2023-03-09	293.1	2,637.90	萧羽泓	倪白文	用于化机浆
2023-03-10	293.1	2,931.00	萧羽泓	倪白文	用于化机浆
2023-03-11	293.1	3,224.10	萧羽泓	倪白文	用于化机浆

续表

日期	领用数		发料人	领料人	备注
	当日	累计			
2023-03-12	293.1	3,517.20	萧羽泓	倪白文	用于化机浆
2023-03-13	293.1	3,810.30	萧羽泓	倪白文	用于化机浆
2023-03-14	293.1	4,103.40	萧羽泓	倪白文	用于化机浆
2023-03-15	293.1	4,396.50	萧羽泓	倪白文	用于化机浆
2023-03-16	293.1	4,689.60	萧羽泓	倪白文	用于化机浆
2023-03-17	293.1	4,982.70	萧羽泓	倪白文	用于化机浆
2023-03-18	293.1	5,275.80	萧羽泓	倪白文	用于化机浆
2023-03-19	293.1	5,568.90	萧羽泓	倪白文	用于化机浆
2023-03-20	293.1	5,862.00	萧羽泓	倪白文	用于化机浆
2023-03-21	293.1	6,155.10	萧羽泓	倪白文	用于化机浆
2023-03-22	293.1	6,448.20	萧羽泓	倪白文	用于化机浆
2023-03-23	293.1	6,741.30	萧羽泓	倪白文	用于化机浆
2023-03-24	293.1	7,034.40	萧羽泓	倪白文	用于化机浆
2023-03-25	293.1	7,327.50	萧羽泓	倪白文	用于化机浆
2023-03-26	293.1	7,620.60	萧羽泓	倪白文	用于化机浆
2023-03-27	293.1	7,913.70	萧羽泓	倪白文	用于化机浆
2023-03-28	293.1	8,206.80	萧羽泓	倪白文	用于化机浆
2023-03-29	293.1	8,499.90	萧羽泓	倪白文	用于化机浆
2023-03-30	293.1	8,793.00	萧羽泓	倪白文	用于化机浆
2023-03-31	292.52	9,085.52	萧羽泓	倪白文	用于化机浆

表 3-71 化机浆事业部领料汇总表

部门：化机浆事业部　日期：2023年3月31日　编号：LLD-20230300037　用途：因生产需求，需领用材料

存货类别	材料名称	规格	单位	申请数量	实发数量	单价（元）	金额（元）	备注
辅料	回收碱	0	吨	9,085.52	9,085.52	1,383.12	12,566,353.49	
合计				9,085.52	9,085.52		12,566,353.49	

主管：高怡　发料员：萧羽泓　领料员：倪白文　核算员：卢灵舒

认知识别 个别计价法

个别计价法，也称个别认定法、具体辨认法、分批实际法，采用这一方法是假定存货具体项目的实物流转与成本流转相一致，按照各种存货逐一辨认各批发出存货和期末存货所属的购进批别或生产批别，分别按其购入或生产时所确定的单位生产成本作为计算各批发出存货和期末存货的成本。

分析研判 根据公司产品成本核算制度，对自制的存货采用实际成本法核算，发出存货采用个别计价法核算。本月领用的这批回收碱是化学事业部本月陆续生产的回收碱，单位成本为1,383.12元。

账务处理为：

借：生产成本——辅助生产成本（回收碱）——直接材料 12,566,353.49

贷：原材料——辅料——回收碱 12,566,353.49

五、核算工人计件工资

【场景3-45】2023年3月31日，人力资源组员工袁琦芹核算化机浆事业部生产工人计件工资，如表3-72所示。根据入库单，汇总本月化机浆事业部共生产化机浆38,526.98吨。

表3-72 化机浆事业部生产工人计件工资计算表

日期：2023年3月31日 编号：JJGZ-20230300004

部门	产品类型	产品名称	计件数量（吨）	计件单价（元）	合格品率	部门计件工资（元）	本部门生产工人人数（人）	人均计件工资（元）
化机浆事业部	原料	化机浆	38,526.98	36	99.96%	1,386,416.49	285	4,864.62
合计			38,526.98			1,386,416.49	285	4,864.62

审批人：王旗 审核人：胡洋 审核人：吴静乐 制表：袁琦芹

分析研判

化机浆事业部计件工资总额=计件数量×计件单价×合格品率

=38,526.98×36×99.96%=1,386,416.49（元）

本月化机浆事业部生产化机浆共计38,526.98吨，计件单价为36元/吨，部门计件工资总额为1,386,416.49元，一线生产工人共285人，所以人均计件工资为4,864.62元。

六、计提员工工资

【场景3-46】2023年3月31日，人力资源组员工袁琦芹根据工资标准表、绩效工资计算表、考勤记录和生产工人计件工资计算表，核算3月化机浆事业部所有员工工资，形成工资表（见表3-73），经领导审批后交给财务部。财务部对工资表进行汇总，编制出工资计提汇总表（见表3-74）。

表3-73 化机浆事业部车间负责人绩效工资计算表

事业部	岗位	姓名	绩效标准工资（元）	考核得分（分）	绩效发放比例	应发绩效工资（元）
化机浆事业部	经理	吕邢	2,000	93.97	100.00%	2,000
化机浆事业部	副经理	詹纹桑	1,000	93.97	100.00%	1,000
化机浆事业部	副经理	秦芷凤	1,000	93.97	100.00%	1,000
化机浆事业部	副经理	林煜立	1,000	93.97	100.00%	1,000

续表

事业部	岗位	姓名	绩效标准工资（元）	考核得分（分）	绩效发放比例	应发绩效工资（元）
化机浆事业部	副经理	高怡	1,000	93.97	100.00%	1,000
化机浆事业部	副经理	王以慕	1,000	93.97	100.00%	1,000
化机浆事业部	副经理	汤凤以	1,000	93.97	100.00%	1,000

表 3-74　化机浆事业部工资计提汇总表

期间：2023 年 3 月　　编号：GZH-20230300001　　单位：元

一级部门	二级部门	职务	基本工资	职位工资	绩效工资	加班工资	倒班津贴	其他扣款	应发工资
生产中心	化机浆事业部	经理、副经理	50,000.00	4,000.00	8,000.00	0	2,240.00	0	64,240.00
生产中心	化机浆事业部	辅助人员	72,000.00	0	0	0	7,680.00	0	79,680.00
生产中心	化机浆事业部	一般员工	1,386,416.70	0	0	0	176,690.00	0	1,563,106.70
合计			1,508,416.70	4,000.00	8,000.00	0	186,610.00	0	1,707,026.70

制表：袁琦芹

分析研判 化机浆事业部属于公司的辅助生产车间，按照公司产品成本核算制度规定，所有员工的工资均计入生产成本。

会计人员根据工资计提汇总表，进行账务处理如下：

借：生产成本——辅助生产成本（化机浆）——直接人工　　1,707,026.70

　贷：应付职工薪酬——工资　　1,707,026.70

七、其他人工费核算

【场景 3-47】 化机浆事业部计提职工社会保险费、住房公积金、工会经费、职工教育经费、职工福利费等其他薪酬（见表 3-75）。

表 3-75　化机浆事业部人工成本分配表——其他人工费

部门：化机浆事业部　　日期：2023 年 3 月 31 日

职务	公司社保合计	公司公积金	工会经费	职工教育经费	福利费
经理、副经理、辅助人员	33,353.87	16,270.08	2,878.40	2,158.80	13,680.00
一般员工	366,946.05	178,997.10	31,262.13	23,446.60	205,200.00
合计	400,299.92	195,267.18	34,140.53	25,605.40	218,880.00

分析研判 由于化机浆事业部与热电事业部同属辅助生产部门，其计提社会保险费、住房公积金、工会经费、职工教育经费、职工福利费等其他人工费用，参照热电事业部的核算方法。化机浆事业部所有员工的其他人工费用计入生产成本。

账务处理如下：

借：生产成本——辅助生产成本（化机浆）——直接人工　　874,193.03

　　贷：应付职工薪酬——社会保险费　　400,299.92

　　　　　　　　　　——住房公积金　　195,267.18

　　　　　　　　　　——工会经费　　34,140.53

　　　　　　　　　　——职工教育经费　　25,605.40

　　　　　　　　　　——福利费　　218,880.00

八、设备检修

【场景3-48】 化机浆事业部每月制订巡检计划，对设备运行状态、生产环境、员工操作等进行检查。在3月10日的例行巡检中，发现盘磨机存在安全隐患，为防止设备故障和意外停机，需进行维护保养。3月20日，广东方志机械维修有限公司对盘磨机进行维保，发生修理费4,269,217.19元。对方开具增值税专用发票，如图3-21所示。

分析研判 按照公司产品成本核算制度，化机浆事业部对机器设备的修理费计入制造费用，会计人员根据发票等，进行账务处理：

借：制造费用——修理费　　3,778,068.31

　　应交税费——应交增值税（进项税额）　　491,148.88

　　贷：应付账款——广东方志机械维修有限公司　　4,269,217.19

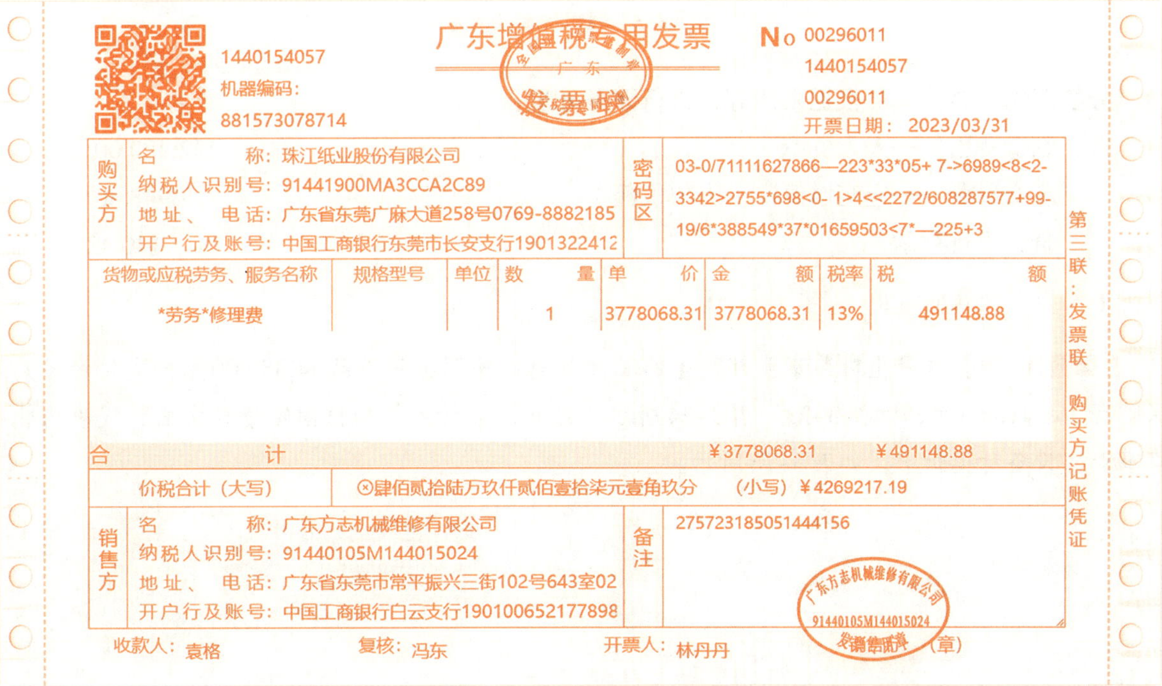

广东增值税专用发票
发票联
No 00296011
1440154057
机器编码：881573078714
1440154057
00296011
开票日期：2023/03/31

购买方
名　　称：珠江纸业股份有限公司
纳税人识别号：91441900MA3CCA2C89
地址、电话：广东省东莞广麻大道258号0769-8882185
开户行及账号：中国工商银行东莞市长安支行1901322412

密码区：03-0/71111627866—223*33*05+ 7->6989<8<2-3342>2755*698<0- 1>4<<2272/608287577+99-19/6*388549*37*01659503<7*—225+3

货物或应税劳务、服务名称	规格型号	单位	数量	单价	金额	税率	税额
*劳务*修理费			1	3778068.31	3778068.31	13%	491148.88
合计					¥3778068.31		¥491148.88

价税合计（大写）⊗肆佰贰拾陆万玖仟贰佰壹拾柒元壹角玖分　（小写）¥4269217.19

销售方
名　　称：广东方志机械维修有限公司
纳税人识别号：91440105M144015024
地址、电话：广东省东莞市常平振兴三街102号643室02
开户行及账号：中国工商银行白云支行190100652177898

备注：275723185051444156

第三联：发票联　购买方记账凭证

收款人：袁格　复核：冯东　开票人：林丹丹　销售方：（章）

图3-21　增值税专用发票

九、支付劳务派遣费

【场景3-49】化机浆事业部3月使用劳务派遣员工20人，共发生支出140,428.80元，劳务派遣公司出具增值税专用发票如图3-22所示。费用已汇出。

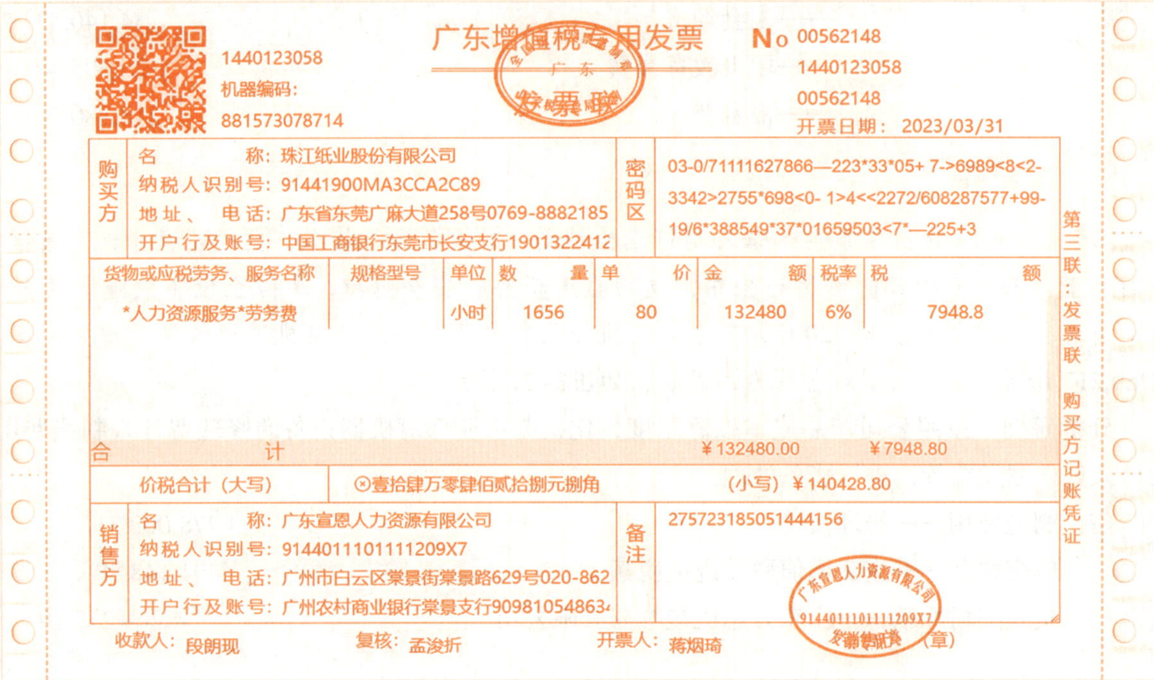

广东增值税专用发票 No 00562148

1440123058

机器编码：881573078714

1440123058

00562148

开票日期：2023/03/31

发票联

购买方	名称：珠江纸业股份有限公司 纳税人识别号：91441900MA3CCA2C89 地址、电话：广东省东莞广麻大道258号0769-8882185 开户行及账号：中国工商银行东莞市长安支行1901322412
密码区	03-0/71111627866—223*33*05+ 7->6989<8<2-3342>2755*698<0- 1>4<<2272/608287577+99-19/6*388549*37*01659503<7*—225+3

货物或应税劳务、服务名称	规格型号	单位	数量	单价	金额	税率	税额
*人力资源服务*劳务费		小时	1656	80	132480	6%	7948.8
合计					¥132480.00		¥7948.80
价税合计（大写）	⊗壹拾肆万零肆佰贰拾捌元捌角				（小写）¥140428.80		

销售方	名称：广东宣恩人力资源有限公司 纳税人识别号：9144011101111209X7 地址、电话：广州市白云区棠景街棠景路629号020-862 开户行及账号：广州农村商业银行棠景支行90981054863
备注	275723185051444156

收款人：段朗现　复核：孟浚折　开票人：蒋烟琦　销售方：（章）

第三联：发票联 购买方记账凭证

图3-22 增值税专用发票

分析研判 会计人员根据发票等，进行账务处理：

借：制造费用——人力资源　　132,480.00

　　应交税费——应交增值税（进项税额）　　7,948.80

　　贷：银行存款　　140,428.80

十、发生的其他支出

【场景3-50】本月化机浆事业部发生的其他支出：购买劳保用品34,352.00元，支付设备财产保险费261,410.66元，如图3-23、图3-24所示。月底，会计人员制作固定资产折旧计提表为化机浆事业部设备计提折旧，如表3-76所示。

广东增值税专用发票　　发票联

1440151159
机器编码：
881573078714

No 00248534
1440151159
00248534
开票日期：2023/03/31

购买方	名　　称：珠江纸业股份有限公司 纳税人识别号：91441900MA3CCA2C89 地 址 、 电 话：广东省东莞广麻大道258号0769-8882185 开户行及账号：中国工商银行东莞市长安支行1901322412
密码区	03-0/71111627866—223*33*05+ 7->6989<8<2-3342>2755*698<0- 1>4<<2272/608287577+99-19/6*388549*37*01659503<7*—225+3

货物或应税劳务、服务名称	规格型号	单位	数量	单价	金额	税率	税额
*皮革毛皮制品*皮革手套		件	304	100	30400	13%	3952
合计					¥30400.00		¥3952.00
价税合计（大写）	⊗叁万肆仟叁佰伍拾贰元整				（小写）¥34352.00		

销售方	名　　称：广东省吉成劳保用品公司 纳税人识别号：91440114MA11A02M4J 地 址 、 电 话：广州市增城区新塘镇南埔村南碱大道102号 开户行及账号：中国建设银行广州增城永宁支行62170015
备注	275723185051444156

收款人：钟凝冬　　复核：李屹鹤　　开票人：卢泓石　　销售方：（章）广东省吉成劳保用品公司 91440114MA11A02M4J 发票专用章

第三联：发票联　购买方记账凭证

图 3-23　增值税专用发票

广东增值税专用发票　　发票联

1440254160
机器编码：
881573078714

No 00582234
1440254160
00582234
开票日期：2023/03/31

购买方	名　　称：珠江纸业股份有限公司 纳税人识别号：91441900MA3CCA2C89 地 址 、 电 话：广东省东莞广麻大道258号0769-8882185 开户行及账号：中国工商银行东莞市长安支行1901322412
密码区	03-0/71111627866—223*33*05+ 7->6989<8<2-3342>2755*698<0- 1>4<<2272/608287577+99-19/6*388549*37*01659503<7*—225+3

货物或应税劳务、服务名称	规格型号	单位	数量	单价	金额	税率	税额
*其他财产保险服务*保险费			1	246613.83	246613.83	6%	14796.83
合计					¥246613.83		¥14796.83
价税合计（大写）	⊗贰拾陆万壹仟肆佰壹拾元陆角伍分				（小写）¥261410.66		

销售方	名　　称：中国平安财产保险股份有限公司 纳税人识别号：914403007109307208 地 址 、 电 话：深圳市福田区福田街道益田路5013号0755 开户行及账号：中国建设银行深圳益田支行62170025811
备注	275723185051444156

收款人：彭鹤恩　　复核：严漫以　　开票人：孟畅玮　　销售方：（章）中国平安财产保险股份有限公司 914403007109307208 发票专用章

第三联：发票联　购买方记账凭证

图 3-24　增值税专用发票

表 3-76　化机浆事业部固定资产折旧明细表

序号	类别	固定资产名称	购入日期或完装完工日期	原值（元）	折旧年限（年）	单位	部门	残值率	净残值（元）	月折旧额（元）	2023年3月		
											本月折旧额（元）	累计折旧（元）	账面净值（元）
1	机器设备	Y3#生产线设备	2009-9-28	605,858,952.30	15	组	化机浆事业部	5%	30,292,947.62	3,197,588.91	3,197,588.91	518,009,403.42	87,849,548.88
2		Y3#生产线设备	2003-9-28	200,000,000.00	15	组	化机浆事业部	5%	10,000,000.00	1,055,555.56	—	190,000,000.00	10,000,000.00
3		Y3#生产线设备	2022-12-15	170,000,000.00	15	组	化机浆事业部	5%	8,500,000.00	897,222.22	897,222.22	2,691,666.66	167,308,333.34
4		脱墨机	2017-11-28	6,596,450.00	15	组	化机浆事业部	5%	329,822.50	34,814.60	34,814.60	2,228,134.40	4,368,315.60
5		木片洗涤机	2017-11-28	4,000,000.00	15	台	化机浆事业部	5%	200,000.00	21,111.11	21,111.11	1,351,111.04	2,648,888.96
合计				986,455,402.30					49,322,770.12		4,150,736.84	14,280,315.52	272,175,086.78

分析研判1　会计人员根据折旧计提表，进行账务处理：

借：制造费用——折旧摊销　　4,150,736.84

　　贷：累计折旧　　4,150,736.84

分析研判2　会计人员根据其他支出发票，进行账务处理：

借：制造费用——劳动保护费　　30,400.00

　　　　　　——保险费　　246,613.83

　　应交税费——应交增值税（进项税额）　　18,748.83

　　贷：银行存款　　295,762.66

十一、分配制造费用

【场景3-51】会计人员根据化机浆事业部制造费用明细账，整理出制造费用汇总表，如表3-77所示。

表 3-77　化机浆事业部制造费用汇总表

部门：化机浆事业部　　日期：2023年3月31日　　编号：ZZFYHZ-20230300004

项目	明细项目	金额（元）
制造费用	折旧及摊销	4,150,736.84
	修理费	3,778,068.31
	人力资源	132,480
	劳动保护费	30,400
	保险费	246,613.83
总计		8,338,298.98

制表：卢灵舒

分析研判 由于化机浆事业部只生产化机浆，所以不需要分配制造费用，直接将制造费用转入生产成本。

借：生产成本——辅助生产成本（化机浆）——制造费用 8,338,298.98
　贷：制造费用——折旧及摊销 4,150,736.84
　　　——修理费 3,778,068.31
　　　——人力资源 132,480
　　　——劳动保护费 30,400
　　　——保险费 246,613.83

十二、产品完工入库

【场景3-52】 2023年3月月底，财务部根据化机浆事业部提供的产品产量资料，核算完工入库化机浆的成本。根据公司产品成本核算制度，采用约当产量法分配完工产品和在产品的成本，期末在产品完工程度统一按50%核算，如表3-78、表3-79、表3-80所示。

表3-78 化机浆事业部产品产量资料

类别	产品	单位	期初在产品	本月生产	完工产品	期末在产品
原材料	化机浆	吨	10,839.91	39,245.16	38,526.98	11,558.09

表3-79 化机浆事业部成本计算表

部门：化机浆事业部　产品名称：化机浆　日期：2023年3月31日　编号：CBJSB-20230300003　金额单位：元

成本项目		单位	月初在产品		本月投产		生产成本累计		分配率		完工产品		月末在产品	
			数量	金额	数量	金额	数量	金额	数量	金额	数量	金额	数量	金额
原料	原木	吨	5,533.4	4,156,816.57	20,033.27	15,054,372.01	25,566.67	19,211,188.58	0.51047	383.57	19,666.67	14,777,838.56	5,900.00	4,433,350.02
原料	木片	吨	8,611.27	10,466,737.63	31,176.51	41,162,132.47	39,787.78	51,628,870.10	0.79440	1,030.82	30,605.99	39,714,518.64	9,181.79	11,914,351.46
原料	原料小计		14,144.67	14,623,554.2		56,216,504.48		70,840,058.68			50,272.66	54,492,357.20	15,081.79	16,347,701.48
辅料	清水	吨	253,144.94	651,006.29	916,494.14	2,312,035.29	1,169,639.08	2,963,041.58	23.35305	59.16	899,722.45	2,279,262.92	269,916.63	683,778.66
辅料	回收碱	吨	2,509.51	3,474,082.64	9,085.52	12,566,353.49	11,595.03	16,040,436.13	0.23151	320.26	8,919.27	12,338,798.02	2,675.76	3,701,638.11
辅料	液碱	吨	446.89	917,137.08	1,617.96	3,320,442.23	2,064.85	4,237,579.31	0.04123	84.61	1,588.35	3,259,676.66	476.50	977,902.65
辅料	甲醇	吨	56.84	112,350.23	205.86	406,775.25	262.7	519,125.48	0.00525	10.36	202.07	399,327.33	60.63	119,798.15
辅料	硫酸	吨	373.65	216,463.08	1,352.85	783,692.48	1,726.5	1,000,155.56	0.03447	19.97	1,328.06	769,350.50	398.44	230,805.06
辅料	氯酸钠	吨	627.68	2,031,845.03	2,272.54	7,356,143.80	2,900.22	9,387,988.83	0.05791	187.44	2,230.94	7,221,530.46	669.28	2,166,458.37
辅料	消泡剂a	吨	7.97	166,443.51	28.86	602,465.78	36.83	768,909.29	0.00074	15.35	28.32	591,468.74	8.51	177,440.55
辅料	双氧水	吨	617.69	557,300.83	2,236.28	2,017,661.27	2,853.97	2,574,962.10	0.05698	51.41	2,195.34	1,980,740.23	658.63	594,221.87
辅料	抑垢剂	吨	11.46	167,691.88	41.48	607,093.40	52.94	774,785.28	0.00106	15.47	40.72	595,988.73	12.22	178,796.55
辅料	工业盐	吨	3.59	2,378.68	12.96	8,614.38	16.55	10,993.06	0.00033	0.22	12.71	8,456.21	3.84	2,536.85
辅料	液氧	吨	416.47	258,690.92	1,507.77	936,566.42	1,924.24	1,195,257.34	0.03842	23.86	1,480.17	919,428.81	444.07	275,828.53
辅料	松香	吨	0.66	6,890.35	2.44	24,891.22	3.1	31,781.57	0.00006	0.63	2.39	24,447.37	0.71	7,334.20
辅料	洗浆网	平方米	145.66	11,964.2	527.34	43,315.71	673	55,279.91	0.01344	1.10	517.69	42,523.00	155.31	12,756.91
辅料	辅料小计		258,363.01	8,574,244.72		30,986,050.72		39,560,295.44			918,268.48	30,430,998.98	275,480.53	9,129,296.46

表 3-80　　化机浆事业部成本计算表

部门：化机浆事业部　产品名称：化机浆　日期：2023年3月31日　编号：CBJSB-20230300003　金额单位：元

成本项目		单位	月初在产品		本月投产		生产成本累计		分配率		完工产品		月末在产品	
			数量	金额	数量	金额	数量	金额	数量	金额	数量	金额	数量	金额
燃料和动力	电	KWH	2,234,806	1,202,951.07	16,343,724.97	8,779,734.65	18,578,530.97	9,982,685.72	419.322902	225.312149	16,155,245.06	8,680,596.66	2,423,285.91	1,302,089.06
燃料和动力	汽	百万千焦	41,960.48	1,971,412.38	306,868.11	14,250,155.27	348,828.59	16,221,567.65	7.873164	366.125547	303,329.23	14,105,711.63	45,499.36	2,115,856.02
燃料和动力	动力小计			3,174,363.45		23,029,889.92		26,204,253.37				22,786,308.29		3,417,945.08
直接人工	工资	元		222,237.06		1,707,026.70		1,929,263.76		43.544050		1,677,620.74		251,643.02
直接人工	福利费	元		29,045.03		218,880.00		247,925.03		5.595741		215,587.00		32,338.03
直接人工	社会保险费	元		56,843.27		400,299.92		457,143.19		10.317856		397,515.83		59,627.36
直接人工	住房公积金	元		27,728.3		195,267.18		222,995.48		5.033073		193,909.10		29,086.38
直接人工	工会经费	元		4,444.73		34,140.53		38,585.26		0.870881		33,552.41		5,032.85
直接人工	职工教育经费	元		3,333.57		25,605.40		28,938.97		0.653161		25,164.32		3,774.65
直接人工	直接人工小计	元		343,631.96		2,581,219.73		2,924,851.69				2,543,349.40		381,502.29
制造费用		元		1,174,371.47		8,338,298.98		9,512,670.45		214.703767		8,271,887.74		1,240,782.71
制造成本		元		27,890,165.8		121,151,963.83		149,042,129.63				118,524,901.61		30,517,228.02

认知识别　约当产量

约当产量，是指在产品按其完工程度约当于完工产品的数量。例如，在产品10件，平均完工40%，则约当于完工产品4件。按约当产量比例分配的方法，就是将月末结存的在产品，按其完工程度折合成约当产量，然后再将产品应负担的全部生产费用，按完工产品产量和在产品约当产量的比例进行分配的一种方法。

分析研判1　直接材料分配

以原木为例，先分配数量再分配金额。

（1）数量分配：

分配率 =（月初在产品耗用原木数量 + 本月投产原木数量）÷（完工化机浆数量 + 期末在产化机浆数量）

月初在产品耗用原木数量根据上月月末在产品耗用原木数量填写。本月投产原木数量，根据上述领料单填写。由于原材料是一次性投放的，所以期末在产品数量不用约当为50%。

分配率 =（5,533.4+20,033.27）÷（38,526.98+11,558.09）=0.510465（吨）

完工产品耗用原木数量＝分配率 × 完工产品数量=0.510465 × 38,526.98=19,666.67（吨）

在产品耗用原木数量＝一共耗用的原木数量－完工产品耗用的原木数量=5,533.4+20,033.27－19,666.67=5,900（吨）

（2）金额分配：

分配率＝（月初在产品耗用原木金额＋本月投产原木金额）÷（完工化机浆数量＋期末在产化机浆数量）

月初在产品耗用原木金额根据上月月末在产品耗用原木金额填写。本月投产原木金额，根据上述领料单填写。由于原材料是一次性投放的，所以期末在产品数量不用约当为50%。

分配率＝（4,156,816.57+15,054,372.01）÷（38,526.98+11,558.09）=383.571164（元）

完工产品耗用原木金额＝分配率 × 完工产品数量=383.571164 × 38,526.98=14,777,838.56（元）

在产品耗用原木金额＝一共耗用的原木金额－完工产品耗用的原木金额=4,156,816.57+15,054,372.01－14,777,838.56=4,433,350.02（元）

分析研判2 燃料和动力分配、直接人工分配、制造费用分配

以制造费用分配为例：

分配率＝（月初在产品分摊的制造费用＋本月投产产生的制造费用）÷（完工化机浆数量＋期末在产化机浆数量）

月初在产品分摊的制造费用根据上月月末在产品分摊的制造费用填写。本月投产产生的制造费用，根据上述制造费用分配填写。由于燃料动力、人工、制造费用是陆续投入的，所以期末在产品数量需要约当为50%。

分配率＝（1,174,371.47+8,338,298.98）÷（38,526.98+11,558.09 × 50%）=214.703767（元）

完工产品分配的制造费用＝分配率 × 完工产品数量=214.703767 × 38,526.98=8,271,887.74（元）

在产品分配的制造费用=制造费用合计－完工产品分配的制造费用=1,174,371.47+8,338,298.98－8,271,887.74=1,240,782.71（元）

所以，本月完工入库38,526.98吨化机浆的总成本为118,524,901.61元，单位成本为3,076.41元/吨。

会计人员根据成本计算表，进行账务处理：

借：原材料——原料——化机浆　　118,524,901.61

　　贷：生产成本——辅助生产成本（化机浆）——直接材料　　30,430,998.98

　　　　生产成本——辅助生产成本（化机浆）——燃料和动力　　22,786,308.29

　　　　生产成本——辅助生产成本（化机浆）——直接人工　　2,543,349.40

　　　　生产成本——辅助生产成本（化机浆）——制造费用　　8,271,887.74

任务小结

本任务主要是讲述自制各种原料、燃料和动力在生产执行过程中的核算，重点讲解了完工产

品与在产品的成本分配方法、辅助生产费用的直接分配法和顺序分配法。直接分配法不考虑内部交互，直接对外分配。这种方法计算简单，但结果可能不够准确，适用于辅助生产内部交互较少的情况。顺序分配法是一种简便易行的辅助生产费用分配方法，适用于辅助生产车间较多且相互之间提供产品或劳务价值量有明显差别的企业。然而，在使用该方法时需要注意其局限性，并结合企业的实际情况进行适当调整。

任务发布

请根据产品成本核算制度，在【场景3-52】中，采用约当比例法将化机浆事业部3月木片的成本在完工产品和在产品之间进行分配。

任务2　基本生产车间业务执行与核算

本任务主要讲解基本生产车间业务的核算，子任务2核算对象是公司的基本生产车间造纸事业七部，子任务2核算对象是基本生产车间纸品加工事业部。

一、企业生产类型

依据生产工艺过程，企业生产可以分为简单生产（单步骤生产）和复杂生产（多步骤生产）。简单生产是指工艺过程比较简单或不能间断，或是由于工作地点的限制，不能在几个不同地点同时进行的生产。复杂生产是指工艺过程可以间断地划分为若干生产步骤，生产活动可以在不同时间、地点进行，也可以由几个企业共同合作进行的生产。

企业生产按组织特点可以分为大量生产、成批生产和单件生产。大量生产是指不断地重复制造一种或几种相同产品的生产，品种变化不大且较稳定，产量大，生产重复性强，如冶金、纺织、采掘、酿酒、造纸、发电等工业生产。成批生产是指按照预先设定的产品批别和数量，轮番进行若干种产品生产的生产组织形式，生产品种多，各种产品的生产会成批重复进行，具有一定的周期性。单件生产是指根据需求，生产个别的、特定规格的产品的生产组织形式，如机器制造、造船、精密仪器等工业企业的生产。

二、产品成本计算方法

结合不同类型生产特点和管理要求，三种不同的产品成本计算方法应运而生。

1. 品种法

品种法是以产品品种为成本计算对象来计算产品成本的方法。在开展单步骤大量大批生产的企业中，生产工艺过程不能间断，生产步骤单一，企业不断地、大量地重复生产品种相同的产品，管理制度也要求掌握各种产品的成本，在这种情况下，在计算产品成本时，我们通常采用品种法。

2. 分批法

分批法是以产品的批别为计算对象，计算产品成本的方法。开展单件小批生产的企业，通常以产品批别为计算对象归集和分配各项生产费用，采用分批法计算产品生产成本。

3. 分步法

分步法是以产品的生产步骤为成本计算对象，计算产品成本的方法。开展连续式加工步骤、大量大批生产的企业，其生产过程可以划分为若干生产步骤，每个加工步骤中均有自制半成品产生，管理制度需要单独掌握各种自制半成品的成本，因此在计算产品成本时，我们通常采用分步法。

子任务 1 自制半成品——原纸

【教学重点】实际成本法下原材料发出的核算。

【教学难点】识别胶版纸原纸生产业务流程中的关键业务节点，并进行风险管控。

任务导入

造纸事业部是公司的基本生产车间，下设7个造纸事业部，分别生产胶版纸、颜B纸、轻型纸、颜A纸、轻涂纸、办公用纸、淋膜原纸、热敏原纸、牛皮包装纸9个纸品的原纸。

造纸事业部的工作流程是将纸浆经过稀释后送入造纸机，在造纸机上形成纸张，这个过程包括滤水、压榨和干燥。纸张在形成后可能需要进一步的处理，如涂布、压光等，以达到特定的光滑度、光泽度或其他特殊性能。

下面以造纸事业七部生产的胶版纸原纸为例展开讲解，胶版纸原纸的生产、核算流程如图 3-25 所示。

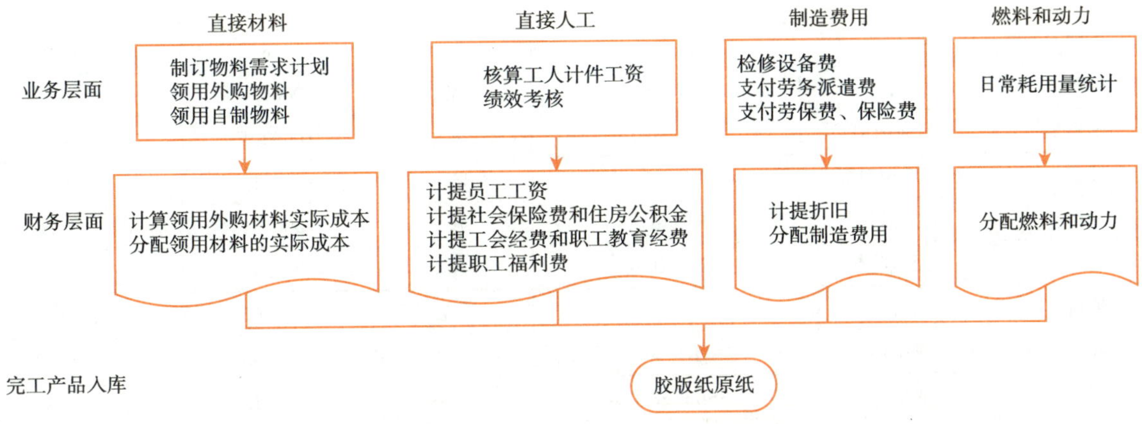

图 3-25 胶版纸原纸的生产、核算流程图

任务实施

一、制订物料需求计划

【场景3-53】2023年2月20日，造纸事业七部按照排产计划，填制物料需求计划表，如表3-81所示。

表3-81 造纸事业七部物料需求表

部门：造纸事业七部　　日期：2023年2月20日　　编号：WKXQ-20230200016

项目				胶版纸原纸	
类别	产品名称	规格型号	单位	计划投产量	30,770.00吨
				实际单耗	总耗
原料	化机浆	0	吨	0.3431	10,557.19
原料	阔叶浆	800×800	吨	0.228761	7,038.98
原料	针叶浆	800×800	吨	0.114339	3,518.21
辅料	清水	0	吨	15.411664	474,216.90
辅料	轻钙	0	吨	0.199716	6,145.26
辅料	混合碳酸钙	1,250目	吨	0.082284	2,531.88
辅料	增白剂	JHZ-726	吨	0.00115	35.39
辅料	复合胶	50千克/塑料桶	吨	0.007588	233.48
辅料	淀粉	50千克/袋	吨	0.004078	125.48
辅料	表面胶	50千克/塑料桶	吨	0.013702	421.61
辅料	PAM（助流剂）	阴离子	吨	0.000123	3.78
辅料	杀菌（防腐）剂	200千克/铁桶	吨	0.000133	4.09
辅料	颜料	200千克/铁桶	吨	0.000056	1.72
辅料	染料	200千克/铁桶	吨	0.00004	1.23
辅料	引纸绳	12毫米	米	0.14683	4,517.96
辅料	保洁剂	LT-755	吨	0.00015	4.62
辅料	消泡剂b	DF-820	吨	0.000301	9.26
辅料	抗掉毛掉粉剂	50/千克	吨	0.000013	0.40
辅料	有机微粒	60%浓度	吨	0.00013	4.00
辅料	表面施胶剂	JH-AKD200	吨	0.000547	16.83
辅料	固着剂	0	千克	0.369206	11,360.47
辅料	清洗剂	JH-602	吨	0.000043	1.32
织物	成型网	SSB3C384024	平方米	0.030852	949.32
织物	干网	聚酯螺旋	平方米	0.056444	1,736.78

续表

项目				胶版纸原纸	
类别	产品名称	规格型号	单位	计划投产量	30,770.00吨
				实际单耗	总耗
织物	毛布	24.2m × 4.2m	千克	0.061557	1,894.11
辅料	纸筒芯	500 × 100 × 1,250	米	1.354295	41,671.66
辅料	复合包装纸	70 ~ 1,280mm	吨	0.005721	176.04
辅料	内封	100/包	个	3.667879	112,860.64
辅料	外封	100/包	个	3.608387	111,030.07
辅料	堵头	100/包	个	3.258111	100,252.08

审批：赵喜　　　　制表：韩遇

分析研判 根据生产决策委员会做出的2023年3月排产计划，造纸事业七部3月计划生产胶版纸原纸30,770吨。按照生产工艺单耗表，计算出各种物料的总需求量，制作物料需求计划表。

二、领料投产

【场景3-54】 造纸事业七部在办理完物料需求计划审批后，于2023年3月1日填写领料单，经主管审核后，向仓储事业部领取物料，如表3-82所示。

表3-82　　造纸事业七部领料单

部门：造纸事业七部
用途：因生产需求，需领用材料　　日期：2023年3月1日　　编号：LLD-20230300015

存货类别	材料名称	规格	单位	申请数量	实发数量	计划单价（元）	金额（元）	备注
原料	阔叶浆	800 × 800	吨	2,346.40	2,346.40	6,590.00	15,462,776.00	第一次领料
原料	针叶浆	800 × 800	吨	1,172.78	1,172.78	7,330.00	8,596,477.40	第一次领料
辅料	混合碳酸钙	1,250目	吨	843.99	843.99	619.88	523,172.52	第一次领料
辅料	增白剂	JHZ-726	吨	11.80	11.80	3,793.78	44,766.60	第一次领料
辅料	复合胶	50千克/塑料桶	吨	77.83	77.83	2,366.53	184,187.03	第一次领料
辅料	淀粉	50千克/袋装	吨	41.83	41.83	4,379.58	183,197.83	第一次领料
辅料	表面胶	50千克/塑料桶	吨	140.54	140.54	2,787.37	391,736.98	第一次领料
辅料	PAM（助流剂）	阴离子	吨	1.26	1.26	30,247.95	38,112.42	第一次领料
辅料	杀菌（防腐）剂	200千克/铁桶	吨	1.36	1.36	22,089.23	30,041.35	第一次领料
辅料	颜料	200千克/铁桶	吨	0.57	0.57	57,085.34	32,538.64	第一次领料
辅料	染料	200千克/铁桶	吨	0.41	0.41	26,311.22	10,787.60	第一次领料
辅料	引纸绳	12毫米	米	1,506.04	1,506.04	5.31	7,997.07	第一次领料

续表

存货类别	材料名称	规格	单位	申请数量	实发数量	计划单价（元）	金额（元）	备注
辅料	保洁剂	LT-755	吨	1.54	1.54	13,841.27	21,315.56	第一次领料
辅料	消泡剂b	DF-820	吨	3.09	3.09	15,151.68	46,818.69	第一次领料
辅料	抗掉毛掉粉剂	50/千克	吨	0.13	0.13	6,125.23	796.28	第一次领料
辅料	有机微粒	60%浓度	吨	1.33	1.33	30,924.39	41,129.44	第一次领料
辅料	表面施胶剂	JH-AKD200	吨	5.61	5.61	4,193.72	23,526.77	第一次领料
辅料	固着剂	0	千克	3,786.95	3,786.95	7.48	28,326.39	第一次领料
辅料	清洗剂	JH-602	吨	0.44	0.44	17,242.15	7,586.55	第一次领料
织物	成型网	SSB3C384024	千克	316.45	316.45	528.84	167,351.42	第一次领料
织物	干网	聚酯螺旋	平方米	578.95	578.95	164.26	95,098.33	第一次领料
织物	毛布	24.2m×4.2m	千克	631.39	631.39	281.65	177,830.99	第一次领料
辅料	纸筒芯	500×100×1,250	米	13,891.00	13,891.00	4.53	62,926.23	第一次领料
辅料	复合包装纸	70～1,280mm	吨	58.68	58.68	5,831.39	342,185.97	第一次领料
辅料	内封	100/包	个	37,621.43	37,621.43	1.77	66,589.93	第一次领料
辅料	外封	100/包	个	37,011.23	37,011.23	1.29	47,744.49	第一次领料
辅料	堵头	100/包	个	33,418.44	33,418.44	0.56	18,714.33	第一次领料
合计				133,471.47	133,471.47		26,653,732.81	第一次领料

主管：赵喜　　发料员：田羽毅、萧羽泓、张田田　　领料员：冯西市　　核算员：文南晓

第一批物料投产后，领料员于2023年3月9日办理第二次领料手续，如表3-83所示。

表3-83　造纸事业七部领料单

部门：造纸事业七部

用途：因生产需求，需领用材料　　日期：2023年3月9日　　编号：LLD-20230300033

存货类别	材料名称	规格	单位	申请数量	实发数量	计划单价（元）	金额（元）	备注
原料	阔叶浆	800×800	吨	4,692.57	4,692.57	6,590.00	30,924,036.30	第二次领料
原料	针叶浆	800×800	吨	2,345.44	2,345.44	7,330.00	17,192,075.20	第二次领料
辅料	混合碳酸钙	1,250目	吨	1,687.89	1,687.89	619.88	1,046,289.25	第二次领料
辅料	增白剂	JHZ-726	吨	23.59	23.59	3,793.78	89,495.27	第二次领料
辅料	复合胶	50千克/塑料桶	吨	155.65	155.65	2,366.53	368,350.39	第二次领料
辅料	淀粉	50千克/袋装	吨	83.65	83.65	4,379.58	366,351.87	第二次领料
辅料	表面胶	50千克/塑料桶	吨	281.07	281.07	2,787.37	783,446.09	第二次领料
辅料	PAM（助流剂）	阴离子	吨	2.52	2.52	30,247.95	76,224.83	第二次领料

续表

存货类别	材料名称	规格	单位	申请数量	实发数量	计划单价（元）	金额（元）	备注
辅料	杀菌（防腐）剂	200千克/铁桶	吨	2.73	2.73	22,089.23	60,303.60	第二次领料
辅料	颜料	200千克/铁桶	吨	1.15	1.15	57,085.34	65,648.14	第二次领料
辅料	染料	200千克/铁桶	吨	0.82	0.82	26,311.22	21,575.20	第二次领料
辅料	引纸绳	12mm	米	3,011.92	3,011.92	5.31	15,993.30	第二次领料
辅料	保洁剂	LT-755	吨	3.08	3.08	13,841.27	42,631.11	第二次领料
辅料	消泡剂b	DF-820	吨	6.17	6.17	15,151.68	93,485.87	第二次领料
辅料	抗掉毛掉粉剂	50/kg	吨	0.27	0.27	6,125.23	1,653.81	第二次领料
辅料	有机微粒	60%浓度	吨	2.67	2.67	30,924.39	82,568.12	第二次领料
辅料	表面施胶剂	JH-AKD200	吨	11.22	11.22	4,193.72	47,053.54	第二次领料
辅料	固着剂	0	千克	7,573.52	7,573.52	7.48	56,649.93	第二次领料
辅料	清洗剂	JH-602	吨	0.88	0.88	17,242.15	15,173.09	第二次领料
织物	成型网	SSB3C384024	平方米	632.87	632.87	528.84	334,686.97	第二次领料
织物	干网	聚酯螺旋	平方米	1,157.84	1,157.84	164.26	190,186.80	第二次领料
织物	毛布	24.2m×4.2m	千克	1,262.72	1,262.72	281.65	355,645.09	第二次领料
辅料	纸筒芯	500×100×1,250	米	27,780.65	27,780.65	4.53	125,846.34	第二次领料
辅料	复合包装纸	70~1,280mm	吨	117.35	117.35	5,831.39	684,313.62	第二次领料
辅料	内封	100/包	个	75,239.20	75,239.20	1.77	133,173.38	第二次领料
辅料	外封	100/包	个	74,018.84	74,018.84	1.29	95,484.30	第二次领料
辅料	堵头	100/包	个	66,833.63	66,833.63	0.56	37,426.83	第二次领料
合计				266,929.91	266,929.91		53,305,768.24	第二次领料

主管：赵喜　　发料员：田羽毅、萧羽泓、张田田　　领料员：冯西市　　核算员：文南晓

分析研判 会计人员根据两张领料单，进行账务处理：

借：生产成本——基本生产成本（胶版纸原纸）——直接材料　　79,959,501.1

　贷：原材料　　79,599,501.1

（注：贷方明细见表3-83）

三、计算领用外购材料的实际成本

【场景3-55】在**【场景3-54】**中，会计人员根据领料表核算了领用物料的计划成本，月末，制作实际成本计算表，将计划成本调整为实际成本，如表3-84所示。

表 3-84 造纸事业七部材料实际成本计算表

部门：造纸事业七部　　产品：胶版纸　　日期：2023年3月31日　　编号：FCSJCB-20230300015　　单位：元

材料名称	计划成本	期初材料计划成本	期初材料成本差异	本月入库材料计划成本	本月入库材料实际成本	本月材料成本差异	差异率	差异额	实际成本
阔叶浆	46,386,812.30	224,018,812.50	-4,415,764.95	128,466,975.70	114,901,227.91	-13,565,747.79	-5.10%	-2,366,350.88	44,020,461.42
针叶浆	25,788,552.60	124,544,616.40	-8,758.92	71,417,362.80	68,299,551.60	-3,117,811.20	-1.60%	-411,455.93	25,377,096.67
混合碳酸钙	1,569,461.77	1,218,770.87	-27,974.35	3,223,376.00	2,985,632.00	-237,744.00	-5.98%	-93,881.36	1,475,580.41
增白剂	134,261.87	104,442.76	-1,917.16	300,619.13	294,606.40	-6,012.73	-1.96%	-2,628.44	131,633.43
复合胶	552,537.42	542,905.63	-9,966.38	1,565,648.92	1,534,336.34	-31,312.58	-1.96%	-10,816.97	541,720.45
淀粉	549,549.70	426,921.44	-7,837.71	1,230,880.96	1,206,263.79	-24,617.17	-1.96%	-10,758.56	538,791.14
表面胶	1,175,183.07	1,154,863.11	-21,201.58	3,329,401.97	3,262,810.83	-66,591.14	-1.96%	-23,007.68	1,152,175.39
PAM（助流剂）	114,337.25	113,429.81	0	323,955.54	323,955.54	0	0%	0	114,337.25
杀菌（防腐）剂	90,344.95	88,356.90	-1,622.35	256,014.18	250,893.95	-5,120.23	-1.96%	-1,768.90	88,576.05
颜料	98,186.78	80,490.34	-1,481.17	215,211.73	210,907.49	-4,304.24	-1.96%	-1,921.02	96,265.76
染料	32,362.80	25,258.79	-463.85	72,882.08	71,424.45	-1,457.63	-1.96%	-633.62	31,729.18
引纸绳	23,990.37	23,573.28	0	67,970.02	64,001.90	-3,968.12	-4.33%	-1,039.91	22,950.46
保洁剂	63,946.67	62,008.90	0	181,459.05	181,459.05	0	0%	0	63,946.67
消泡剂b	140,304.56	138,940.91	0	397,428.57	397,428.57	0	0%	0	140,304.56
抗掉毛掉粉剂	2,450.09	2,695.13	0	6,982.76	6,982.76	0	0%	0	2,450.09
有机微粒	123,697.56	122,769.81	0	351,610.31	351,610.31	0	0%	0	123,697.56
表面施胶剂	70,580.31	54,853.85	-1,007.07	158,229.06	155,064.64	-3,164.42	-1.96%	-1,381.74	69,198.57
固着剂	84,976.32	76,128.09	0	218,717.97	218,717.97	0	0%	0	84,976.32
清洗剂	22,759.64	22,759.65	-416.97	64,830.48	63,533.89	-1,296.59	-1.96%	-445.26	22,314.38
成型网	502,038.39	493,296.67	0	1,422,436.81	1,422,436.81	0	0%	0	502,038.39
干网	285,285.13	280,319.56	0	808,275.82	808,275.82	0	0%	0	285,285.13
毛布	533,476.08	524,187.22	0	1,511,477.54	1,511,477.54	0	0%	0	533,476.08
纸筒芯	188,772.57	185,524.50	0	534,935.42	534,935.42	0	0%	0	188,772.57
复合包装纸	1,026,499.59	1,009,180.33	0	2,909,746.98	2,909,746.98	0	0%	0	1,026,499.59
内封	199,763.31	196,683.40	0	567,128.50	567,128.50	0	0%	0	199,763.31
外封	143,228.79	140,531.88	0	405,195.02	405,195.02	0	0%	0	143,228.79
堵头	56,141.16	54,915.90	0	158,331.00	158,331.00	0	0%	0	56,141.16
合计	79,959,501.05	355,707,237.63	-4,498,412.46	220,167,084.32	203,097,936.48	-17,069,147.84		-2,926,090.27	77,033,410.78

注：差异率计算时不保留小数位数，否则差异很大。

制表：文南晓

分析研判 领用阔叶浆的成本

以阔叶浆为例，本月领用阔叶浆的计划成本为46,386,812.30元，下面将计划成本调整为实际成本，首先计算材料成本差异率，月初材料成本差异为2023年2月材料成本差异账户的期末余额，为-4,415,764.95元；月初结存材料计划成本为2023年2月原材料账户的期末余额，224,018,812.50元；本月收入材料成本差异为本月采购形成的材料成本差异，即-13,565,747.79元；本月收入材料计划成本为原材料账户的本月增加额，即128,466,975.70元。

材料成本差异率=（月初结存原木成本差异额+本月收入原木成本差异额）÷（月初结存原木计划成本+本月收入原木计划成本）=（-4,415,764.95-13,565,747.79）÷（224,018,812.50+128,466,975.70）=-5.10134403%

本月领用阔叶浆应分摊的材料成本差异=领用阔叶浆的计划成本×材料成本差异率=46,386,812.30×（-5.10134403%）=-2,366,350.88（元）

同理，可以算出领用其他材料应分摊的材料成本差异。

账务处理为：

借：材料成本差异 2,926,090.27

　贷：生产成本——基本生产成本（胶版纸原纸）——直接材料 2,926,090.27

（注：借方明细见表3-84）

四、计算领用自制材料的实际成本

【场景3-56】月底，财务部根据仓储部提供的领料单，核算各部门领用自制物料（轻钙、化机浆）的成本，如表3-85、表3-86所示。

表 3-85 造纸事业部费用分配表——轻钙

部门：化学事业部 日期:2023年3月31日 编号：FP-CL-20230300001

应借账户			成本或费用项目	分配数量（吨）	分配率（元/吨）	分配金额（元）
基本生产成本	造纸事业一部	颜B纸	直接材料	973.09		400,468.89
	造纸事业二部	轻型纸	直接材料	498.65		205,216.18
	造纸事业三部	颜A纸	直接材料	1,326.65		545,974.22
	造纸事业四部	颜B纸	直接材料	1,459.63		600,701.28
	造纸事业六部	轻涂纸	直接材料	2,453.46		1,009,705.58
	造纸事业六部	热敏原纸	直接材料	177.58		73,081.90
	造纸事业七部	胶版纸原纸	直接材料	6,145.26		2,529,041.98
	造纸事业七部	办公用纸	直接材料	515.45		212,130.12
合计				13,549.77	411.543528	5,576,320.15

注：差额计入造纸事业一部。 制表：章江昕

表 3-86 造纸事业部费用分配表——化机浆

部门：化机浆事业部 日期:2023年3月31日 编号：FP-CL-20230300002

应计账户			成本或费用项目	分配数量（吨）	分配率（元/吨）	分配金额（元）
基本生产成本	造纸事业一部	颜B纸	直接材料	1,626.68		5,004,334.62
	造纸事业二部	轻型纸	直接材料	1,484.67		4,567,453.63
	造纸事业三部	颜A纸	直接材料	2,322.83		7,145,977.44
	造纸事业四部	颜B纸	直接材料	2,440.02		7,506,501.93
	造纸事业五部	淋膜原纸	直接材料	1,930.95		5,940,393.89
	造纸事业五部	牛皮包装纸	直接材料	12,657.75		38,940,428.68
	造纸事业六部	轻涂纸	直接材料	4,201.40		12,925,228.97
	造纸事业六部	热敏原纸	直接材料	306.06		941,566.04
	造纸事业七部	胶版纸原纸	直接材料	10,557.19		32,478,244.89
	造纸事业七部	办公用纸	直接材料	999.43		3,074,771.52
合计				38,526.98	3,076.41	118,524,901.61

注：分配金额差额计入办公用纸。 制表：卢灵舒

分析研判1 领用轻钙的成本

通过查询“原材料——轻钙”明细账发现没有期初余额，仓库里轻钙已领用完毕说明也没有期末余额，那么本月各部门领用的轻钙就是本月生产完工入库的轻钙。根据化学事业部的核算记录，本月完工入库13,549.77吨轻钙的总成本为5,576,320.15元，单位成本为411.543528元。根据领料单，汇总造纸事业部为生产胶版纸原纸本月共领用轻钙6,145.26吨。

账务处理如下：

借：生产成本——基本生产成本（胶版纸原纸）——直接材料　　2,529,041.98

　贷：原材料——辅料——轻钙　　2,529,041.98

分析研判2 领用化机浆的成本

通过查询“原材料——化机浆”明细账，发现既没有期初余额也没有期末余额，那么本月各部门领用的化机浆就是本月生产完工入库的化机浆。根据化机浆事业部的核算记录，本月完工入库38,526.98吨化机浆的总成本为118,524,901.61元，单位成本为3,076.41元/吨。

账务处理如下：

借：生产成本——基本生产成本（胶版纸原纸）——直接材料　　32,478,244.89

　贷：原材料——原料——化机浆　　32,478,244.89

分析研判3 造纸事业七部为生产胶版纸原纸耗用的电、汽、水，已在热电事业部、供排水事业部核算，这里不再重复。

五、核算工人计件工资

【场景3-57】2023年3月31日，人力资源组员工袁琦芹核算造纸事业七部生产工人计件工资。根据入库单，汇总本月造纸事业七部共生产胶版纸原纸30,700吨、办公用纸2,789吨，如表3-87所示。

表3-87　造纸事业七部生产工人计件工资计算表

日期：2023年3月31日　　编号：JJGZ-20230300011

序号	部门	产品类型	产品名称	计件数量（吨）	计件单价（元）	合格品率	部门计件工资（元）	本部门生产工人人数（人）	人均计件工资（元）
1	造纸事业七部	印刷用纸	胶版纸原纸	30,700	23.8	99.89%	729,856.27	153	4,770.30
2	造纸事业七部	办公用纸	办公用纸原纸	2,789	17.1	100.00%	47,691.90	153	311.71
合计				33,489			777,548.17	153	5,082.01

审批人：王旗　　审核人：胡洋　　审核人：吴静乐　　制表：袁琦芹

分析研判

计件工资总额=计件数量×计件单价×合格品率

=30,700×23.8×99.89%+2,789×17.1×100%

=777,548.17（元）

六、计提员工工资

【场景3-58】2023年3月31日，人力资源组员工袁琦芹根据工资标准表、绩效工资计算表、考勤记录和生产工人计件工资计算表，核算3月造纸事业七部所有员工工资，形成工资表（见表3-88），经领导审批后交给财务部。财务部对工资表进行汇总，编制出工资计提汇总表（见表3-89）和人工成本分配表（见表3-90）。

表 3-88　造纸事业七部车间负责人绩效工资计算表

事业部	岗位	姓名	绩效标准工资（元）	考核得分（分）	绩效发放比例	应发绩效工资（元）
造纸事业七部	经理	陈洁	2,000	84.95	100.00%	1,700
造纸事业七部	副经理	赵喜	1,000	84.95	100.00%	850
造纸事业七部	副经理	金梨海	1,000	84.95	100.00%	850

表 3-89　造纸事业七部工资计提汇总表

期间：2023年3月　编号：SBH-20230300006　单位：元

一级部门	二级部门	职务	基本工资	职位工资	绩效工资	加班工资	倒班津贴	其他扣款	应发工资
生产中心	造纸事业七部	经理、副经理	22,000.00	2,000.00	3,400	0	960.00	0	28,360.00
生产中心	造纸事业七部	辅助人员	90,000.00	0	0	0	9,600.00	730.43	98,869.57
生产中心	造纸事业七部	一般员工	777,547.53	0	4,660.00	0	94,850.00	0	877,057.53
合计			889,547.53	2,000.00	8,060.00	0	105,410.00	730.43	1,004,287.10

制表：蒋曼痴

表 3-90　造纸事业七部人工成本分配表——工资

部门：造纸事业七部　日期：2023年3月31日　编号：FP-GZ-20230300006

应借账户		成本或费用项目	生产工人工时（小时）	分配率（元/小时）	分配金额（元）
基本生产成本	胶版纸原纸	直接人工	26,288		818,985.82
	办公用纸原纸	直接人工	1,864		58,071.71
	小计		28,152	31.154360	877,057.53

制表：蒋曼痴

分析研判　造纸事业七部属于公司的基本生产车间，按照企业产品成本核算制度规定，经理、副经理、辅助人员的工资均计入制造费用，一般员工的工资计入生产成本。

会计人员根据工资计提汇总表和人工成本分配表，进行账务处理如下：

借：生产成本——基本生产成本（胶版纸原纸）——直接人工　818,985.82

　　生产成本——基本生产成本（办公用纸原纸）——直接人工　58,071.71

　　制造费用——工资　127,229.57

　　贷：应付职工薪酬——工资　1,004,287.10

七、其他人工费核算

【场景3-59】造纸事业七部计提职工社会保险费、住房公积金、工会经费、职工教育经费、职工福利费等其他薪酬（见表3-91、表3-92）。

表 3-91　　造纸事业七部人工成本分配表——其他直接人工费

部门：造纸事业七部　　日期：2023年3月31日

名称	车间总消耗		分配率（元/小时）	胶版纸		办公用纸	
	数量（小时）	金额（元）		分配数量（小时）	分配金额（元）	分配数量（小时）	分配金额（元）
社会保险费	28,152	204,329.97	7.258098	26,288	190,800.88	1,864	13,529.09
住房公积金	28,152	99,673.38	3.540543	26,288	93,073.79	1,864	6,599.59
工会经费	28,152	17,541.15	0.623087	26,288	16,379.71	1,864	1,161.44
职工教育经费	28,152	13,155.86	0.467315	26.288	12,284.78	1,864	871.08
福利费	28,152	110,160.00	3.913043	26,288	102,866.07	1,864	7,293.93
合计		444,860.36			415,405.23		29,455.13

注：分配率四舍五入保留2位小数。

表 3-92　　造纸事业七部人工成本分配表——其他间接人工费

部门：造纸事业七部　　日期：2023年3月31日

职务	公司社保合计	公司公积金	工会经费	职工教育经费	福利费
经理、副经理、辅助人员	29,904.45	14,587.44	2,544.59	1,908.44	12,960.00

分析研判 按照公司产品成本核算制度规定，造纸事业七部中企业负担的经理、副经理、辅助人员的社会保险费、住房公积金等属于间接人工费，计入制造费用；一般员工的社会保险费、住房公积金等属于直接人工费，计入生产成本，并且应将一般员工的社会保险费、住房公积金等费用在胶版纸原纸和办公用纸原纸之间合理分配。

会计人员进行账务处理如下：

借：生产成本——基本生产成本（胶版纸原纸）——直接人工　　415,405.23
　　生产成本——基本生产成本（办公用纸原纸）——直接人工　　29,455.13
　　制造费用——社会保险费　　29,904.45
　　　　　　——住房公积金　　14,587.44
　　　　　　——工会经费　　2,544.59
　　　　　　——职工教育经费　　1,908.44
　　　　　　——福利费　　12,960.00
　贷：应付职工薪酬——社会保险费　　234,234.42
　　　　　　　　——住房公积金　　114,260.82
　　　　　　　　——工会经费　　20,085.74

——职工教育经费　　15,064.30

——福利费　　123,120.00

八、设备检修

【场景 3-60】造纸事业七部每月制订巡检计划，对设备运行状态、生产环境、员工操作等进行检查。在3月10日的例行巡检中，发现造纸机存在安全隐患，为防止设备故障和意外停机，需进行维护保养。3月15日，广东方志机械维修有限公司对造纸机进行维保，发生修理费422,155.91元。对方开具增值税专用发票，如图3–26所示。

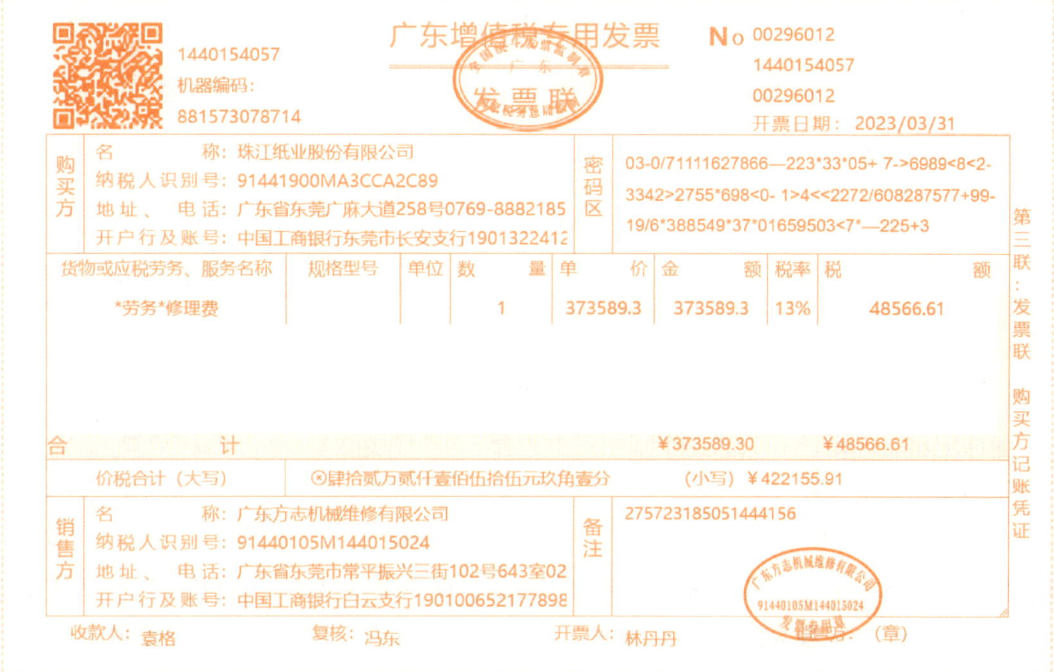

广东增值税专用发票　No 00296012

1440154057
机器编码：
881573078714

1440154057
00296012
开票日期：2023/03/31

购买方	名称：珠江纸业股份有限公司 纳税人识别号：91441900MA3CCA2C89 地址、电话：广东省东莞广麻大道258号0769-8882185 开户行及账号：中国工商银行东莞市长安支行1901322412			密码区	03-0/71111627866—223*33*05+ 7->6989<8<2- 3342>2755*698<0- 1>4<<2272/608287577+99- 19/6*388549*37*01659503<7*—225+3		
货物或应税劳务、服务名称	规格型号	单位	数量	单价	金额	税率	税额
*劳务*修理费			1	373589.3	373589.3	13%	48566.61
合计					¥373589.30		¥48566.61
价税合计（大写）	⊗肆拾贰万贰仟壹佰伍拾伍元玖角壹分				（小写）¥422155.91		
销售方	名称：广东方志机械维修有限公司 纳税人识别号：91440105M144015024 地址、电话：广东省东莞市常平振兴三街102号643室02 开户行及账号：中国工商银行白云支行190100652177898			备注	275723185051444156		

第三联：发票联　购买方记账凭证

收款人：袁格　复核：冯东　开票人：林丹丹　销售方：（章）

图 3-26　增值税专用发票

分析研判　按照公司产品成本核算制度，造纸事业七部对机器设备的修理费计入制造费用，会计人员根据发票等，进行账务处理：

借：制造费用——修理费　　373,589.30

　　应交税费——应交增值税（进项税额）　　48,566.61

　　贷：应付账款——广东方志机械维修有限公司　　422,155.91

九、支付劳务派遣费

【场景 3-61】造纸事业七部3月使用劳务派遣员工15人，共发生支出117,024元，劳务派遣公司开具增值税专用发票如图3–27所示。费用已付。

分析研判　会计人员根据发票等，进行账务处理：

借：制造费用——人力资源　　110,400

　　应交税费——应交增值税（进项税额）　　6,624

　　贷：银行存款　　117,024

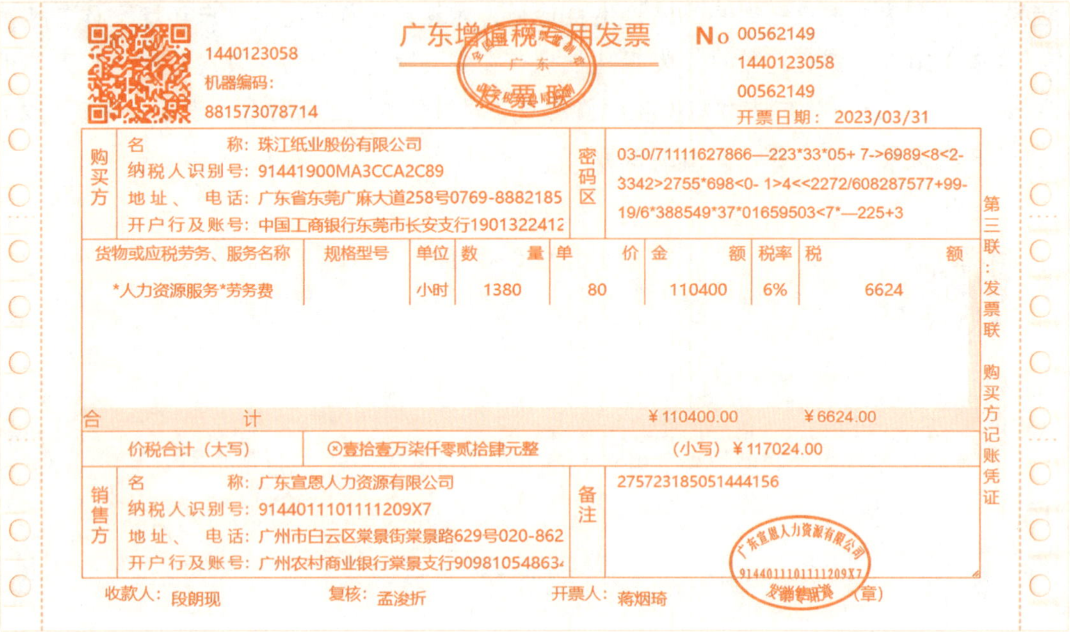
广东增值税专用发票　No 00562149

1440123058
机器编码：
881573078714

1440123058
00562149
开票日期：2023/03/31

购买方	名　　称：珠江纸业股份有限公司 纳税人识别号：91441900MA3CCA2C89 地址、电话：广东省东莞广麻大道258号0769-8882185 开户行及账号：中国工商银行东莞市长安支行1901322412	密码区	03-0/71111627866—223*33*05+7->6989<8<2-3342>2755*698<0-1>4<<2272/608287577+99-19/6*388549*37*01659503<7*—225+3

货物或应税劳务、服务名称	规格型号	单位	数量	单价	金额	税率	税额
*人力资源服务*劳务费		小时	1380	80	110400	6%	6624
合计					¥110400.00		¥6624.00
价税合计（大写）	⊗壹拾壹万柒仟零贰拾肆元整				（小写）¥117024.00		

销售方	名　　称：广东宣恩人力资源有限公司 纳税人识别号：9144011101111209X7 地址、电话：广州市白云区棠景街棠景路629号020-862 开户行及账号：广州农村商业银行棠景支行90981054863	备注	275723185051444156

收款人：段朗现　复核：孟浚折　开票人：蒋烟琦　（章）

第三联：发票联　购买方记账凭证

图 3-27　增值税专用发票

十、发生的其他支出

【场景3-62】本月造纸事业七部发生的其他支出：购买劳保用品19,323.00元，支付设备财产保险费155,050.97元，如图3-28、图3-29所示。月底，会计人员制作固定资产折旧计提表为造纸事业七部设备计提折旧，如表3-93所示。

表 3-93　造纸事业七部 2023 年 3 月固定资产折旧明细表

购入日期或完装完工日期	原值（元）	折旧年限（年）	单位	部门	残值率	净残值（元）	月折旧额（元）	2023年3月		
								本月折旧额（元）	累计折旧（元）	账面净值（元）
2021年12月1日	781,971,644.24	15	组	造纸事业七部	5%	39,098,582.21	4,127,072.57	4,127,072.57	61,906,088.55	720,065,555.69
2021年12月1日	888,322,463.21	15	组	造纸事业七部	5%	44,416,123.16	4,688,368.56	4,688,368.56	70,325,528.40	817,996,934.81
	1,670,294,107.45					83,514,705.37		8,815,441.13	132,231,616.95	1,538,062,490.50

分析研判1　生产中心是造纸事业七部的上级部门，本月生产中心分摊下来的折旧摊销费用是294,654.21元。本月造纸事业七部计入制造费用的折旧推销为9,110,095.34元（8,815,441.13+294,654.21=9,110,095.34）。

会计人员根据折旧计提表，进行账务处理：

借：制造费用——折旧摊销　　9,110,095.34

　　贷：累计折旧　　9,110,095.34

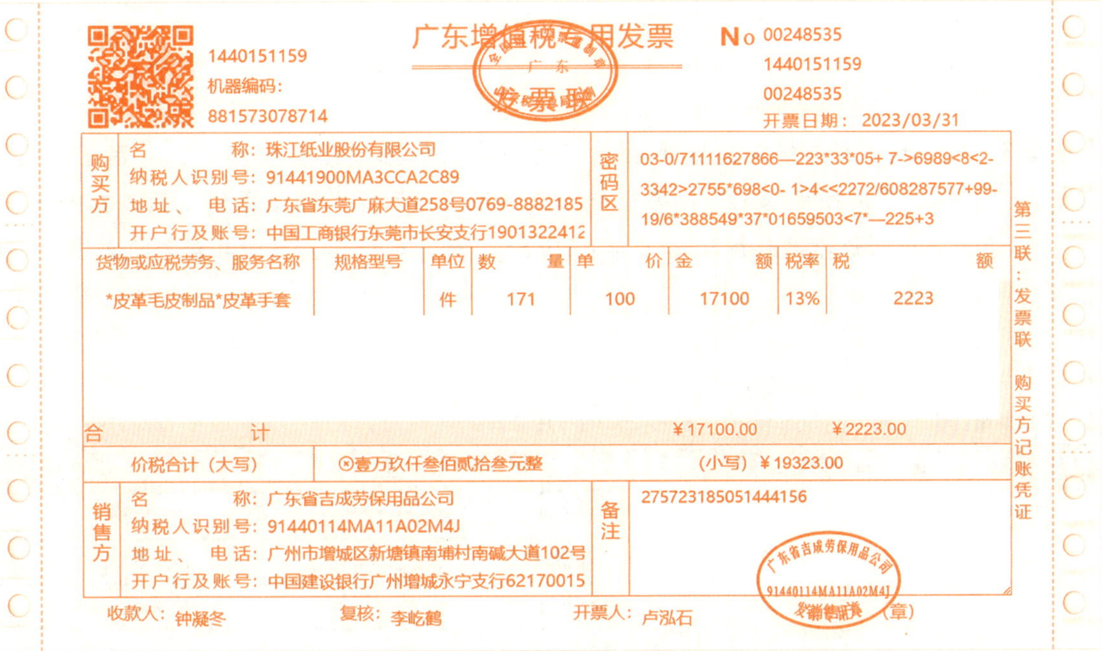

广东增值税专用发票

1440151159
机器编码：
881573078714

No 00248535
1440151159
00248535
开票日期：2023/03/31

购买方	名　称：珠江纸业股份有限公司 纳税人识别号：91441900MA3CCA2C89 地址、电话：广东省东莞广麻大道258号0769-8882185 开户行及账号：中国工商银行东莞市长安支行1901322412	密码区	03-0/71111627866—223*33*05+ 7->6989<8<2-3342>2755*698<0- 1>4<<2272/608287577+99-19/6*388549*37*01659503<7*—225+3

货物或应税劳务、服务名称	规格型号	单位	数量	单价	金额	税率	税额
*皮革毛皮制品*皮革手套		件	171	100	17100	13%	2223
合计					¥17100.00		¥2223.00
价税合计（大写）	⊗壹万玖仟叁佰贰拾叁元整				（小写）¥19323.00		

销售方	名　称：广东省吉成劳保用品公司 纳税人识别号：91440114MA11A02M4J 地址、电话：广州市增城区新塘镇南埔村南碱大道102号 开户行及账号：中国建设银行广州增城永宁支行62170015	备注	275723185051444156

收款人：钟凝冬　复核：李屹鹤　开票人：卢泓石　销售方：（章）

第三联：发票联　购买方记账凭证

图 3-28　增值税专用发票

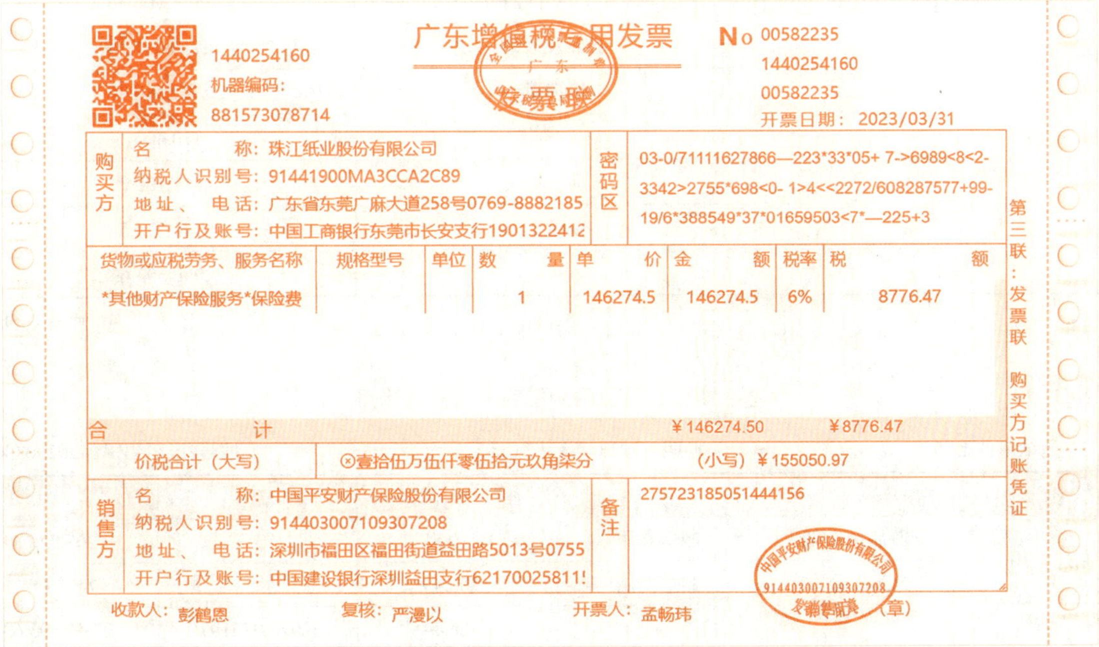

广东增值税专用发票

1440254160
机器编码：
881573078714

No 00582235
1440254160
00582235
开票日期：2023/03/31

购买方	名　称：珠江纸业股份有限公司 纳税人识别号：91441900MA3CCA2C89 地址、电话：广东省东莞广麻大道258号0769-8882185 开户行及账号：中国工商银行东莞市长安支行1901322412	密码区	03-0/71111627866—223*33*05+ 7->6989<8<2-3342>2755*698<0- 1>4<<2272/608287577+99-19/6*388549*37*01659503<7*—225+3

货物或应税劳务、服务名称	规格型号	单位	数量	单价	金额	税率	税额
*其他财产保险服务*保险费			1	146274.5	146274.5	6%	8776.47
合计					¥146274.50		¥8776.47
价税合计（大写）	⊗壹拾伍万伍仟零伍拾元玖角柒分				（小写）¥155050.97		

销售方	名　称：中国平安财产保险股份有限公司 纳税人识别号：914403007109307208 地址、电话：深圳市福田区福田街道益田路5013号0755 开户行及账号：中国建设银行深圳益田支行62170025811	备注	275723185051444156

收款人：彭鹤恩　复核：严漫以　开票人：孟畅玮　销售方：（章）

第三联：发票联　购买方记账凭证

图 3-29　增值税专用发票

分析研判2 会计人员根据其他支出发票等原始凭证，进行账务处理：

借：制造费用——劳动保护费　　17,100.00
　　　　　　——保险费　　146,274.50
　　应交税费——应交增值税（进项税额）　　10,999.47
　　贷：银行存款　　174,373.97

十一、分配制造费用

【场景3-63】会计人员根据造纸事业七部制造费用明细账，整理出制造费用汇总表（见表3-94），并将制造费用按机器工时比率分配给胶版纸原纸和办公用纸原纸（见表3-95）。根据车间统计，生产胶版纸原纸共耗用机器工时1,319.55小时，生产办公用纸共耗用机器工时106.49小时。

表 3-94　　造纸事业七部制造费用汇总表

部门：造纸事业七部　　日期：2023年3月31日　　编号：ZZFYHZ-20230300011

项目	明细项目	金额（元）
制造费用	工资	127,229.57
	福利费	12,960
	社会保险费	29,904.45
	住房公积金	14,587.44
	工会经费	2,544.59
	职工教育经费	1,908.44
	折旧及摊销	9,110,095.34
	修理费	373,589.30
	人力资源	110,400
	劳动保护费	17,100
	保险费	146,274.5
总计		9,946,593.63

制表：蒋曼痴

表 3-95　　造纸事业七部费用分配表——制造费用

部门：造纸事业七部　　日期：2023年3月31日　　编号：FP-ZZFY-20230300004

应借账户		成本或费用项目	分配数量（小时）	分配率	分配金额（元）
制造费用	胶版纸原纸	制造费用	1,319.55		9,203,828.52
	办公用纸原纸	制造费用	106.49		742,765.11
合计			1,426.04	6,974.975197	9,946,593.63

制表：蒋曼痴

会计人员根据制造费用分配表，进行账务处理：

借：生产成本——基本生产成本（胶版纸原纸）——制造费用 9,203,828.52

生产成本——基本生产成本（办公用纸原纸）——制造费用 742,765.11

贷：制造费用——工资 127,229.57

——福利费 12,960

——社会保险费 29,904.45

——住房公积金 14,587.44

——工会经费 2,544.59

——职工教育经费 1,908.44

——折旧及摊销 9,110,095.34

——修理费 373,589.30

——人力资源 110,400

——劳动保护费 17,100

——保险费 146,274.5

十二、产品完工入库

【场景3-64】月底，财务部根据造纸事业七部提供的产品产量资料（见表3-96），核算完工入库胶版纸原纸的成本。根据企业会计核算制度，采用约当产量法分配完工产品和在产品的成本，期末在产品完工程度统一按50%核算。

表 3-96 造纸事业七部 12 月产品产量资料

类别	产品	单位	期初在产品	本月生产	完工产品	期末在产品
印刷用纸	胶版纸原纸	吨	0	30,770	30,700	70

分析研判 1 原料、辅料分配

以化机浆为例，先分配数量再分配金额。

（1）数量分配：

分配率 =（月初在产品耗用化机浆数量 + 本月投产化机浆数量）÷（完工胶版原纸纸数量 + 期末在产胶版纸原纸数量）

月初在产品耗用化机浆数量根据上月月末在产品耗用化机浆数量填写，为0吨。

本月投产化机浆数量，根据上一节点化机浆费用分配表填写。

由于原材料是一次性投放的，所以期末在产品数量不用约当为50%。

分配率 =（0+10,557.19）÷（30,700+70）=0.3431（吨）

完工产品耗用化机浆数量 = 分配率 × 完工产品数量 =0.3431 × 30,700=10,533.17（吨）

在产品耗用化机浆数量 = 一共耗用的化机浆数量 − 完工产品耗用的化机浆数量 =10,557.19−

10,533.17=24.02（吨）

（2）金额分配：

分配率=（月初在产品耗用化机浆金额+本月投产化机浆金额）÷（完工胶版纸原纸数量+期末在产胶版纸原纸数量）

月初在产品耗用化机浆金额根据上月月末在产品耗用化机浆金额填写，为0吨。

本月投产原木金额，根据上一节点化机浆费用分配表填写，为32,478,244.89元。

由于原材料是一次性投放的，所以期末在产品数量不用约当为50%。

分配率=（0+32,478,244.89）÷（30,700+70）=1,055.516571（元）

完工产品耗用化机浆金额=分配率×完工产品数量=1,055.516571×30,700=32,404,358.73（元）

在产品耗用化机浆金额=一共耗用的化机浆金额–完工产品耗用的化机浆金额

=32,478,244.89–32,404,358.73=73,886.16（元）

各项原料、辅料成本计算表如表3–97所示。

表3–97　造纸事业七部成本计算表（原料、辅料）

部门：造纸事业七部　产品名称：胶版纸原纸　日期：2023年3月31日　编号：CBJSB–20230300013　金额单位：元

成本项目		单位	期初在产品		本期投产		生产成本累计		分配率		完工产品		月末在产品	
			数量	金额	数量	金额	数量	金额	数量	金额	数量	金额	数量	金额
原料	化机浆	吨	0	0	10,557.19	32,478,244.89	10,557.19	32,478,244.89	0.34	1,055.52	10,533.17	32,404,358.73	24.02	73,886.16
原料	阔叶浆	吨	0	0	7,038.97	44,020,461.42	7,038.97	44,020,461.42	0.23	1,430.63	7,022.96	43,920,317.36	16.01	100,144.06
原料	针叶浆	吨	0	0	3,518.22	25,377,096.67	3,518.22	25,377,096.67	0.11	824.74	3,510.21	25,319,365.21	8.01	57,731.46
……	……	……	……	……	……	……	……	……	……	……	……	……	……	……
原料	浆成本小计	吨		0		101,875,802.98		101,875,802.98				101,644,041.30		231,761.68
辅料	清水	吨	0	0	474,216.90	1,196,304.66	474,216.90	1,196,304.66	15.41	38.88	473,138.08	1,193,583.12	1,078.82	2,721.54
辅料	轻钙	吨	0	0	6,145.26	2,529,041.98	6,145.26	2,529,041.98	0.20	82.19	6,131.28	2,523,288.57	13.98	5,753.41
辅料	混合碳酸钙	吨	0	0	2,531.88	1,475,580.41	2,531.88	1,475,580.41	0.08	47.96	2,526.12	1,472,223.53	5.76	3,356.88
辅料	增白剂	吨	0	0	35.39	131,633.43	35.39	131,633.43	0	4.28	35.31	131,333.99	0.08	299.44
辅料	复合胶	吨	0	0	233.48	541,720.45	233.48	541,720.45	0.01	17.61	232.95	540,488.05	0.53	1,232.40
……	……	……	……	……	……	……	……	……	……	……	……	……	……	……
辅料	辅料小计			0		9,746,793.91		9,746,793.91				9,724,620.48		22,173.43

注：分配率显示为保留2位小数。

分析研判2　包装材料分配

由于只针对完工产品进行包装，所以包装材料费用全部计入完工产品成本，如表3–98所示。

表3–98　造纸事业七部成本计算表（包装材料）

部门：造纸事业七部　产品名称：胶版纸原纸　日期：2023年3月31日　编号：CBJSB–20230300013　金额单位：元

成本项目		单位	期初在产品		本期投产		生产成本累计		分配率		完工产品		月末在产品	
			数量	金额	数量	金额	数量	金额	数量	金额	数量	金额	数量	金额
包装材料	纸筒芯	元	0	0	41,671.65	188,772.57	41,671.65	188,772.57	1.36	6.15	41,671.65	188,772.57	0	0
包装材料	复合包装纸	吨	0	0	176.03	1,026,499.59	176.03	1,026,499.59	0.01	33.44	176.03	1,026,499.59	0	0
包装材料	内封	个	0	0	112,860.63	199,763.31	112,860.63	199,763.31	3.68	6.51	112,860.63	199,763.31	0	0

续表

成本项目		单位	期初在产品		本期投产		生产成本累计		分配率		完工产品		月末在产品	
			数量	金额	数量	金额	数量	金额	数量	金额	数量	金额	数量	金额
包装材料	外封	个	0	0	111,030.07	143,228.79	111,030.07	143,228.79	3.62	4.67	111,030.07	143,228.79	0	0
包装材料	堵头	个	0	0	100,252.07	56,141.16	100,252.07	56,141.16	3.27	1.83	100,252.07	56,141.16	0	0
包装材料	包装材料小计			0		1,614,405.42		1,614,405.42				1,614,405.42		0

注：完整造纸事业七部成本计算表（胶版纸原纸）扫码获取。分配率显示为保留2位小数。

分析研判3 动力、直接人工、制造费用分配。

以制造费用分配为例：

分配率=（月初在产品分摊的制造费用+本月投产产生的制造费用）÷（完工胶版纸原纸数量+期末在产胶版纸原纸数量）

月初在产品分摊的制造费用根据上月月末在产品分摊的制造费用填写，为0元。

质检管理中心、维修中心为造纸事业七部提供质检和维修服务，本月质检管理中心、维修中心分摊下来的制造费用是1,841,449.27元。从表3-98可知，制造费用在胶版纸原纸之间的分配是9,203,828.52元。本月投产产生的制造费用为11,045,277.79元。

由于动力、人工、制造费用是陆续投入的，所以期末在产品数量需要约当为50%。

分配率=（0+11,045,277.79）÷（30,700+70×50%）=359.371329（元）

完工产品分配的制造费用=分配率×完工产品数量=359.371329×30,700=11,032,699.80（元）

在产品分配的制造费用=制造费用合计−完工产品分配的制造费用=11,045,277.79−11,032,699.80=12,577.99（元）

造纸事业七部生产胶版纸成本计算表如表3-99所示。

表3-99 造纸事业七部成本计算表

部门：造纸事业七部　　产品名称：胶版纸原纸　　日期：2023年3月31日　　编号：CBJSB-20230300013　　金额单位：元

成本项目		单位	期初在产品		本期投产		生产成本累计		分配率		完工产品		月末在产品	
			数量	金额	数量	金额	数量	金额	数量	金额	数量	金额	数量	金额
燃料和动力	电	KWH	0	0	14,483,471.32	7,780,419.41	14,483,471.32	7,780,419.41	471.24	253.15	14,466,978.02	7,771,559.33	16,493.30	8,860.08
燃料和动力	汽	百万千焦	0	0	110,776.04	5,144,150.59	110,776.04	5,144,150.59	3.60	167.37	110,649.89	5,138,292.62	126.15	5,857.97
燃料和动力	动力小计	元		0		12,924,570.00		12,924,570.00				12,909,851.95		14,718.05
直接人工	工资	元		0		818,985.82		818,985.82		26.65		818,053.20		932.62
直接人工	福利费	元		0		102,866.07		102,866.07		3.35		102,748.94		117.13
直接人工	社会保险费	元		0		190,800.88		190,800.88		6.21		190,583.60		217.28
直接人工	住房公积金	元		0		93,073.79		93,073.79		3.03		92,967.80		105.99
直接人工	工会经费	元		0		16,379.71		16,379.71		0.53		16,361.04		18.67
直接人工	职工教育经费	元		0		12,284.78		12,284.78		0.40		12,270.79		13.99
直接人工	直接人工小计			0		1,234,391.05		1,234,391.05				1,232,985.37		1,405.68
制造费用		元		0		11,045,277.79		11,045,277.79	359.37			11,032,699.80		12,577.99
制造成本		元		0		138,441,241.15		138,441,241.15				138,158,604.32		282,636.83

注：分配率显示为保留2位小数。

所以，本月完工入库30,700吨胶版纸原纸的总成本为138,158,604.32元，单位成本为4,500.28元/吨。

会计人员根据成本计算表，进行账务处理：

借：半成品——胶版纸原纸	138,158,604.32
贷：生产成本——基本生产成本（胶版纸原纸）——直接材料	112,983,067.20
生产成本——基本生产成本（胶版纸原纸）——直接人工	1,232,985.37
生产成本——基本生产成本（胶版纸原纸）——制造费用	11,032,699.80
生产成本——基本生产成本（胶版纸原纸）——燃料和动力	12,909,851.95

风险控制 本期生产的胶版纸原纸有33吨不合格品，只能回炉重造、重新打浆。企业应重视不合格品问题，建议从以下几个方面着手：

（1）要进行彻底的原因分析，找出导致产品不合格的根本原因。

（2）加强生产过程的监控，确保每一步骤都符合质量标准。

（3）对员工进行培训，提高员工的技能和质量意识，通过培训和教育来确保每个员工都能理解并执行质量控制的要求。

（4）定期对生产设备进行维护和校准，确保设备运行正常，减少因设备故障导致的不合格品。

（5）加强对原材料的检验，确保只有合格的材料被用于生产。

通过这些措施，可以显著减少不合格品的数量，提高产品质量和客户满意度。

任务发布

在【场景3-64】中，本月完工入库30,700吨胶版纸原纸的总成本为138,158,604.32元，请详细写出计算过程。

子任务2 完工产成品——成纸

【教学重点】实际成本法下原材料发出的核算。

【教学难点】识别纸品加工事业部业务流程中的关键业务节点，并进行风险管控。

任务导入

造纸厂的纸品加工事业部主要负责对造纸事业部生产的原纸进行深加工处理，将原纸转化为符合各种用途的最终产品，最终产品分为印刷用纸、包装用纸和办公用纸三大类。

纸品加工涉及从简单的切割、折叠到复杂的涂层、上光等多种加工方法。这些方法旨在提升纸张的性能和外观特性，以适应不同的市场需求。

完成深加工的纸品需要经过严格的质量检验，包括尺寸测量、抗张强度测试、光滑度检测等，以确保每批产品都达到客户标准。

合格的纸品被适当包装，并进行标记以便识别。随后，根据订单要求，将产品分发到不同的销售渠道或直接送至客户手中。

下面以印刷用纸中的胶版纸为例展开讲解，胶版纸的生产、核算流程图如图3-30所示。

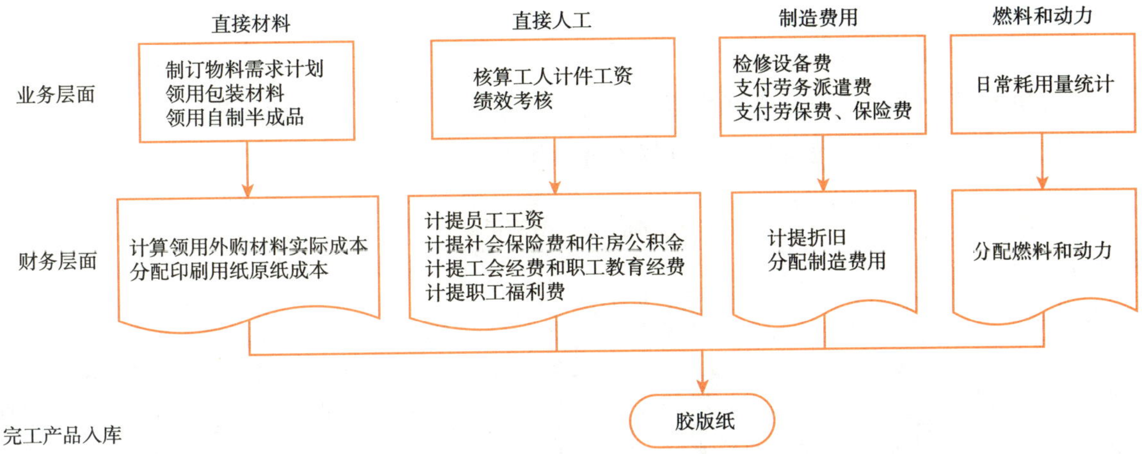

图 3-30　纸品加工事业部生产、核算流程图

三 任务实施

一、制订物料需求计划

【场景3-65】 2023年2月20日，纸品加工事业部按照排产计划，填制物料需求计划表，如表3-100所示。

表 3-100　　纸品加工事业部物料需求计划表

部门：纸品加工事业部
项目：印刷用纸　　日期：2023年2月20日　　编号：WKXQ-20230200017

类别	产品名称	规格型号	单位	计划投产量	64,773.00吨
				实际单耗	总耗
包装材料	防潮纸	500mm × 700mm	吨	0.0001	6.48
包装材料	薄膜	450mm × 450mm	千克	0.1	6,477.30
包装材料	钢丝带	3.5	米	50	3,238,650.00
包装材料	用台板	120mm	平方米	1	64,773.00

审批：黄与　　制表：胡庆

分析研判 根据生产决策委员会做出的2023年3月排产计划，纸品加工事业部3月计划加工原纸64,773吨，按照生产工艺单耗表，计算出各种物料的总需求量：

防潮纸预计总消耗量=计划投产量×标准单耗=64,773×0.0001=6.48（吨）

薄膜预计总消耗量=计划投产量×标准单耗=64,773×0.1=6,477.3（吨）

钢丝带预计总消耗量=计划投产量×标准单耗=64,773×50=3,238,650（吨）

用台板预计总消耗量=计划投产量×标准单耗=64,773×1=64,773（吨）

二、领取包装材料

【场景3-66】 纸品加工事业部在办理完物料需求计划审批后，于2023年3月1日填写领料单，经主管审核后，向周转材料仓储事业部领取物料，如表3-101所示。

表3-101 纸品加工事业部领料单

部门：纸品加工事业部

用途：因生产需求，需领用材料　　日期：2023年3月1日　　编号：LLD-20230300016

存货类别	材料名称	规格	单位	申请数量	实发数量	计划单价（元）	金额（元）	备注
包装材料	防潮纸	500mm×700mm	吨	2.12	2.12	5,500.00	11,660.00	第一次领料
包装材料	薄膜	450mm×450mm	千克	2,123.10	2,123.10	12.00	25,477.20	第一次领料
包装材料	钢丝带	3.5	米	1,061,550.00	1,061,550.00	0.38	403,389.00	第一次领料
包装材料	用台板	120mm	平方米	21,231.00	21,231.00	60.00	1,273,860.00	第一次领料
合计				1,084,906.22	1,084,906.22		1,714,386.2	第一次领料

主管：黄与　　发料员：张文　　领料员：程言深　　核算员：冯玮羽

第一批物料投产后，领料员程言深于2023年3月9日办理第二次领料手续，如表3-102所示。

表3-102 纸品加工事业部领料单

部门：纸品加工事业部

用途：因生产需求，需领用材料　　日期：2023年3月9日　　编号：LLD-20230300033

存货类别	材料名称	规格	单位	申请数量	实发数量	计划单价（元）	金额（元）	备注
包装材料	防潮纸	500mm×700mm	吨	4.25	4.25	5,500.00	23,375.00	第二次领料
包装材料	薄膜	450mm×450mm	千克	4,246.30	4,246.30	12.00	50,955.60	第二次领料
包装材料	钢丝带	3.5	米	2,123,150.00	2,123,150.00	0.38	806,797.00	第二次领料
包装材料	用台板	120mm	平方米	42,463.00	42,463.00	60.00	2,547,780.00	第二次领料
合计				2,169,863.55	2,169,863.55		3,428,907.6	第二次领料

主管：黄与　　发料员：张文　　领料员：程言深　　核算员：冯玮羽

分析研判 关于单价

根据企业会计核算制度，对外购的包装材料采用计划成本法计价，每种包装材料的计划单价可在物料档案中查询。

包装材料如果按计划成本法计价，在发出材料时仍按计划成本进行账务处理，但需要在月末将计划成本转为实际成本。

会计人员根据领料单，进行账务处理：

借：生产成本——基本生产成本（印刷用纸）——直接材料 5,143,293.80

贷：周转材料——包装材料——防潮纸 35,035.00

——包装材料——薄膜 76,432.80

——包装材料——钢丝带 1,210,186.00

——包装材料——用台板 3,821,640.00

三、领取自制半成品

【场景3-67】2023年3月月底，财务部根据仓储事业部转来的领料登记表，编制领料汇总表，如表3-103、表3-104所示。

表3-103 纸品加工事业部领料登记表

部门：纸品加工事业部 材料名称：胶版纸原纸 单位：吨 编号：DJB-20230300029

日期	领用数		发料人	领料人
	当日	累计		
2023-03-01	1,088.42	1,088.42	张文	程言深
2023-03-02	1,088.25	2,176.67	张文	程言深
2023-03-03	1,088.00	3,264.67	张文	程言深
2023-03-04	1,088.05	4,352.72	张文	程言深
2023-03-05	1,088.80	5,441.52	张文	程言深
2023-03-06	1,088.42	6,529.94	张文	程言深
2023-03-07	1,088.40	7,618.34	张文	程言深
2023-03-08	1,088.70	8,707.04	张文	程言深
2023-03-09	1,088.25	9,795.29	张文	程言深
2023-03-10	1,088.10	10,883.39	张文	程言深
2023-03-11	1,088.01	11,971.40	张文	程言深
2023-03-12	1,089.30	13,060.70	张文	程言深
2023-03-13	1,087.90	14,148.60	张文	程言深
2023-03-14	1,088.05	15,236.65	张文	程言深
2023-03-15	1,088.45	16,325.10	张文	程言深
2023-03-16	1,088.35	17,413.45	张文	程言深

续表

日期	领用数		发料人	领料人
	当日	累计		
2023-03-17	1,087.75	18,501.20	张文	程言深
2023-03-18	1,087.94	19,589.14	张文	程言深
2023-03-19	1,088.55	20,677.69	张文	程言深
2023-03-20	1,088.35	21,766.04	张文	程言深
2023-03-21	1,088.82	22,854.86	张文	程言深
2023-03-22	1,088.23	23,943.09	张文	程言深
2023-03-23	1,088.45	25,031.54	张文	程言深
2023-03-24	1,088.10	26,119.64	张文	程言深
2023-03-25	1,087.80	27,207.44	张文	程言深
2023-03-26	1,050.86	28,258.30	张文	程言深
2023-03-27	488.50	28,746.80	张文	程言深
2023-03-28	488.20	29,235.00	张文	程言深
2023-03-29	488.30	29,723.30	张文	程言深
2023-03-30	488.30	30,211.60	张文	程言深
2023-03-31	488.40	30,700.00	张文	程言深

表 3-104　　纸品加工事业部领料汇总表

部门：纸品加工事业部

用途：因生产需要，领用材料　　日期：2023年3月31日　　编号：LLP-20230300056

存货类别	材料名称	单位	申请数量	实发数量	单价（元）	金额（元）	备注
自制半成品	颜B纸（原纸）	吨	4,447	4,447	4,703.18	20,915,053.55	造纸事业一部
自制半成品	轻型纸（原纸）	吨	3,686	3,686	5,080.42	18,726,436.52	造纸事业二部
自制半成品	颜A纸（原纸）	吨	6,217	6,217	4,802.46	29,856,892.05	造纸事业三部
自制半成品	颜B纸（原纸）	吨	6,678	6,678	4,694.02	31,346,637.85	造纸事业四部
自制半成品	淋膜原纸（原纸）	吨	1,732	1,732	4,371.32	7,571,124.07	造纸事业五部
自制半成品	牛皮包装纸（原纸）	吨	11,753	11,753	4,382.05	51,502,274.5	造纸事业五部
自制半成品	轻涂纸（原纸）	吨	11,144	11,144	4,800.71	53,499,166.08	造纸事业六部
自制半成品	热敏原纸（原纸）	吨	822	822	4,659.25	3,829,899.72	造纸事业六部
自制半成品	胶版纸（原纸）	吨	30,700	30,700	4,500.28	138,158,604.32	造纸事业七部
合计			77,179.00	77,179.00			

主管：黄与　　发料员：张文　　领料员：程言深　　核算员：冯玮羽

分析研判 根据企业财务核算制度，对自制的存货采用实际成本法核算，发出存货采用个别计价法核算。本月领用的这批胶版纸原纸就是本月造纸事业七部生产完工入库的胶版纸原纸。根据造纸事业部的核算记录，本月完工入库30,700吨胶版纸原纸的总成本为138,158,604.32元。

账务处理如下：

借：生产成本——基本生产成本（胶版纸）——直接材料　　138,158,604.32

　贷：半成品——胶版纸原纸　　138,158,604.32

四、计算领用外购材料的实际成本

【场景3-68】在**【场景3-66】**中，根据领料表核算了领用外购包装材料的计划成本，月末，会计人员制作实际成本计算表，将计划成本调整为实际成本，如表3-105所示。

表3-105　　纸品加工事业部材料实际成本计算表

部门：纸品加工事业部　产品：印刷用纸　日期：2023年3月31日　编号：FCSJCB-20230300016　单位：元

材料名称	计划成本	期初材料计划成本	期初材料成本差异	本月入库材料计划成本	本月入库材料实际成本	本月材料成本差异	差异率	差异额	实际成本
防潮纸	35,035.00	14,520.00	97.11	43,505.00	43,900.50	395.50	0.85%	297.43	35,332.43
薄膜	76,432.80	31,301.28	0	95,834.16	95,834.16	0	0	0	76,432.80
钢丝带	1,210,186.00	495,599.24	−28,547.06	1,517,387.79	1,397,594.02	−119,793.77	−7.37%	−89,180.90	1,121,005.10
用台板	3,821,640.00	1,613,677.20	39,187.98	4,968,490.80	5,134,107.16	165,616.36	3.11%	118,910.43	3,940,550.43
合计	5,143,293.80	2,155,097.72	10,738.03	6,625,217.75	6,671,435.84	46,218.09		30,026.96	5,173,320.76

注：材料的存货类别、规格与表3-102一致。　　制表：冯玮羽

分析研判 以防潮纸为例，本月领用防潮纸的计划成本为35,035元，将计划成本调整为实际成本，首先计算材料成本差异率，月初材料成本差异为2023年2月材料成本差异账户的期末余额，97.11元；月初结存材料计划成本为2023年2月原材料账户的期末余额，为14,520元；本月收入材料成本差异为本月采购形成的材料成本差异，即395.5元；本月收入材料计划成本为原材料账户的本月增加额，即43,505元。

材料成本差异率=（月初结存原木成本差异额+本月收入原木成本差异额）÷（月初结存原木计划成本+本月收入原木计划成本）=（97.11+395.5）÷（14,520+43,505）=0.84896%

本月领用防潮纸应分摊的材料成本差异=领用防潮纸的计划成本×材料成本差异率=35,035×0.84896%=297.43（元）

同理，可以算出领用其他材料应分摊的材料成本差异。

会计人员根据领料单，进行账务处理：

借：生产成本——基本生产成本（印刷用纸）——直接材料　　30,026.96

　材料成本差异——包装材料——钢丝带　　89,180.90

　贷：材料成本差异——包装材料——防潮纸　　297.43

——包装材料——用台板　　118,910.43

五、核算工人计件工资

【场景3-69】2023年3月31日，人力资源组员工袁琦芹核算纸品加工事业部生产工人计件工资（见表3-106）。根据入库单，汇总本月纸品加工事业部生产印刷用纸63,694吨，包装用纸13,485吨，生产办公用纸2,789吨。

表3-106　纸品加工事业部生产工人计件工资计算表

日期：2023年3月31日　　编号：JJGZ-20230300012

序号	部门	产品类型	产品名称	计件数量（吨）	计件单价（元）	合格品率	部门计件工资（元）	本部门生产工人人数（元）	人均计件工资（元）
1	纸品加工事业部	印刷用纸	印刷用纸	63,694	2.6	99.96%	165,538.10	44	3,762.23
2	纸品加工事业部	包装用纸	包装用纸	13,485	2.6	99.96%	35,046.98	44	796.52
3	纸品加工事业部	办公用纸	办公用纸	2,789	6.2	99.96%	17,284.88	44	392.84
合计				79,968			217,869.96	44	4,951.59

审批人：王旗　　审核人：胡洋　　审核人：吴静乐　　制表：袁琦芹

分析研判

计件工资总额=计件数量×计件单价×合格品率

=63,694×2.6×99.96%+13,485×2.6×99.96%+2,789×6.2×99.96%

=217,869.96（元）

六、计提员工工资

【场景3-70】2023年3月31日，人力资源组员工袁琦芹根据工资标准表、绩效工资计算表、考勤记录和生产工人计件工资计算表（见表3-107），核算3月纸品加工事业部所有员工工资，形成工资表，经领导审批后交给财务部。财务部对工资表进行汇总，编制出工资计提汇总表、人工成本分配表，如表3-108、表3-109所示。

表3-107　纸品加工事业部车间负责人绩效工资计算表

事业部	岗位	姓名	绩效标准工资（元）	考核得分	绩效发放比例	应发绩效工资（元）
纸品加工事业部	经理	何枫	2,000	94	100.00%	2,000
纸品加工事业部	副经理	黄与	1,000	94	100.00%	1,000
纸品加工事业部	副经理	韩甜含	1,000	94	100.00%	1,000

表 3-108 纸品加工事业部工资计提汇总表

期间：2023年3月　　编号：GZH-20230300001　　单位：元

一级部门	二级部门	职务	基本工资	职位工资	绩效工资	加班工资	倒班津贴	其他扣款	应发工资
生产中心	纸品加工事业部	经理、副经理	22,000.00	2,000.00	4,000.00	0	960.00	0	28,960.00
生产中心	纸品加工事业部	辅助人员	48,000.00	0	0	0	5,120.00	0	53,120.00
生产中心	纸品加工事业部	一般员工	217,869.96	0	0	0	27,280.00	0	245,149.96
合计			287,869.96	2,000.00	4,000.00	0	33,360.00	0	327,229.96

制表：袁琦芹

表 3-109 纸品加工事业部人工成本分配表——工资

部门：纸品加工事业部　　日期：2023年3月31日　　编号：FP-GZ-20230300007

应借账户		成本或费用项目	生产工人工时（小时）	分配率（元/小时）	分配金额（元）
基本生产成本	印刷用纸	直接人工	6,162		186,587.70
	包装用纸	直接人工	1,304		39,485.62
	办公用纸	直接人工	630		19,076.64
	小计		8,096	30.280380	245,149.96

制表：冯玮羽

分析研判 纸品加工事业部属于公司的基本生产车间，按照公司产品成本核算制度规定，经理、副经理、辅助人员的工资均计入制造费用，一般员工的工资计入生产成本，那么，应将一般员工负担的工资费用在印刷用纸、包装用纸和办公用纸之间合理分配。

会计人员根据工资计提汇总表和人工成本分配表，进行账务处理如下：

借：生产成本——基本生产成本（印刷用纸）——直接人工　　186,587.70
　　生产成本——基本生产成本（包装用纸）——直接人工　　39,485.62
　　生产成本——基本生产成本（办公用纸）——直接人工　　19,076.64
　　制造费用——工资　　82,080
　　贷：应付职工薪酬——工资　　327,229.96

七、其他人工费核算

【场景3-71】纸品加工事业部计提职工社会保险费、住房公积金、工会经费、职工教育经费、职工福利费等其他薪酬（见表3-110、表3-111）。

表 3-110　纸品加工事业部人工成本分配表——其他直接人工费

部门：纸品加工事业部　　日期：2023 年 3 月 31 日

名称	车间总消耗		分配率（元/小时）	印刷用纸		包装用纸		办公用纸	
	数量（小时）	金额（元）		分配数量（小时）	分配金额（元）	分配数量（小时）	分配金额（元）	分配数量（小时）	分配金额（元）
社会保险费	8,096	58,399.00	7.213315	6,162	44,448.45	1,304	9,406.16	630	4,544.39
住房公积金	8,096	28,487.36	3.518696	6,162	21,682.20	1,304	4,588.38	630	2,216.78
工会经费	8,096	4,903.00	0.605608	6,162	3,731.76	1,304	789.71	630	381.53
职工教育经费	8,096	3,677.25	0.454206	6,162	2,798.82	1,304	592.28	630	286.15
福利费	8,096	31,680.00	3.913043	6,162	24,112.17	1,304	5,102.61	630	2,465.22
合计		127,146.61			96,773.40		20,479.14		9,894.07

表 3-111　纸品加工事业部人工成本分配表——其他间接人工费

部门：纸品加工事业部　　日期：2023 年 3 月 31 日

职务	公司社保合计	公司公积金	工会经费	职工教育经费	福利费
经理、副经理、辅助人员	19,041.99	9,288.72	1,641.60	1,231.20	7,920.00

分析研判　按照公司产品成本核算制度规定，纸品加工事业部中企业负担的经理、副经理、辅助人员的社会保险费、住房公积金等属于间接人工计入制造费用；一般员工的社会保险费、住房公积金等属于直接人工计入生产成本，并且应将一般员工的社会保险费、住房公积金等费用在印刷用纸、包装用纸和办公用纸之间合理分配。

会计人员进行账务处理如下：

借：生产成本——基本生产成本（印刷用纸）——直接人工　96,773.40
　　生产成本——基本生产成本（包装用纸）——直接人工　20,479.14
　　生产成本——基本生产成本（办公用纸）——直接人工　9,894.07
　　制造费用——社会保险费　19,041.99
　　　　　　——住房公积金　9,288.72
　　　　　　——工会经费　1,641.60
　　　　　　——职工教育经费　1,231.20
　　　　　　——福利费　7,920.00
　　贷：应付职工薪酬——社会保险费　77,440.99
　　　　　　　　　　——住房公积金　37,776.08
　　　　　　　　　　——工会经费　6,544.60

——职工教育经费	4,908.45
——福利费	39,600.00

八、设备检修

【场景 3–72】纸品加工事业部每月制订巡检计划，对设备运行状态、生产环境、员工操作等进行检查。在 3 月 10 日的例行巡检中，发现切割机存在安全隐患，为防止设备故障和意外停机，需进行维护保养。3 月 20 日，广东方志机械维修有限公司对切割机进行维保，发生修理费 11,537,704.78 元，对方开具增值税专用发票如图 3–31 所示。

广东增值税专用发票　No 00296013

发票联

1440154057　机器编码：881573078714

1440154057　00296013　开票日期：2023/03/31

购买方	名　称：珠江纸业股份有限公司 纳税人识别号：91441900MA3CCA2C89 地址、电话：广东省东莞广麻大道258号0769-8882185 开户行及账号：中国工商银行东莞市长安支行1901322412	密码区	03-0/71111627866—223*33*05+ 7->6989<8<2-3342>2755*698<0- 1>4<<2272/608287577+99-19/6*388549*37*01659503<7*—225+3

货物或应税劳务、服务名称	规格型号	单位	数量	单价	金额	税率	税额
*劳务*修理费			1	10210358.2	10210358.21	13%	1327346.57
合计					¥10210358.21		¥1327346.57
价税合计（大写）	⊗壹仟壹佰伍拾叁万柒仟柒佰零肆元柒角…				（小写）¥11537704.78		

销售方	名　称：广东方志机械维修有限公司 纳税人识别号：91440105M144015024 地址、电话：广东省东莞市常平振兴三街102号643室02 开户行及账号：中国工商银行白云支行190100652177898	备注	275723185051444156

收款人：袁格　复核：冯东　开票人：林丹丹　（章）

第三联：发票联　购买方记账凭证

图 3–31　增值税专用发票

分析研判　按照公司产品成本核算制度，纸品加工事业部对机器设备的修理费计入制造费用，会计人员根据发票，进行账务处理：

借：制造费用——修理费	10,210,358.21	
应交税费——应交增值税（进项税额）	1,327,346.57	
贷：应付账款——广东方志机械维修有限公司		11,537,704.78

九、支付劳务派遣费

【场景 3–73】纸品加工事业部 3 月使用劳务派遣员工 60 人，共发生支出 452,492.80 元，劳务派遣公司开具发票如图 3–32 所示。款项本月已付清。

广东增值税专用发票

发票联

1440123058

机器编码：881573078714

No 00562150

1440123058

00562150

开票日期：2023/03/31

购买方	名称：珠江纸业股份有限公司 纳税人识别号：91441900MA3CCA2C89 地址、电话：广东省东莞广麻大道258号0769-8882185 开户行及账号：中国工商银行东莞市长安支行1901322412	密码区	03-0/71111627866—223*33*05+ 7->6989<8<2-3342>2755*698<0- 1>4<<2272/608287577+99-19/6*388549*37*01659503<7*—225+3

货物或应税劳务、服务名称	规格型号	单位	数量	单价	金额	税率	税额
*人力资源服务*劳务费		小时	5336	80	426880	6%	25612.8
合计					¥426880.00		¥25612.80
价税合计（大写）	⊗肆拾伍万贰仟肆佰玖拾贰元捌角			（小写）¥452492.80			

销售方	名称：广东宣恩人力资源有限公司 纳税人识别号：9144011101111209X7 地址、电话：广州市白云区棠景街棠景路629号020-862 开户行及账号：广州农村商业银行棠景支行90981054863	备注	27572318505144156

收款人：段朗现　复核：孟浚折　开票人：蒋烟琦　销售方：（章）

第三联：发票联　购买方记账凭证

图 3-32　增值税专用发票

分析研判　会计人员根据发票，进行账务处理：

借：制造费用——人力资源　426,880.00

　　应交税费——应交增值税（进项税额）　25,612.80

　　贷：银行存款　452,492.80

十、发生的其他支出

【场景3-74】本月纸品加工事业部发生的其他支出：购买劳保用品62,150元，支付设备财产保险费381,229.61元，相关发票如图3-33、图3-34所示。月底，会计人员制作固定资产折旧计提表为纸品加工事业部设备计提折旧，如表3-112所示。

广东增值税专用发票

发票联

No 00248536

1440151159

机器编码：

881573078714

1440151159

00248536

开票日期：2023/03/31

购买方
名　　称：珠江纸业股份有限公司
纳税人识别号：91441900MA3CCA2C89
地址、电话：广东省东莞广麻大道258号0769-8882185
开户行及账号：中国工商银行东莞市长安支行1901322412

密码区
03-0/71111627866—223*33*05+ 7->6989<8<2-
3342>2755*698<0- 1>4<<2272/608287577+99-
19/6*388549*37*01659503<7*—225+3

货物或应税劳务、服务名称	规格型号	单位	数量	单价	金额	税率	税额
*皮革毛皮制品*皮革手套		件	550	100	55000	13%	7150
合计					¥55000.00		¥7150.00
价税合计（大写）	⊗陆万贰仟壹佰伍拾元整			（小写）¥62150.00			

销售方
名　　称：广东省吉成劳保用品公司
纳税人识别号：91440114MA11A02M4J
地址、电话：广州市增城区新塘镇南埔村南碱大道102号
开户行及账号：中国建设银行广州增城永宁支行62170015

备注：275723185051444156

（印章：广东省吉成劳保用品公司 91440114MA11A02M4J 发票专用章）

收款人：钟凝冬　　复核：李屹鹤　　开票人：卢泓石　　销售方：（章）

第三联：发票联　购买方记账凭证

图 3-33　增值税专用发票

广东增值税专用发票

发票联

No 00582236

1440254160

机器编码：

881573078714

1440254160

00582236

开票日期：2023/03/31

购买方
名　　称：珠江纸业股份有限公司
纳税人识别号：91441900MA3CCA2C89
地址、电话：广东省东莞广麻大道258号0769-8882185
开户行及账号：中国工商银行东莞市长安支行1901322412

密码区
03-0/71111627866—223*33*05+ 7->6989<8<2-
3342>2755*698<0- 1>4<<2272/608287577+99-
19/6*388549*37*01659503<7*—225+3

货物或应税劳务、服务名称	规格型号	单位	数量	单价	金额	税率	税额
*其他财产保险服务*保险费			1	359650.58	359650.58	6%	21579.03
合计					¥359650.58		¥21579.03
价税合计（大写）	⊗叁拾捌万壹仟贰佰贰拾玖元陆角壹分			（小写）¥381229.61			

销售方
名　　称：中国平安财产保险股份有限公司
纳税人识别号：914403007109307208
地址、电话：深圳市福田区福田街道益田路5013号0755
开户行及账号：中国建设银行深圳益田支行62170025811

备注：275723185051444156

（印章：中国平安财产保险股份有限公司 914403007109307208 发票专用章）

收款人：彭鹤恩　　复核：严漫以　　开票人：孟畅玮　　销售方：（章）

第三联：发票联　购买方记账凭证

图 3-34　增值税专用发票

表 3-112　　纸品加工事业部固定资产折旧明细表

序号	类别	固定资产名称	购入日期或完装完工日期	原值	折旧年限（年）	单位	部门	残值率	净残值（元）	月折旧额（元）	2023年3月		
											本月折旧额（元）	累计折旧（元）	账面净值（元）
1	房屋及建筑物	生产用厂房	2003-09-28	6,618,000	40	间	纸品加工事业部	0.05	330,900	13,098.13	13,098.13	3,064,962.42	3,553,037.58
2	机器设备	其他生产线设备	2022-12-15	51,942,765.48	15	组	纸品加工事业部	0.05	2,597,138.27	274,142.37	274,142.37	822,427.11	51,120,338.37
3	机器设备	其他生产线设备	2014-01-01	35,561,294.12	15	组	纸品加工事业部	0.05	1,778,064.71	187,684.61	187,684.61	20,645,307.1	14,915,987.02
4	机器设备	其他生产线设备	2009-09-28	137,458,604	15	组	纸品加工事业部	0.05	6,872,930.2	725,475.97	725,475.97	117,527,107.1	19,931,496.86
5	机器设备	其他生产线设备	2021-12-01	200,000,000	15	组	纸品加工事业部	0.05	1,000,0000	1,055,555.56	1,055,555.56	15,833,333.4	184,166,666.6
合计				431,580,663.6					21,579,033.18		2,255,956.64	157,893,137.2	273,687,526.4

分析研判　生产中心是纸品加工事业部的上级部门，本月生产中心分摊下来的折旧摊销费用是148,283.77元。

会计人员根据折旧计提表，进行账务处理：

借：制造费用——折旧摊销　　2,404,240.41

　　贷：累计折旧　　2,404,240.41

会计人员根据发票等，进行账务处理：

借：制造费用——劳动保护费　　55,000.00

　　　　　　——保险费　　359,650.58

　　应交税费——应交增值税（进项税额）　　28,729.03

　　贷：银行存款　　443,379.61

十一、分配制造费用

【场景3-75】会计人员根据纸品加工事业部制造费用明细账，整理出制造费用汇总表（见表3-113），并将制造费用按机器工时比率分配给印刷、包装用纸和办公用纸（见表3-114）。根据车间统计，生产印刷用纸共耗用机器工时561小时，生产包装用纸共耗用机器工时119小时，生产办公用纸共耗用机器工时37.65小时。

表 3-113　　纸品加工事业部制造费用汇总表

部门：纸品加工事业部　　日期：2023年3月31日　　编号：ZZFYHZ-20230300012

项目	明细项目	金额（元）
制造费用	工资	82,080.00
制造费用	福利费	7,920.00
制造费用	社会保险费	19,041.99

续表

项目	明细项目	金额（元）
制造费用	住房公积金	9,288.72
制造费用	工会经费	1,641.60
制造费用	职工教育经费	1,231.20
制造费用	折旧及摊销	2,404,240.41
制造费用	修理费	10,210,358.21
制造费用	人力资源	426,880.00
制造费用	劳动保护费	55,000.00
制造费用	保险费	359,650.58
总计		13,577,332.71

制表：冯玮羽

表 3-114　纸品加工事业部制造费用分配表

部门：纸品加工事业部　　日期：2023年3月31日　　编号：FP-ZZFY-20230300005

应借账户		成本或费用项目	分配数量（小时）	分配率（元/小时）	分配金额（元）
制造费用	印刷用纸	制造费用	561		10,613,646.83
	包装用纸	制造费用	119		2,251,379.63
	办公用纸	制造费用	37.65		712,306.25
合计			717.65	18,919.156567	13,577,332.71

制表：冯玮羽

会计人员根据制造费用分配表，进行账务处理：

借：生产成本——基本生产成本（印刷用纸）——制造费用　　10,613,646.83
　　生产成本——基本生产成本（包装用纸）——制造费用　　2,251,379.63
　　生产成本——基本生产成本（办公用纸）——制造费用　　712,306.25
　　贷：制造费用——工资　　82,080
　　　　　　　　——福利费　　7,920
　　　　　　　　——社会保险费　　19,041.99
　　　　　　　　——住房公积金　　9,288.72
　　　　　　　　——工会经费　　1,641.60
　　　　　　　　——职工教育经费　　1,231.20
　　　　　　　　——折旧及摊销　　2,404,240.41
　　　　　　　　——修理费　　10,210,358.21

——人力资源　426,880

——劳动保护费　55,000

——保险费　359,650.58

十二、分配印刷用纸成本

【场景3-76】将以上归集的印刷用纸成本在各产品之间进行分配，如表3-115所示。

表3-115　纸品加工事业部成本计算表

部门：纸品加工事业部　日期：2023年3月31日　编号：CBJSB-20230300014

原纸生产部门	产品名称	单位	加工数量	转本期成本（加工费用）				
				包装物（元）	电（元）	直接人工（元）	制造费用（元）	制造成本（元）
造纸事业一部	颜B纸	吨	4,447.00	361,191.91	28,790.47	19,783.76	741,025.65	1,150,791.79
造纸事业二部	轻型纸	吨	3,686.00	299,382.36	23,863.66	16,398.23	614,216.44	953,860.69
造纸事业三部	颜A纸	吨	6,217.00	504,953.92	40,249.69	27,658.11	1,035,969.52	1,608,831.24
造纸事业四部	颜B纸	吨	6,678.00	542,397.02	43,234.26	29,709.01	1,112,788.23	1,728,128.52
造纸事业六部	轻涂纸	吨	11,144.00	905,132.14	72,147.74	49,577.29	1,856,979.94	2,883,837.11
造纸事业六部	热敏原纸	吨	822.00	66,764.05	5,321.74	3,656.90	136,973.93	212,716.62
造纸事业七部	胶版纸	吨	30,700.00	2,493,499.36	198,755.90	136,577.80	5,115,693.12	7,944,526.18
小计			63,694.00	5,173,320.76	412,363.46	283,361.1	10,613,646.83	16,482,692.15

注：差额倒挤计入胶版纸。　制表：冯玮羽

认知识别　颜A纸、颜B纸、轻型纸、轻涂纸、热敏原纸、胶版纸都属于印刷用纸，本月加工造纸事业一部生产颜B纸4,447吨，本月加工造纸事业二部生产轻型纸3,686吨，本月加工造纸事业三部生产颜A纸6,217吨，本月加工造纸事业四部生产颜B纸6,678吨，本月加工造纸事业六部生产轻涂纸11,144吨，本月加工造纸事业六部生产热敏原纸822吨，本月加工造纸事业七部生产胶版纸30,700吨，合计加工数量为63,694吨。

分析研判1　包装物、直接人工、制造费用的分配

以包装物分配为例，领用包装材料的实际成本是5,173,320.76元。

分配率=5,173,320.76÷63,694=81.221477（元）

胶版纸分配的包装材料成本=81.221477×30,700=2,493,499.36（元）

同理，可以核算出胶版纸应分配的直接人工为136,577.80元，应分配的制造费用为5,115,693.12元。

账务处理：

借：生产成本——基本生产成本（胶版纸）——直接材料　2,493,499.36

生产成本——基本生产成本（胶版纸）——直接人工　　136,577.80

生产成本——基本生产成本（胶版纸）——制造费用　　5,115,693.12

贷：生产成本——基本生产成本（印刷用纸）——直接材料　　2,493,499.36

生产成本——基本生产成本（印刷用纸）——直接人工　　136,577.80

生产成本——基本生产成本（印刷用纸）——制造费用　　5,115,693.12

分析研判2 电的分配

在热电事业部的核算中，已核算出纸品加工事业部为生产印刷用纸，共耗电412,363.46元。

分配率=412,363.46÷63,694=6.474134（元）

胶版纸分配的耗电成本=6.474134×30,700=198,755.90（元）

账务处理：

借：生产成本——基本生产成本（胶版纸）——燃料及动力　　198,755.90

贷：生产成本——基本生产成本（印刷用纸）——燃料及动力　　198,755.90

分析研判3 半成品消耗

由【场景3-66】中，为生产胶版纸共领用胶版纸原纸138,158,604.32元。

十三、胶版纸完工入库

【场景3-77】 本月投产的30,700吨胶版纸全部加工完毕，验收入库。

分析研判

生产胶版纸的总成本=2,493,499.36+136,577.80+5,115,693.12+198,755.90+138,158,604.32

=146,103,130.50（元）

账务处理：

借：库存商品——胶版纸　　146,103,130.50

贷：生产成本——基本生产成本（胶版纸）——直接材料　　140,652,103.68

生产成本——基本生产成本（胶版纸）——直接人工　　136,577.80

生产成本——基本生产成本（胶版纸）——制造费用　　5,115,693.12

生产成本——基本生产成本（胶版纸）——燃料及动力　　198,755.90

任务小结

本任务是生产环节的最后一个任务，主要讲解了实际成本法下领用自制物料的成本核算方法，以及库存商品的成本构成、归集和分配。实际工作中，库存商品的验收入库是很重要的一个节点，除了检验数量还要检验质量，通过严格的验收入库流程，不仅能提高产品质量和客户满意度，还能降低企业运营风险，提升市场竞争力。

任务3 作业成本法核算比较

【教学重点】作业成本法的核算原理。

【教学难点】作业的确定及成本动因分析。

任务导入

纸厂的纸品加工事业部主要负责对造纸事业部生产的原纸进行深加工处理，将原纸转化为符合各种用途的最终产品，最终产品分为印刷用纸、包装用纸和办公用纸三大类。

纸品加工涉及从简单的切割、折叠到复杂的涂层、上光等多种加工方法。这些方法旨在提升纸张的性能和外观特性，以适应不同的市场需求。

完成深加工的纸品需要经过严格的质量检验，包括尺寸测量、抗张强度测试、光滑度检测等，以确保每批产品都达到客户标准。

合格的纸品被适当包装，并进行标记以便识别。随后，根据订单要求，将产品分发到不同的销售渠道或直接送至客户手中。

下面以印刷用纸中的胶版纸为例展开讲解，胶版纸的生产、核算流程图如图3-35所示。

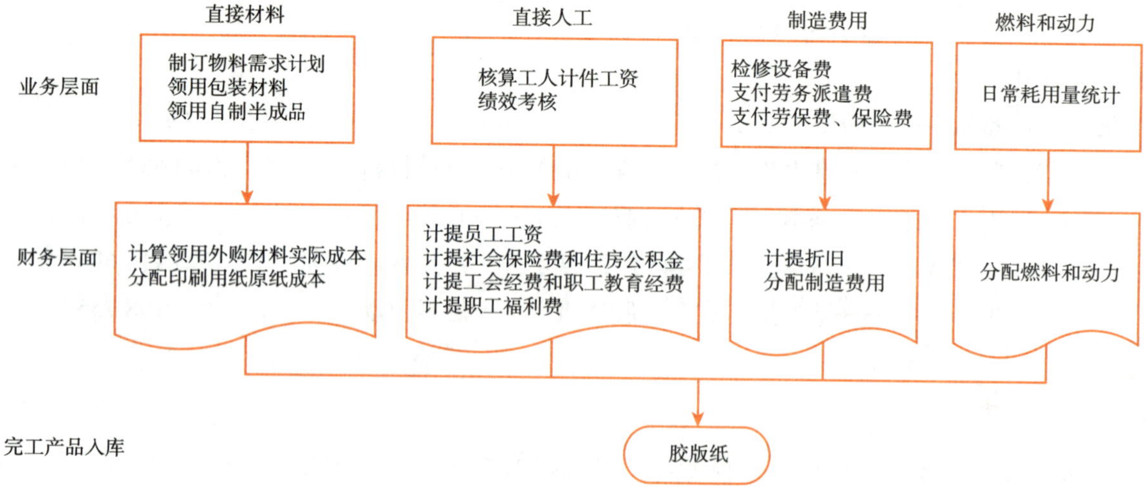

图3-35 纸品加工事业部生产、核算流程图

一、作业成本法的产生背景

随着“机器取代人”的自动化制造时代来临，企业的经营环境正在发生巨大改变。伴随着这种改变，产品或劳务的成本结构亦发生重大改变，其特征就是直接人工成本比重大大下降，制造费用比重大大增加，因此，制造费用的分配科学与否将很大程度上决定产品成本计算的准确性和成本控制的有效性。

二、作业成本法的含义

作业成本法是将间接成本和辅助费用更准确地分配到产品和服务的一种成本计算方法。在计算产品成本时，首先按经营活动中发生的各项作业来归集成本，计算出作业成本；然后再按各项作业成本与成本对象之间的因果关系，将作业成本分配到成本对象，最终完成成本计算过程。

在作业成本法下，直接成本可以直接计入有关产品，与传统的成本计算方法并无差异，只是直接成本的范围比传统成本计算的要大，凡是便于追溯到产品的材料、人工和其他成本都可以直接归属于特定产品，尽量减少不准确的分配。不能追溯到产品的成本，则先追溯到有关作业或分配到有关作业，计算作业成本，然后再将作业成本分配到有关产品。

三、作业成本法的核心概念

作业是指企业中特定组织重复执行的任务或活动。例如，将材料运达仓库、对材料进行质量检验、办理入库手续等。一项作业可能是一项非常具体的活动，如车工作业；也可能泛指一类活动，如机加工车间的车、铣、刨、磨等所有作业可以统称为机加工作业。

执行任何一项作业都需要耗费一定量的资源。资源是指作业耗费的人工、能源和实物资产。任何一项产品的形成都要消耗一定的作业。作业是连接资源和产品的纽带，它是在消耗资源的同时生产出产品。

成本动因是作业成本或产品成本的驱动因素。在作业成本法中，成本动因分为资源成本动因和作业成本动因两类。资源成本动因是引起作业成本增加的驱动因素，用来衡量一项作业的资源消耗量，依据资源成本动因可以将资源成本分配给各有关作业。作业成本动因是衡量一个成本对象需要的作业量，是产品成本增加的驱动因素，作业成本动因计算各成本对象耗用作业的情况，并被用来作为作业成本的分配基础。

四、作业成本法的特点

作业成本法的主要特点是相对于以产量为基础的传统成本计算方法而言的。

（一）作业成本法的计算分两个阶段

作业成本法的基本指导思想是，“作业消耗资源、产品消耗作业”。根据这一指导思想，作业成本法把成本计算过程划分为两个阶段：第一阶段，将作业执行中耗费的资源分配到作业，计算作业的成本；第二阶段，根据第一阶段计算的作业成本分配到各有关成本对象。

传统的成本计算方法也是分两步进行，但是中间的成本中心是按部门建立的。传统成本计算方法下，间接成本的分配路径是“资源—部门—产品”，作业成本法下间接成本的分配路径是“资源—作业—产品”。

（二）成本分配强调因果关系

虽然作业成本法和传统成本法都分两步进行，但是如何进行成本分配，两者有很大区别。作业成本法认为，将成本分配到成本对象有三种不同的形式：追溯、动因分配和分摊。成本追溯是指把成本直接分配给相关的成本对象；动因分配是指根据成本动因将成本分配到各成本对象的过程；有些成本既不能追溯也不能根据动因分配，只好使用产量作为分配基础，将其强制分摊给成本对象。

作业成本法的成本分配主要使用追溯和动因分配，能够提供更加真实、准确的成本信息。

任务实施

一、制订物料需求计划

【场景3-78】2023年2月20日，纸品加工事业部按照排产计划，填制物料需求计划表，如表3-100所示见【场景3-65】。

二、领取包装材料（计划成本）

【场景3-79】纸品加工事业部在办理完物料需求计划审批后，于2023年3月1日、3月9日填写领料单，共两次领取物料。经主管审核后，向周转材料仓储事业部领取物料，如表3-116、表3-117所示。

表3-116　　纸品加工事业部领料单

部门：纸品加工事业部
用途：因生产需求，需领用材料　　日期：2023年3月1日　　编号：LLD-20230300016

存货类别	材料名称	规格	单位	申请数量	实发数量	单价（元）	金额（元）	备注
包装材料	防潮纸	500mm×700mm	吨	2.12	2.12	5,500.00	11,660.00	第一次领料
	薄膜	450mm×450mm	千克	2,123.10	2,123.10	12.00	25,477.20	第一次领料
	钢丝带	3.5	米	1,061,550.00	1,061,550.00	0.38	403,389.00	第一次领料

续表

存货类别	材料名称	规格	单位	申请数量	实发数量	单价（元）	金额（元）	备注
包装材料	用台板	120mm	平方米	21,231.00	21,231.00	60.00	1,273,860.00	第一次领料
合计				1,084,906.22	1,084,906.22		1,714,386.2	第一次领料

主管：黄与　　发料员：张文　　领料员：程言深　　核算员：冯玮羽

表 3-117　　纸品加工事业部领料单

部门：纸品加工事业部

用途：因生产需求，需领用材料　　日期：2023年3月9日　　编号：LLD-20230300016

存货类别	材料名称	规格	单位	申请数量	实发数量	单价（元）	金额（元）	备注
包装材料	防潮纸	500mm × 700mm	吨	4.25	4.25	5,500.00	23,375.00	第二次领料
	薄膜	450mm × 450mm	kg	4,246.30	4,246.30	12.00	50,955.60	第二次领料
	钢丝带	3.5	米	2,123,150.00	2,123,150.00	0.38	806,797.00	第二次领料
	用台板	120mm	平方米	42,463.00	42,463.00	60.00	2,547,780.00	第二次领料
合计				2,169,863.55	2,169,863.55		3,428,907.6	第二次领料

主管：黄与　　发料员：张文　　领料员：程言深　　核算员：冯玮羽

2023年3月各产品材料耗用汇总表如表3-118所示。

表 3-118　　材料耗用汇总表

部门：纸品加工事业部　　日期：2023年3月31日

存货类别	产品名称	防潮纸（吨）	薄膜（千克）	钢丝带（米）	用台板（平方米）
印刷用纸	颜B纸	1.11	1,112.5	556,250	11,125
印刷用纸	轻型纸	0.37	368.6	184,300	3,686
印刷用纸	颜A纸	0.62	621.7	310,850	6,217
印刷用纸	轻涂纸	1.12	1,114.4	557,200	11,144
印刷用纸	热敏原纸	0.08	82.2	41,100	822
印刷用纸	胶版纸	3.07	3,070	1,535,000	30,700
合计		6.37	6,369.40	3,184,700	63,694

认知识别 单位级作业是指每一单位产品至少要执行一次的作业。

单位级作业成本是直接成本，可以追溯到每个单位产品上，即直接计入成本对象的成本计算单。

分析研判 原纸经过切割、包装后成为成纸。按产品种类领取包装物就是一项作业，而且属于单位级作业成本库，应直接计入产品成本。

根据公司产品成本核算制度，对外购的包装材料采用计划成本法计价，每种包装材料的计划单价可在物料档案中查询。

在发出材料时按计划成本进行账务处理，但需要在月末将计划成本转为实际成本。

计入胶版纸的成本 =3.07 × 5,500+3,070 × 12+1,535,000 × 0.38+30,700 × 60=2,479,025（元）

账务处理如下：

借：生产成本——基本生产成本（胶版纸）——直接材料	2,479,025
贷：周转材料——包装材料——防潮纸	16,885
——包装材料——薄膜	36,840
——包装材料——钢丝带	583,300
——包装材料——用台板	1,842,000

三、领取自制半成品

【场景 3-80】2023 年 3 月月底，财务部根据仓储事业部转来的领料登记表，编制领料汇总表，如表 3-119、表 3-120 所示。

表 3-119　纸品加工事业部领料登记表

部门：纸品加工事业部　材料名称：胶版纸原纸　单位：吨　编号：DJB-20230300029

日期	领用数		发料人	领料人
	当日	累计		
2023-03-01	1,088.42	1,088.42	张文	程言深
2023-03-02	1,088.25	2,176.67	张文	程言深
2023-03-03	1,088.00	3,264.67	张文	程言深
2023-03-04	1,088.05	4,352.72	张文	程言深
2023-03-05	1,088.80	5,441.52	张文	程言深
2023-03-06	1,088.42	6,529.94	张文	程言深
2023-03-07	1,088.40	7,618.34	张文	程言深
2023-03-08	1,088.70	8,707.04	张文	程言深
2023-03-09	1,088.25	9,795.29	张文	程言深
2023-03-10	1,088.10	10,883.39	张文	程言深
2023-03-11	1,088.01	11,971.40	张文	程言深
2023-03-12	1,089.30	13,060.70	张文	程言深
2023-03-13	1,087.90	14,148.60	张文	程言深
2023-03-14	1,088.05	15,236.65	张文	程言深
2023-03-15	1,088.45	16,325.10	张文	程言深
2023-03-16	1,088.35	17,413.45	张文	程言深
2023-03-17	1,087.75	18,501.20	张文	程言深
2023-03-18	1,087.94	19,589.14	张文	程言深
2023-03-19	1,088.55	20,677.69	张文	程言深
2023-03-20	1,088.35	21,766.04	张文	程言深

续表

日期	领用数		发料人	领料人
	当日	累计		
2023-03-21	1,088.82	22,854.86	张文	程言深
2023-03-22	1,088.23	23,943.09	张文	程言深
2023-03-23	1,088.45	25,031.54	张文	程言深
2023-03-24	1,088.10	26,119.64	张文	程言深
2023-03-25	1,087.80	27,207.44	张文	程言深
2023-03-26	1,050.86	28,258.30	张文	程言深
2023-03-27	488.50	28,746.80	张文	程言深
2023-03-28	488.20	29,235.00	张文	程言深
2023-03-29	488.30	29,723.30	张文	程言深
2023-03-30	488.30	30,211.60	张文	程言深
2023-03-31	488.40	30,700.00	张文	程言深

表3-120　纸品加工事业部领料汇总表

部门：纸品加工事业部

用途：因生产需要，领用材料　　日期：2023年3月31日　　编号：LLD-20230300056

存货类别	材料名称	单位	申请数量	实发数量	单价（元）	金额（元）	备注
自制半成品	颜B纸（原纸）	吨	4,447	4,447	4,703.18	20,915,053.55	造纸事业一部
自制半成品	轻型纸（原纸）	吨	3,686	3,686	5,080.42	18,726,436.52	造纸事业二部
自制半成品	颜A纸（原纸）	吨	6,217	6,217	4,802.46	29,856,892.05	造纸事业三部
自制半成品	颜B纸（原纸）	吨	6,678	6,678	4,694.02	31,346,637.85	造纸事业四部
自制半成品	淋膜原纸（原纸）	吨	1,732	1,732	4,371.32	7,571,124.07	造纸事业五部
自制半成品	牛皮包装纸（原纸）	吨	11,753	11,753	4,382.05	51,502,274.50	造纸事业五部
自制半成品	轻涂纸（原纸）	吨	11,144	11,144	4,800.71	53,499,166.08	造纸事业六部
自制半成品	热敏原纸（原纸）	吨	822	822	4,659.25	3,829,899.72	造纸事业六部
自制半成品	胶版纸（原纸）	吨	30,700	30,700	4,500.28	138,158,604.30	造纸事业七部
合计			77,179	77,179			

主管：黄与　　发料员：张文　　领料员：程言深　　核算员：冯玮羽

分析研判　根据公司产品成本核算制度，对自制的存货采用实际成本法核算，发出存货采用个别计价法核算。本月领用的这批胶版纸原纸就是本月造纸事业七部生产完工入库的胶版纸原纸。根据造纸事业部的核算记录，本月完工入库30,700吨胶版纸原纸的总成本为138,158,604.32元。

按产品品种领取半成品与领取包装物一样，都是一项作业，都属于单位级作业成本库，直接计入产品成本。

账务处理如下：

借：生产成本——基本生产成本（胶版纸）——直接材料　　138,158,604.32

　贷：半成品——胶版纸原纸　　138,158,604.32

四、计算领用外购材料的实际成本

【场景3-81】在**【场景3-79】**中，根据领料表核算了领用外购包装材料的计划成本，月末，会计人员制作实际成本计算表，将计划成本调整为实际成本。

分析研判　以防潮纸为例，本月领用防潮纸的计划成本为35,035元，下面将计划成本调整为实际成本，首先计算材料成本差异率，月初材料成本差异为2023年2月材料成本差异账户的期末余额，为97.11元；月初结存材料计划成本为2023年2月原材料账户的期末余额，为14,520元；本月收入材料成本差异为本月采购形成的材料成本差异，即395.5元；本月收入材料计划成本为原材料账户的本月增加额，即43,505元。

材料成本差异率=（月初结存原木成本差异额+本月收入原木成本差异额）÷（月初结存原木计划成本+本月收入原木计划成本）=（97.11+395.5）÷（14,520+43,505）=0.84896%

本月领用防潮纸应分摊到胶版纸的材料成本差异=领用防潮纸的计划成本×材料成本差异率

=16,885×0.84896%=143.33（元）

同理，可以算出领用其他材料应分摊的材料成本差异：

本月领用用台板应分摊到胶版纸的材料成本差异=领用用台板的计划成本×材料成本差异率

=1,842,000×3.11150278%=57,313.87（元）

本月领用钢丝带应分摊到胶版纸的材料成本差异=领用钢丝带的计划成本×材料成本差异率

=583,300×（−7.3691896%）=−42,984.36（元）

账务处理：

借：生产成本——基本生产成本（胶版纸）——直接材料　　14,472.84

　　材料成本差异——包装材料——钢丝带　　42,984.36

　贷：材料成本差异——包装材料——防潮纸　　143.33

　　　　　　　　　——包装材料——用台板　　57,313.87

五、核算工人计件工资

【场景3-82】2023年3月31日，人力资源组员工袁琦芹核算纸品加工事业部生产工人计件工资，如表3-121所示。根据入库单，汇总本月纸品加工事业部共生产印刷用纸63,694吨、包装用纸13,485吨，生产办公用纸2,789吨。

表 3-121 纸品加工事业部生产工人计件工资计算表

序号	部门	产品类型	产品名称	计件数量	计件单价（元）	合格品率	部门计件工资（元）
1	纸品加工事业部	印刷用纸	印刷用纸	63,694	2.6	99.96%	165,538.10
2	纸品加工事业部	包装用纸	包装用纸	13,485	2.6	99.96%	35,046.98
3	纸品加工事业部	办公用纸	办公用纸	2,789	6.2	99.96%	17,284.88
合计				79,968			217,869.96

分析研判 作业成本法下，计件工资也是属于单位级作业成本，按计件工作的产品品种直接计入相应的人工成本。

印刷用纸计件工资＝计件数量 × 计件单价 × 合格品率

=63,694 × 2.6 × 99.96%

=165,538.10

账务处理：

借：生产成本——基本生产成本（印刷用纸）——直接人工 165,538.10

生产成本——基本生产成本（包装用纸）——直接人工 35,046.98

生产成本——基本生产成本（办公用纸）——直接人工 17,284.88

贷：应付职工薪酬——工资 217,869.96

六、核算工人倒班津贴

【场景3-83】纸品加工事业部实行四班三倒制，共四个班组，每天有一个班组休息，其余三班组分别上早、中、晚班。中班和晚班有倒班津贴，中班每人每天30元，晚班每人每天50元。月底，财务人员根据考勤记录，计算出本月共应发放倒班津贴27,280元。

分析研判 倒班津贴也是一项作业，应按动因分配至成本核算对象，工人每班工作8小时，属于持续动因，应按产品品种，根据生产工人工时进行分配，如表3-122所示。

表 3-122 纸品加工事业部人工成本分配表——工资（倒班津贴）

部门：纸品加工事业部　　日期：2023年3月31日　　编号：FP-GZ-20230300007

应借账户		成本或费用项目	生产工人工时（小时）	分配率（元/小时）	分配金额（元）
基本生产成本	印刷用纸	直接人工	6,162		20,763.26
	包装用纸	直接人工	1,304		4,393.91
	办公用纸	直接人工	630		2,122.83
	小计		8,096	3.369565	27,280.00

制表：冯玮羽

账务处理为：

借：生产成本——基本生产成本（印刷用纸）——直接人工　　20,763.26

　　生产成本——基本生产成本（包装用纸）——直接人工　　4,393.31

　　生产成本——基本生产成本（办公用纸）——直接人工　　2,122.83

　　贷：应付职工薪酬——工资　　27,280

七、计提管理人员工资

【场景3-84】2023年3月31日，人力资源组员工袁琦芹根据工资标准表、绩效工资计算表、考勤记录和生产工人计件工资计算表，核算3月纸品加工事业部所有员工工资，形成工资表，经领导审批后交给财务部。财务部对工资表进行汇总，编制出工资计提汇总表，如表3-123、表3-124所示。

表3-123　纸品加工事业部车间负责人绩效工资计算表

事业部	岗位	姓名	绩效标准工资（元）	考核得分	绩效发放比例	应发绩效工资（元）
纸品加工事业部	经理	何枫	2,000	94	100.00%	2,000
纸品加工事业部	副经理	黄与	1,000	94	100.00%	1,000
纸品加工事业部	副经理	韩甜含	1,000	94	100.00%	1,000

表3-124　纸品加工事业部工资计提汇总表

期间：2023年3月　　编号：GZH-20230300001　　单位：元

一级部门	二级部门	职务	基本工资	职位工资	绩效工资	加班工资	倒班津贴	其他扣款	应发工资
生产中心	纸品加工事业部	经理、副经理	22,000.00	2,000.00	4,000.00	0	960.00	0	28,960.00
生产中心	纸品加工事业部	辅助人员	48,000.00	0	0	0	5,120.00	0	53,120.00
合计			70,000.00	2,000.00	4,000.00	0	6,080.00	0	82,080.00

制表：冯玮羽

分析研判　纸品加工事业部属于公司的基本生产车间，按照公司产品成本核算制度规定，经理、副经理、辅助人员的工资属于间接人工费计入制造费用。

会计人员根据工资计提汇总表和人工成本分配表，做账务处理如下：

借：制造费用——工资　　82,080

　　贷：应付职工薪酬——工资　　82,080

八、计提其他人工费

【场景3-85】纸品加工事业部计提职工社会保险费、住房公积金、职工会经费、职工教育经费和职工福利费等其他薪酬，计算方法同【场景3-71】。

分析研判 需要注意的是，在作业成本法下，计提社会保险费、住房公积金、职工会经费、职工教育经费和职工福利费（食堂餐费）均属于作业，应按动因分配至成本核算对象，工人每班工作8小时，属于持续动因，应按生产工人工时进行分配。

账务处理如下：

借：生产成本——基本生产成本（印刷用纸）——直接人工　　96,773.40
　　生产成本——基本生产成本（包装用纸）——直接人工　　20,479.14
　　生产成本——基本生产成本（办公用纸）——直接人工　　9,894.07
　　制造费用——社会保险费　　19,041.99
　　　　——住房公积金　　9,288.72
　　　　——工会经费　　1,641.60
　　　　——职工教育经费　　1,231.20
　　　　——福利费　　7,920.00
　贷：应付职工薪酬——社会保险费　　77.440.99
　　　　——住房公积金　　37,776.08
　　　　——工会经费　　6,544.60
　　　　——职工教育经费　　4,908.45
　　　　——福利费　　39,600.00

九、计算胶版纸的直接人工费

【场景3-86】月底，财务人员根据以上计提的工资、社保、公积金、工会经费、职工教育经费和福利费，汇总出印刷用纸的直接人工费，再分配给各个产品，如表3-125所示。

表3-125 印刷用纸直接人工汇总表 单位：元

工资	社保	公积金	工会经费	职工教育经费	福利费	合计
186,301.36	44,448.45	21,682.2	3,731.76	2,798.82	24,112.17	283,074.76

分析研判 颜B纸、轻型纸、颜A纸、轻涂纸、热敏原纸和胶版纸都属于印刷用纸，应将印刷用纸的直接成本在这些产品之间进行分配。

纸品加工事业部的工人主要是进行切割和包装，应将总成本视为一项作业，按动因在这些产品之间进行分配，直接人工应将工时作为动因来分配，如表3-126所示。

表 3-126　　人工工时统计表

作业动因			人工小时（小时）
作业量	印刷用纸	颜B纸	1,080
	印刷用纸	轻型纸	350
	印刷用纸	颜A纸	600
	印刷用纸	轻涂纸	1,080
	印刷用纸	热敏原纸	80
	印刷用纸	胶版纸	2,972
	小计		6,162
	包装用纸	淋膜原纸	176
	包装用纸	牛皮包装纸	1,128
	小计		1,304
	办公用纸	办公用纸	630
	合计		8,096

分配率=283,074.76 ÷ 6,162=45.93878（元/小时）

分配给胶版纸的直接人工费=2,972 × 45.93878=136,530.05（元）

账务处理为：

借：生产成本——基本生产成本（胶版纸）——直接人工　　136,530.05

　贷：生产成本——基本生产成本（印刷用纸）——直接人工　　136,530.05

十、计算胶版纸的间接人工费

【场景 3-87】月底，财务人员根据以上计提的工资、社保、公积金、工会经费、职工教育经费和福利费，汇总出印刷用纸的间接人工费，再分配给各个产品，如表 3-127 所示。

表 3-127　　纸品加工事业部间接人工成本汇总表　　单位：元

工资	社会保险费	住房公积金	工会经费	职工教育经费	福利费	合计
82,080	19,041.99	9,288.72	1,641.6	1,231.2	7,920	121,203.51

分析研判　间接人工费核算的是管理人员的工资薪金，也是一项作业，管理人员管理的对象是印刷用纸、包装用纸和办公用纸，所以成本分配动因应是这三种产品的人工工时，共计 8,096 小时。

分配率=121,203.51 ÷ 8,096=14.970789（元/小时）

分配给胶版纸的间接人工费=2,972 × 14.970789=44,493.18（元）

账务处理为：

借：生产成本——基本生产成本（胶版纸）——制造费用　　44,493.18

　贷：制造费用　　44,493.18

十一、购买劳保用品

【场景3-88】由于纸品加工事业部需要进行切割原纸，出于安全生产需要，本月共购买皮革手套62,150元，如图3-36所示。

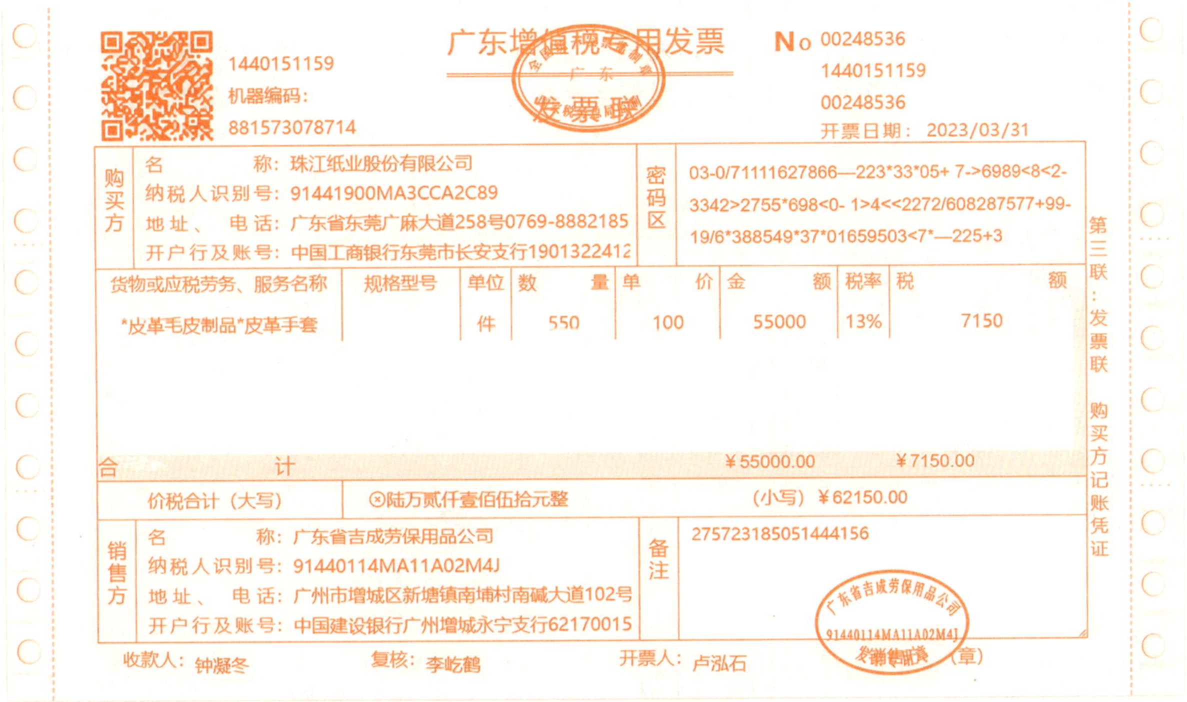

广东增值税专用发票 No 00248536

1440151159 机器编码: 881573078714

1440151159 00248536 开票日期：2023/03/31

发票联

购买方	名称：珠江纸业股份有限公司 纳税人识别号：91441900MA3CCA2C89 地址、电话：广东省东莞广麻大道258号0769-8882185 开户行及账号：中国工商银行东莞市长安支行1901322412
密码区	03-0/71111627866—223*33*05+ 7->6989<8<2-3342>2755*698<0- 1>4<<2272/608287577+99-19/6*388549*37*01659503<7*—225+3

货物或应税劳务、服务名称	规格型号	单位	数量	单价	金额	税率	税额
*皮革毛皮制品*皮革手套		件	550	100	55000	13%	7150
合计					¥55000.00		¥7150.00
价税合计（大写）	⊗陆万贰仟壹佰伍拾元整				（小写）¥62150.00		

销售方	名称：广东省吉成劳保用品公司 纳税人识别号：91440114MA11A02M4J 地址、电话：广州市增城区新塘镇南埔村南碱大道102号 开户行及账号：中国建设银行广州增城永宁支行62170015
备注	275723185051444156

收款人：钟凝冬 复核：李屹鹤 开票人：卢泓石 （章）

第三联：发票联 购买方记账凭证

图3-36 增值税专用发票

认知识别 持续动因是指执行一项作业所需的时间标准。以持续动因为分配基础，分配不同产品应负担的作业成本，计算公式如下：

分配率=归集期内作业总成本 ÷ 归集期内总作业时间

某产品应分配的作业成本=分配率 × 该产品耗用的作业时间

分析研判 公司购买劳保用品手套是一项作业，由于是给切割工使用，切割的对象是印刷用纸、包装用纸和办公用纸，那么这项作业的动因应该是工人工时8,096小时。

分配率=55,000 ÷ 8,096=6.793478（元/小时）

分配给胶版纸的劳保用品费=2,972 × 6.793478=20,190.22（元）

账务处理为：

借：制造费用	55,000	
应交税费——应交增值税（进项税额）	7,150	
贷：银行存款		62,150
借：生产成本——基本生产成本（胶版纸）——制造费用	20,190.22	

贷：制造费用　　　　　　　　　　　　　　　　　　20,190.22

十二、生产维持级作业中心

1. 设备检修

【场景3-89】纸品加工事业部每月制订巡检计划，对设备运行状态、生产环境、员工操作等进行检查。在3月10日的例行巡检中，发现切割机存在安全隐患，为防止设备故障和意外停机，需进行维护保养。3月20日，广东方志机械维修有限公司对切割机进行维保，发生修理费11,537,704.78元，如图3-37所示。

广东增值税专用发票　　No 00296013

1440154057
机器编码：
881573078714

1440154057
00296013
开票日期：2023/03/31

购买方	名　　称：珠江纸业股份有限公司 纳税人识别号：91441900MA3CCA2C89 地址、电话：广东省东莞广麻大道258号0769-8882185 开户行及账号：中国工商银行东莞市长安支行1901322412
密码区	03-0/71111627866—223*33*05+ 7->6989<8<2- 3342>2755*698<0- 1>4<<2272/608287577+99- 19/6*388549*37*01659503<7*—225+3

货物或应税劳务、服务名称	规格型号	单位	数量	单价	金额	税率	税额
*劳务*修理费			1	10210358.2	10210358.21	13%	1327346.57
合计					¥10210358.21		¥1327346.57
价税合计（大写）	⊗壹仟壹佰伍拾叁万柒仟柒佰零肆元柒角…				（小写）¥11537704.78		

销售方	名　　称：广东方志机械维修有限公司 纳税人识别号：91440105M144015024 地址、电话：广东省东莞市常平振兴三街102号643室02 开户行及账号：中国工商银行白云支行190100652177898
备注	275723185051444156

收款人：袁格　　复核：冯东　　开票人：林丹丹　　销售方：（章）

第三联：发票联　购买方记账凭证

图3-37　增值税专用发票

认知识别　生产维持级作业

生产维持级作业，是指服务于整个事业部的作业，例如工厂安保、维修、行政管理、保险、财产税等。它们是为了维护生产能力而进行的作业，不依赖于产品的数量、批次和各类。

生产维持级作业成本首先被分配到不同产品品种，然后再分配到成本对象（如某订单），最后分配给单位产品。这种分配顺序不是唯一选择，也可以直接依据直接人工或机器工时分配给成本对象。

分析研判　对纸品加工事业部机器设备的维修，属于生产维持级作业，先按照企业财务核算制度计入制造费用，月底再根据机器工时进行分配。

会计人员根据发票，进行账务处理：

借：制造费用——修理费　10,210,358.21

　　应交税费——应交增值税（进项税额）　1,327,346.57

　　贷：应付账款——广东方志机械维修有限公司　11,537,704.78

2. 购买财产险

【场景 3–90】由于纸品加工事业部的设备价值较高，经董事会决定，对设备购买中国平安财产保险股份有限公司的保险，共支出 381,229.61 元，如图 3–38 所示。

广东增值税专用发票　No 00582236

1440254160
机器编码：
881573078714

发票联

1440254160
00582236
开票日期：2023/03/31

购买方
名　　称：珠江纸业股份有限公司
纳税人识别号：91441900MA3CCA2C89
地 址、电 话：广东省东莞广麻大道258号0769-8882185
开户行及账号：中国工商银行东莞市长安支行1901322412

密码区
03-0/71111627866—223*33*05+ 7->6989<8<2-
3342>2755*698<0- 1>4<<2272/608287577+99-
19/6*388549*37*01659503<7*—225+3

货物或应税劳务、服务名称	规格型号	单位	数量	单价	金额	税率	税额
*其他财产保险服务*保险费			1	359650.58	359650.58	6%	21579.03
合计					¥359650.58		¥21579.03

价税合计（大写）⊗叁拾捌万壹仟贰佰贰拾玖元陆角壹分　（小写）¥381229.61

销售方
名　　称：中国平安财产保险股份有限公司
纳税人识别号：914403007109307208
地 址、电 话：深圳市福田区福田街道益田路5013号0755
开户行及账号：中国建设银行深圳益田支行62170025811!

备注　275723185051444156

收款人：彭鹤恩　复核：严漫以　开票人：孟畅玮　（章）

第三联：发票联　购买方记账凭证

图 3–38　增值税专用发票

分析研判　对纸品加工事业部的机器设备购买保险，属于生产维持级作业，先按照企业财务核算制度计入制造费用，月底再根据机器工时进行分配。

会计人员根据发票，进行账务处理：

借：制造费用——保险费　359,650.58

　　应交税费——应交增值税（进项税额）　21,579.03

　　贷：银行存款　381,229.61

3. 计提设备折旧

【场景 3–91】月底，会计人员制作固定资产折旧计提表为纸品加工事业部设备计提折旧，如表 3–128 所示。

表 3-128　纪品加工事业部固定资产折旧明细表　单位：元

序号	类别	固定资产名称	购入日期或完装完工日期	原值	折旧年限（年）	单位	部门	残值率	净残值	月折旧额	2023年3月		
											本月折旧额	累计折旧	账面净值
1	机器设备	其他生产线设备	2022-12-15	51,942,765.48	15	组	纸品加工事业部	0.05	2,597,138.27	274,142.37	274,142.37	822,427.11	51,120,338.37
2	机器设备	其他生产线设备	2014-1-1	35,561,294.12	15	组	纸品加工事业部	0.05	1,778,064.71	187,684.61	187,684.61	20,645,307.10	14,915,987.02
3	机器设备	其他生产线设备	2009-9-28	137,458,604.00	15	组	纸品加工事业部	0.05	6,872,930.20	725,475.97	725,475.97	117,527,107.10	19,931,496.86
4	机器设备	其他生产线设备	2021-12-1	200,000,000.00	15	组	纸品加工事业部	0.05	1,000,0000.00	1,055,555.56	1,055,555.56	15,833,333.40	184,166,666.60
合计											2,242,858.51	154,828,174.80	270,134,488.90

分析研判　对纸品加工事业部的机器设备计提折旧，也是一项作业，它的成本动因应是机器运转工时。

属于生产维持级作业，先按照企业财务核算制度计入制造费用，月底再根据机器工时进行分配。

会计人员根据固定资产折旧明细表，进行账务处理：

借：制造费用——折旧摊销　　2,242,858.51

　　贷：累计折旧　　2,242,858.51

4. 分配生产维持级作业中心费用

【场景 3-92】月底，会计人员统计出生产维持级作业成本库的总成本，按照成本动因分配给各个产品。

分析研判　设备检修、设备财产险、设备折旧都属于生产维持级作业成本库，它们的动因是机器工时。

生产维持级作业成本库总成本 = 设备检修作业成本 + 设备财产险作业成本 + 设备折旧作业成本 =10,210,358.21+359,650.58+2,242,858.51=12,812,867.30（元）

月底，财务人员根据车间日常机器工时记录，统计出机器工时统计表，如表3-129所示。

表 3-129　机器工时统计表

作业动因			机器工时（小时）
作业量	印刷用纸	颜B纸	98
	印刷用纸	轻型纸	31
	印刷用纸	颜A纸	55
	印刷用纸	轻涂纸	98
	印刷用纸	热敏原纸	7.5
	印刷用纸	胶版纸	271.5
	小计		561
	包装用纸	淋膜原纸	15.5
	包装用纸	牛皮包装纸	103.5
	小计		119
	办公用纸	办公用纸	37.65
	合计		717.65

分配率=12,812,867.30÷717.65=17,853.922246(元/工时)

分配给胶版纸的费用=271.5×17,853.922246=4,847,339.89(元)

根据机器工时统计表及保险费用分配表，进行账务处理：

借：生产成本——基本生产成本（胶版纸）——制造费用	4,847,339.89
贷：制造费用——修理费	3,862,763.54
制造费用——保险费	136,062.33
制造费用——折旧摊销	848,514.02

十三、支付劳务派遣费

【场景3-93】纸品加工事业部3月使用劳务派遣员工60人，共发生支出452,492.80元，劳务派遣公司开具发票如图3-39所示。

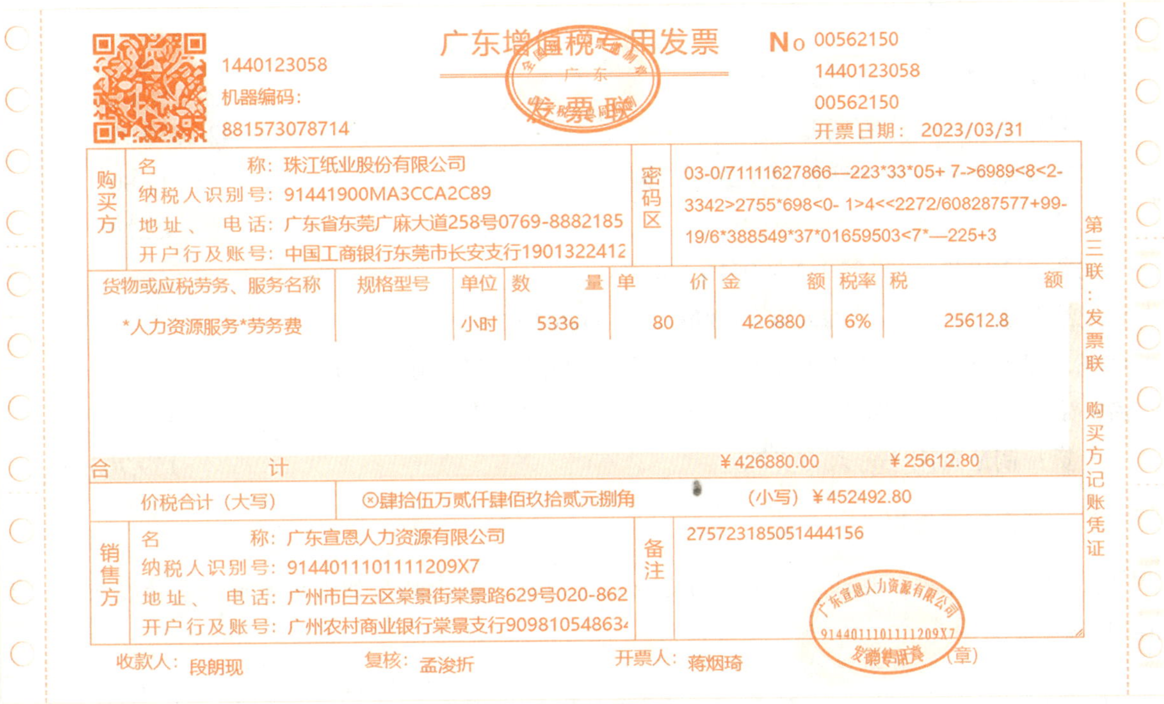

广东增值税专用发票 No 00562150

1440123058 机器编码：881573078714

1440123058 00562150 开票日期：2023/03/31

购买方 名称：珠江纸业股份有限公司 纳税人识别号：91441900MA3CCA2C89 地址、电话：广东省东莞广麻大道258号0769-8882185 开户行及账号：中国工商银行东莞市长安支行1901322412

密码区 03-0/71111627866—223*33*05+ 7->6989<8<2-3342>2755*698<0- 1>4<<2272/608287577+99-19/6*388549*37*01659503<7*—225+3

货物或应税劳务、服务名称	规格型号	单位	数量	单价	金额	税率	税额
*人力资源服务*劳务费		小时	5336	80	426880	6%	25612.8
合计					¥426880.00		¥25612.80

价税合计（大写） ⊗肆拾伍万贰仟肆佰玖拾贰元捌角 （小写）¥452492.80

销售方 名称：广东宜恩人力资源有限公司 纳税人识别号：91440111011111209X7 地址、电话：广州市白云区棠景街棠景路629号020-862 开户行及账号：广州农村商业银行棠景支行90981054863

备注 275723185051444156

收款人：段朗现 复核：孟浚折 开票人：蒋烟琦 （章）

第三联：发票联 购买方记账凭证

图3-39 增值税专用发票

分析研判 珠江纸业聘请劳务派遣员工主要是从事搬运工作，将包装材料、半成品原纸搬运到指定工位，所以这项材料移动作业按搬运次数作为成本动因。

月底，财务人员根据车间日常搬运记录，统计出物资搬运统计表，如表3-130所示。

表 3-130 物资搬运次数统计表

部门：纸品加工事业部　　　　期间：2023年3月

产品类别	产品名称	搬运次数（次）
印刷用纸	颜B纸	44,500
印刷用纸	轻型纸	14,744
印刷用纸	颜A纸	24,868
印刷用纸	轻涂纸	44,576
印刷用纸	热敏原纸	3,288
印刷用纸	胶版纸	122,800
包装用纸	淋膜原纸	6,928
包装用纸	牛皮包装纸	47,012
办公用纸	办公用纸	19,523
合计		328,239

会计人员根据发票，进行账务处理：

借：制造费用——人力资源　　426,880.00

　　应交税费——应交增值税（进项税额）　　25,612.80

　　贷：银行存款　　452,492.80

分配率=426,880 ÷ 328,239=1.300516（元/次）

分配给胶版纸的费用=122,800 × 1.300516=159,703.36（元）

月底，根据物资搬运统计表及人力资源费用分配表，进行账务处理：

借：生产成本——基本生产成本（胶版纸）——制造费用　　159,703.36

　　贷：制造费用——人力资源　　159,703.36

十四、计提厂房折旧

【场景3-94】月底，会计人员制作固定资产折旧计提表为纸品加工事业部设备计提折旧，如表3-131所示。

表 3-131 纸品加工事业部固定资产折旧明细表

类别	固定资产名称	购入日期或完装完工日期	原值	折旧年限（年）	单位	部门	残值率	净残值	月折旧额	2023年3月		
										本月折旧额	累计折旧	账面净值
房屋及建筑物	生产用厂房	2003-09-28	6,618,000	40	间	纸品加工事业部	0.05	330,900	13,098.13	13,098.13	3,064,962.42	3,553,037.58

分析研判 对纸品加工事业部的房屋计提折旧，也是一项作业，它的成本动因应是各种产品占用厂房的面积。属于生产维持级作业，先按照企业财务核算制度计入制造费用，月底再根据占用面积进行分配。生产中心是纸品加工事业部的上级部门，本月生产中心分摊下来的折旧摊销费

用148,283.77元。

会计人员根据固定资产折旧明细表，进行账务处理：

借：制造费用——折旧摊销　　161,381.9

　　贷：累计折旧　　161,381.9

月底，财务人员计算出厂房面积使用情况统计表，根据各种产品占用的厂房面积进行分配，如表3-132所示。

表3-132　厂房面积使用情况统计表

作业动因			面积（平方米）
作业量	印刷用纸	颜B纸	2,600
	印刷用纸	轻型纸	800
	印刷用纸	颜A纸	1,450
	印刷用纸	轻涂纸	2,600
	印刷用纸	热敏原纸	190
	印刷用纸	胶版纸	7,250
	小计		14,890
	包装用纸	淋膜原纸	400
	包装用纸	牛皮包装纸	2,750
	小计		3,150
	办公用纸	办公用纸	1,000
	合计		19,040

分配率=161,381.9÷19,040=8.47594（元/平方米）

分配给胶版纸的费用=7,250×8.47594=61,450.57（元）

月底，根据折旧分配表，做账务处理：

借：生产成本——基本生产成本（胶版纸）——制造费用　　61,450.57

　　贷：制造费用——折旧摊销　　61,450.57

十五、分配燃料和动力

【场景3-95】在热电事业部的核算中，已核算出纸品加工事业部为生产印刷用纸，共耗电412,363.46元。

分析研判 应将电的消耗视为一项能源消耗作业，按成本动因在各个产品之间进行分配，那么它的动因应是生产各个产品耗用的电量，如表3-133所示。

表 3-133　耗电量统计表

作业动因			耗电量（KWH）
作业量	印刷用纸	颜B纸	134,076.00
	印刷用纸	轻型纸	44,420.00
	印刷用纸	颜A纸	74,926.00
	印刷用纸	轻涂纸	134,300.00
	印刷用纸	热敏原纸	9,907.00
	印刷用纸	胶版纸	369,997.27
	小计		767,626.27
	包装用纸	淋膜原纸	20,880.00
	包装用纸	牛皮包装纸	141,638.30
	小计		162,518.30
	办公用纸	办公用纸	33,612.41
	合计		963,756.98

分配率=412,363.46÷767,626.27=0.537193（KWH）

胶版纸分配的耗电成本=369,997.27×0.537193=198,759.94（元）

账务处理：

借：生产成本——基本生产成本（胶版纸）——燃料及动力　198,759.94

　贷：生产成本——基本生产成本（印刷用纸）——燃料及动力　198,759.94

十六、胶版纸完工入库

【场景3-96】本月投产的30,700吨胶版纸全部加工完毕，验收入库。

分析研判　通过以上场景的核算，汇总胶版纸的总成本，如表3-134所示。

表 3-134　胶版纸成本汇总表　单位：元

直接材料	直接人工	制造费用	燃料和动力	合计
140,652,102.16	136,530.05	5,133,177.22	198,759.94	146,120,569.37

账务处理：

借：库存商品——胶版纸　146,120,569.37

　贷：生产成本——基本生产成本（胶版纸）——直接材料　140,652,102.16

　　生产成本——基本生产成本（胶版纸）——直接人工　136,530.05

　　生产成本——基本生产成本（胶版纸）——制造费用　5,133,177.22

　　生产成本——基本生产成本（胶版纸）——燃料及动力　198,759.94

任务小结

作业成本法下胶版纸的成本构成如表3-135所示。

表3-135 胶版纸成本汇总表

直接材料	直接人工	制造费用	燃料和动力	合计
140,652,102.16	136,530.05	5,133,177.22	198,759.94	146,120,569.37

传统的完全成本法下胶版纸的成本构成如表3-136所示。

表3-136 胶版纸成本汇总表（完全成本法）

直接材料	直接人工	制造费用	燃料和动力	合计
140,652,103.68	136,577.8	5,115,693.12	198,755.9	146,103,130.50

表3-135与表3-136相比，直接材料相差-1.52元，直接人工相差-47.75元，制造费用相差17,484.10元，燃料和动力相差4.04元。从结果来看，制造费用差别较大，直接材料、直接人工和燃料动力相差很小。

主要原因是作业成本法下制造费用的分配采用多重标准，而传统的完全成本法采用单一标准分配，两者比较如表3-137所示。

表3-137 成本归集比较表

一级会计科目	二级会计科目	作业成本法		完全成本	
		归集	分配标准	归集	分配标准
制造费用	工资	生产工人切割打包作业	人工小时	按事业部汇总统一分配	机器工时
	福利费	生产工人切割打包作业	人工小时		
	社会保险费	生产工人切割打包作业	人工小时		
	住房公积金	生产工人切割打包作业	人工小时		
	工会经费	生产工人切割打包作业	人工小时		
	职工教育经费	生产工人切割打包作业	人工小时		
	折旧摊销	设备折旧作业	机器工时		
	折旧摊销	房屋折旧作业	占用面积		
	修理费	机器维修作业	机器工时		
	人力资源	物料移动作业	搬运次数		
	劳动保护费	劳保物资消耗作业	人工小时		
	保险费	设备保险作业	机器工时		

作业成本法是把每一项资源的消耗视为一项作业，每种作业按照驱动因素来分配，而在传统的完全成本法下，是把事业部所有的制造费用归集在一起，按一个标准统一算出来一个分配率。

所以作业成本法比传统的完全成本法算出来的成本准确性更高。

任务发布

实际成本法下，发出存货共有几种核算方法？在物价不断上涨的情况下，采用哪种方法比较合适？

项目总结

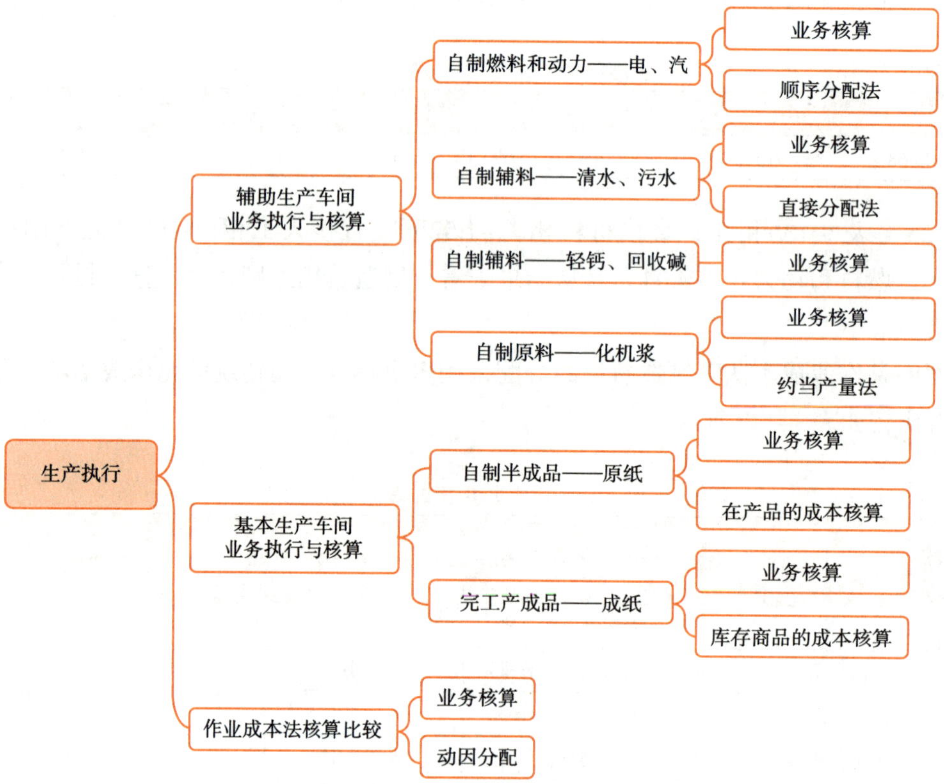

项目 4　存货管理

学习目标

知识目标

1. 熟悉存货期末清查、计价工作的基本流程；
2. 掌握存货清查方法、发出计价方法、期末计价方法，正确评估存货价值。

技能目标

1. 能够按照流程正确开展存货清查工作，做到存储账物卡数据一致；
2. 熟练运用存货期末计价方法计算成本。

素质目标

1. 增强风险意识，能够识别存货管理中的潜在风险，并采取相应的措施进行防范和控制；
2. 提升沟通能力、团队协作能力和解决问题的能力。

企业的存货作为一项重要的流动资产，它的管理利用如何，直接关系到企业的资金占用水平以及资产运作效率，所以正确反映存货价值对于维护企业财务健康和信誉至关重要。公司为了核实存货库存，组织人员对仓库物资进行财产清查，并在此基础上完成存货期末计价工作。

任务 1　存货发出

【教学重点】存货发出的各种计价方法。

【教学难点】不同存货计价方法的灵活应用；理解采用不同计价方法对企业财务状况和利润产生的影响。

任务导入

公司建立了完善的存货管理制度和内部控制体系，以确保计价方法的准确性和合规性。2023年3月初胶版纸存货相关数据，如表4-1所示。表格中包括存货的购入及发出的日期、数量和存货的单价、总成本以及市场价格变化等情况。怎么确定存货的单价及成本呢？不同计价方式测量的结果是不一样的。

表 4-1　　3 月初存货明细（胶版纸）

入库时间	2023年1月	2023年2月
规格	70 × 845	70 × 845
期初数量（吨）	23,570.41	32,696.44
期初金额（元）	110,510,334.00	155,718,283.71
入库数量（吨）	30,770.00	28,395.00
入库金额（元）	148,288,439.03	137,207,677.08
销售数量（吨）	21,643.97	18,648.96
销售单价（不含税）（元/吨）	5,445.20	5,489.57
销售额（元）	117,855,822.08	102,374,771.35
单位销售成本（元/吨）	4,762.55	4,794.88
销售成本总额（元）	103,080,489.32	89,419,525.32
期末库存数量（吨）	32,696.44	42,442.48
期末库存金额（元）	155,718,283.71	203,506,435.47

任务实施

一、个别计价法

【场景4-1】假定公司采用个别计价法计算发出产品成本，3月销售胶版纸43,831吨，经确认其中3,000吨为1月入库产品，5,200吨为2月入库产品，35,631吨为3月入库产品。

认知识别　个别计价法

个别计价法是指对发出的存货分别认定其单位成本和发出存货成本的方法。它是假设存货的成本流转与实物流转相一致，按照各种存货，逐一确认各批发出存货和期末存货所属的购进批别或生产批别，分别以其购入或生产时确定的单位成本作为计算各批发出存货和期末存货成本的方法。这种方法是把每一种存货的实际成本作为计算发出存货成本和期末存货成本的基础。

优点：计算准确，符合实际情况。

缺点：在存货收发频繁的情况下，分辨发出存货成本的工作量较大。

适用范围：通常适用于一般不能替代使用的存货、为特定项目专门购入或制造的存货以及提供的劳务，如珠宝、名画、房产、船舶、重型设备等贵重物品。

分析研判 不考虑其他因素，结合各月产品入库成本信息表，采用个别计价法，本月发出胶版纸（规格：70×845）的成本计算过程如表4–2所示。

表 4–2　2023 年 3 月个别计价法下胶版纸的成本计价　产品规格：70×845

项目	1月	2月	3月	合计
入库数量（吨）	30,770.00	28,395.00	30,700.00	89,865.00
入库金额（元）	148,288,439.03	137,207,677.08	146,103,130.50	431,599,246.61
入库产品单价（元/吨）	4,819.25	4,832.11	4,759.06	
各月入库产品本月销售量（吨）	3,000.00	5,200.00	35,631.00	43,831.00
本月发出产品成本（元）	14,457,750.00	25,126,972.00	169,570,066.86	209,154,788.86

计算说明：

入库产品单价=入库金额 ÷ 入库数量

如：1月入库产品单价=1月入库金额 ÷1月入库数量

=148,288,439.03 ÷ 30,770

=4,819.25（元/吨）

销售成本=∑批别销售数量 × 批别单位产品成本价

发出胶版纸成本=3,000×4,819.25+5,200×4,832.11+35,631×4,759.06

=14,457,750.00+25,126,972.00+169,570,066.86

=209,154,788.86（元）

风险控制 存货计价是指企业对其存货价值进行核算和评定的过程。存货计价对于企业的财务报告和经营决策至关重要。对财务报表、税务的影响为：在个别计价法下，资产负债表中的存货价值将更加准确地反映企业实际库存的价值；当期末有库存，存货期末库存金额将更为准确，对存货是否计提存货跌价准备也将更为准确。个别计价法也会影响销售成本的计算，从而影响企业的毛利润和净利润。

二、先进先出法（FIFO）

【场景4–2】假定公司采用先进先出法计算发出商品成本。3月1日，库存胶版纸42,442.48吨，实际成本为203,506,435.47元；3月入库胶版纸30,700吨，实际成本为146,103,130.50元；3月共发出胶版纸43,831吨，其中期初库存产品42,442.48吨，其余为本期入库产品。

认知识别 先进先出法

先进先出法是假定“先购入的存货先发出”，并根据这种假定的成本流转次序，对发出存货进行计价的一种方法。具体方法是：购入存货时，逐笔登记入库存货的数量、单价和金额；发出存货时，按照先进先出的原则逐笔登记存货的发出成本和结存金额。

优点：可以随时结转存货发出成本。

缺点：核算手续比较烦琐。如果存货收发业务较多，且存货单价不稳定时，其工作量较大。

分析研判 不考虑其他因素，结合产品入库成本信息表，本月发出胶版纸（规格：70×845）采用先进先出法的成本计算过程如表4–3所示。

表 4–3 先进先出法下胶版纸的成本计价 产品规格：70×845

项目	数值
期初库存产品数量（吨）	42,442.48
期初库存产品成本（元）	203,506,435.47
本月入库产品数量（吨）	30,700.00
本月入库产品成本（元）	146,103,130.50
本月入库产品单位成本（元/吨）	4,759.06
本月发出数量：	
其中：期初产品（吨）	42,442.48
本月入库产品（吨）	1,388.52
本月发出数量总计	43,831.00
本月发出存货成本：	
其中：期初产品成本（元）	203,506,435.47
本月入库产品成本（元）	6,608,049.99
本月发出成本合计（元）	210,114,485.46

计算说明：

因先入库的存货先发出，所以本月销售数量43,831吨中，期初的42,442.48吨全部发出，另有1,388.52吨（43,831–42,442.48=1,388.52）由本月入库产品发出。因此，本月销售成本由期初所有存货成本及本月发出的1,388.52吨产品成本构成，即：

发出胶版纸成本=203,506,435.47+1,388.52×（146,103,130.50÷30,700）

=203,506,435.47+1,388.52×4,759.06

=203,506,435.47+6,608,049.99

=210,114,485.46（元）

风险控制 在物价持续上升时，期末存货成本接近于市价，而发出成本偏低，会高估企业当期利润和库存存货价值，进而增加所需缴纳的所得税；反之，发出成本偏高，会低估企业存货价值和当期利润，进而减少所需缴纳的所得税。

三、月末一次加权平均法

【场景4–3】 公司采用月末一次加权平均法计算发出存货的成本。3月1日，胶版纸结存42,442.48吨，实际成本为203,506,435.47元；3月入库胶版纸30,700吨，实际成本为146,103,130.50

元；假定当月发出胶版纸23,831吨。

认知识别　月末一次加权平均法是指以本月全部入库产品成本加上月初结存存货成本合计金额，除以本月全部入库产品数量加上月初存货数量合计数，计算出本月存货的加权平均单位成本，以此为基础计算本月发出存货的成本和期末结存存货的成本的一种方法。计算公式如下：

存货单位成本=［月初结存存货成本+∑（本月各批入库产品的实际单位成本×本月各批入库产品的数量）］÷（月初结存存货数量+本月入库产品数量之和）

本月发出存货成本=本月发出存货的数量×存货单位成本

月末结存存货成本=月末结存存货的数量×存货单位成本

或

月末结存存货成本=月初结存存货成本+本月入库产品成本−本月发出存货成本

优点：只在月末一次计算加权平均单价，比较简单，可以简化成本计算工作。

缺点：由于月末一次计算加权平均单价和发出存货成本，平时无法从账上提供发出和结存存货的单价及金额，不利于存货成本的日常管理与控制。

分析研判　不考虑其他因素，结合产品入库成本信息表，本月发出胶版纸（规格：70×845）采用月末一次加权平均法的成本计算过程如表4-4所示。

表 4-4　　月末一次计算加权平均法下胶版纸的成本计价

项目	数值
期初库存产品数量（吨）	42,442.48
期初库存产品成本（元）	203,506,435.47
本月入库产品数量（吨）	30,700.00
本月入库产品成本（元）	146,103,130.50
加权产品单位成本（元/吨）	4,779.84
本月发出数量（吨）	23,831
本月发出产品成本（元）	113,908,367.04

计算说明：

加权产品单位成本=（月初结存存货成本+本期入存货成本）÷（月初结存存货数量+本期入库数量）=（203,506,435.47+146,103,130.5）÷（42,442.48+30,700）=4,779.84（元/吨）

发出胶版纸成本=本月发出产品数量×加权产品单位成本

=23,831×4,779.84

=113,908,367.04（元）

风险控制　使用月末一次加权平均法计量存货，会将不同时期进入库存的成本混合计算，然后按照加权平均成本进行计量，这会使得存货金额相对平滑，不会因为某一时期的成本波动而出现较大的变动，这样可以提供更加稳定的财务报告信息。同时，当物价有上涨趋势时，采用月末一次加权平均法计算出的期末存货价值最低、销售成本最高，可将利润递延至次年，以延缓纳税时间。

四、移动加权平均法

【场景4-4】假定公司采用移动加权平均法计算发出商品的成本。3月1日胶版纸结存42,442.48吨，实际成本为203,506,435.47元；3月6日发出胶版纸8,000吨，3月15日入库胶版纸15,350吨，实际成本为73,051,565.25元；3月31日发出胶版纸35,831吨。

认知识别 移动加权平均法是指以每次入库产品的成本加上原有结存存货成本的合计金额，除以每次入库产品数量加上原有结存存货数量的合计数，计算出加权平均单位成本，作为在下次入库产品前计算各次发出存货成本依据的一种方法。计算公式如下：

存货单位成本=（原有结存存货实际成本+本次入库产品实际成本）÷（原有结存存货数量+本次入库产品数量）

本次发出存货成本=本次发出存货数量×本次发出存货前存货单位成本

月末结存存货成本=月末结存存货数量×月末存货单位成本

优点：计算出的存货成本（包括平均单位成本、发出和结存的存货成本）比较客观准确，能让企业管理层及时了解存货的结存情况。

缺点：计算工作量较大，每次入库产品都要计算一次平均单位成本，不太适用收发货较频繁的企业。

分析研判 不考虑其他因素，结合产品入库成本信息表，本月发出胶版纸（规格：70×845）采用移动加权平均法的成本计算过程如表4-5所示。

表4-5 移动加权平均法下胶版纸的成本计价

日期	入库		出库		结存		
	数量（吨）	成本（元）	数量（吨）	成本（元）	数量（吨）	成本（元）	单位成本（元/吨）
3月1日					42,442.48	203,506,435.47	4,794.88
3月6日			8,000.00	38,359,040.00	34,442.48	165,147,395.47	4,794.88
3月15日	15,350.00	73,051,565.25			49,792.48	238,198,960.72	4,783.83
3月31日			35,831.00	171,409,412.73	13,961.48	66,789,547.99	4,783.84

计算说明：

根据以下计算公式，表内各期结存存货数量、成本及单位成本计算如下。

存货单位成本=（原有结存存货实际成本+本次入库产品实际成本）÷（原有结存存货数量+本次入库产品数量）

本次发出存货成本=本次发出存货数量×本次发出存货前存货单位成本

月末结存存货成本=月末结存存货数量×月末存货单位成本

3月6日发出存货成本=8,000×4,794.88=38,359,040.00（元）

3月6日结存成本=203,506,435.47−38,359,040.00=165,147,395.47（元）

3月6日结存数量=42,442.48−8,000.00=34,442.48（吨）

3月6日结存单位成本=165,147,395.47÷34,442.48=4,794.88（元/吨）

3月15日结存数量=34,442.48+15,350.00=49,792.48（吨）

3月15日结存成本=165,147,395.47+73,051,565.25=238,198,960.72（元）

3月15日结存单位成本=238,198,960.72÷49,792.48=4,783.83（元/吨）

3月31日发出存货成本=35,831.00×4,783.83=171,409,412.73（元）

3月31日结存成本=238,198,960.72−171,409,412.73=66,789,547.99（元）

3月31日结存数量=49,792.48−35,831.00=13,961.48（吨）

3月31日结存单位成本=66,789,547.99÷13,961.48=4,783.84（元/吨）

风险控制 移动加权平均法对财务报表和税务的影响取决于存货的实际情况、企业的财务政策以及税法规定等因素。企业在选择和应用移动加权平均法时，需要充分考虑财务报表和税务方面的影响，并确保合规性和准确性。

五、毛利率法

【场景4-5】假定公司采用毛利率法对存货计价，上月实际毛利率为12.46%。3月1日存货成本203,506,435.47元，本月入库存货成本146,103,130.50元，销售商品收入净额243,167,375.04元。

认知识别 毛利率法是指根据本期销售收入净额乘以估计的毛利率（上期实际或本期计划的毛利率），计算出本期销售毛利，从而计算出发出存货成本和期末结存存货成本的一种方法。

1. 毛利率法的计算公式：

销售收入净额=销售收入−销货退回与折让

销售毛利=销售收入净额×（估计）毛利率

销售存货成本=销售收入净额−销售毛利=销售收入净额×（1−毛利率）

期末结存存货成本=期初结存存货成本+本期入库产品存货成本−本期销售存货成本

2. 毛利率法的适用范围

该方法主要适用于商品流通企业，特别是商业批发企业。

分析研判

不考虑其他因素，采用毛利率法计算3月月末存货结存成本。

计算过程：

本月销售存货成本=销售收入净额×（1−毛利率）

=243,167,375.04×（1−12.46%）

=212,868,720.11（元）

本月结存存货成本=期初结存存货成本+本期入库产品存货成本−本期销货成本

=203,506,435.47+146,103,130.5−212,868,720.11

=136,740,845.86（元）

风险控制 因商品流通企业经营的商品品种比较多，分品种计算商品的成本，工作量较大、较繁重，所以在企业同类商品的毛利率相差不大的情况下，可采用毛利率法计算商品的发出和结存成本，这样既可以减少工作量，也可以满足对销售毛利管理的需要。

任务小结

在存货的发出计价环节，我们详细了解了不同的计价方法，如先进先出法、加权平均法等。这些方法确保了每次发出的存货成本都能得到准确计算，为企业的财务核算提供了坚实基础。合理的计价方法不仅关系到成本计算的准确性，还直接影响到企业的利润和税务负担。

任务发布

公司3月1日结存办公用纸2,563.97吨，实际成本14,272,662.30元；3月31日入库办公用纸2,789吨，实际成本15,387,690.69元；当月共发出办公用纸2,788.97吨，请用月末一次加权平均法计算出3月末办公用纸的发出成本和库存成本。

任务2 存货清查

【教学重点】存货清查的方法、程序。

【教学难点】存货期末清查的业务流程，在仓库账物卡管理环节识别风险。

任务导入

公司为了准确地反映库存物资状况，维护物资安全，加强仓库账物卡管理，同时检验台账数据与仓库实物的一致性，决定于2023年3月30日—3月31日组织对库存商品仓库物资进行实地全盘。

任务实施

一、制订清查计划

【场景4-6】2023年3月25日，仓储部制订存货清查计划，发布盘点通知，如图4-1所示。

仓库盘点通知

各部门：

为了准确地反映我司库存物资状况，维护物资安全，加强仓库账物卡管理，同时检验台账数据与仓库实物的一致性，决定于3月30日—3月31日组织对库存商品仓库物资实地全盘，具体事宜安排如下：

一、盘点时间

本次盘点时间从2023年3月30日9：00至2023年3月31日18：00。

二、盘点范围

仓库所有成品。

三、盘点方式

1.对所有库存产品进行地毯式的全盘。

2.按区域分布顺序进行盘点。

3.所有的盘点差异当天完成核对及调账。

四、盘点前准备

1.仓管员、录单员在3月29日18：00前做好一切盘点前准备工作，保证所有系统账务处理完毕，以及单据、手工账、物料卡整理，登记完毕。

2.仓管员保证所有盘点区域存货堆放整齐、标识清楚及做好现场“5S”整理工作（账外物品、待处理商品需作标识）。

3.仓储物流部人员必须在3月30日8：50分前打印完毕所有子库库存盘点表（盘点表需按物料分类排序）。

4.总经办或各部门负责人盘点前组织相关盘点人员开盘点会议和盘点前培训工作。

5.盘点相关责任人需根据盘点的要求提前做好人员、盘点细节工作安排。密切配合盘点工作的开展。

五、盘点人员及时间安排

1.盘点总负责人：陆恩诺

2.盘点负责人：黎海欢

3.盘点辅助工作人员：岳进、陈雪音、易涵依、廖菲曼

4.财务监督人员：吴一辰

特此通知！

仓储部

2023年3月25日

图4-1 仓库盘点通知

认知识别 存货清查是指通过存货的实地盘点，确定存货的实有数量，并与账面结存数量核对，从而确定存货实存数与账面结存数是否相符的一种专门方法。

存货清查的内容一般包括：核对存货的账存数和实存数；查明盘盈（实际结存数量大于账面结存数量）、盘亏（实际结存数量小于账面结存数量）存货的品种、规格和数量；查明变质、毁损（非常行事项造成的存货损失）、积压呆滞存货的品种、规格和数量。

二、实施盘点

【场景4-7】存货清查负责人黎海欢在开始实物盘点前将含有库存商品账面数的表4-6盘存单打印3份，通知参与盘点的人员于2023年3月30日上午9点在仓库正门口集合，参与盘点相关人

员集合完毕后，陆恩诺对人员进行分工：由岳进、陈雪音进行登记，易涵依、廖菲曼进行现场称重，黎海欢、吴一辰在进行现场监督。盘点完之后参与人员签字确认。

表 4-6 存货盘存单

部门：纸品仓储事业部　　日期：2023年3月30日　　编号：PD-20230330001

商品名称	规格	单位	账面数	实存数	差异数	备注
颜B纸	55×787	吨	18,010.22	18,010.22	0	
轻型纸	60×750	吨	5,958.17	5,958.17	0	
颜A纸	55×850	吨	10,266.67	10,266.67	0	
轻涂纸	70×787	吨	18,315.99	18,315.99	0	
胶版纸	70×845	吨	49,311.48	49,311.00	−0.48	
热敏原纸	55×995	吨	738.36	738.36	0	
牛皮包装纸	77×1,096	吨	20,370.68	20,370.68	0	
淋膜原纸	55×940	吨	1,892.82	1,892.82	0	
办公用纸	A4	吨	2,564.00	2,563.99	−0.01	

监盘人：黎海欢、吴一辰　　盘点人：岳进、陈雪音、易涵依、廖菲曼

认知识别 存货清查方法

由于存货实物形态不同，体积重量、码放方式各异，需要采用不同的方法进行清查。一般而言，存货清查方法有实地盘点法和技术推算法两种，但大多采用实地盘点法。清查时，既要从数量上核实，还要对质量进行鉴定。

在清查过程中，首先必须以各项存货目录规定的名称、规格为标准，查明各项存货的名称、规格，然后再盘点数量检查质量。为明确经济责任和便于查询，各项存货的保管人必须在场，并参加盘点工作。

清查盘点结束时，应及时依据盘点的数量和质量情况如实填制“盘存单”，并由盘点人和存货保管人签名或盖章。

盘存单是记录存货盘点结果、反映存货实有数的原始凭证。为进一步查明账实是否相符，确定盘盈盘亏，还应根据“盘存单”和有关账簿记录编制“盘点盈亏报告单”。该报告单是调整账簿记录的重要原始凭证，也是分析差异原因、明确经济责任的依据。

分析研判 根据公司存货清查情况，发现其中胶版纸盘亏0.48吨，账面金额为2,284.37元，原因待查。

会计人员根据存货盘存单，进行账务处理：

借：待处理财产损溢　　2,284.37

　　贷：库存商品——胶版纸　　2,284.37

三、编写清查报告

【场景4–8】2023年3月31日存货清查小组完成盘点任务后，根据盘点结果编写盘点盈亏报告单，如图4–2所示。

盘亏报告单

尊敬的公司领导：

在2023年3月30—31日的盘点中发现，我们的实际的库存量与记录的库存量不符，存在一定的盘亏，现向您报告如下：

一、盘亏的品项及数量

我们对库存进行了一次仔细的盘点，发现以下品项存在盘亏：

产品名称	数量	调整金额	盘亏原因
胶版纸	0.48吨	2,284.37元	人为损坏
办公用纸	0.01吨	0元	库存记录不准确

二、造成盘亏的原因分析

1.人为损坏：仓库管理不严格，无法对人为损坏进行有效的遏制，导致库存中存在被损坏的商品。

2.库存记录不准确：由于不及时更新库存记录或者数据录入错误等原因，导致实际库存量与记录的库存量不符。

三、采取的补救措施

1.严格仓库管理要求，规范人员的作业行为，从而减少人为损坏的发生。

2.强化数据录入的质量要求，以确保库存记录的准确性。

四、今后如何加强防范

1.严格仓库管理要求，规范员工的作业行为，从而达到减少人为损坏的发生的目的。

2.进一步加强仓库管理，对货物流向、货物数量及时掌握，确保库存数量的准确性。

3.建立专项工作小组，定期对库存量和库存记录进行核对，以确保库存量与库存记录的一致。

五、请批准对盘亏进行调账

为了真实反映公司的盘点情况，希望领导能够审批我们对盘亏进行货款调整的计划。

谢谢！

敬礼

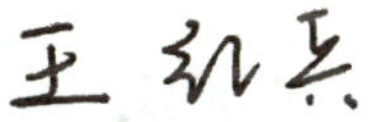

仓储部

盘亏报告单编写人：陆恩诺

图 4–2 盘亏报告单

分析研判 根据公司的存货清查报告，对存货清查结果进行处理。由于仓库管理不严格，无法对人为损坏进行有效的遏制，导致库存商品被损坏，其中胶版纸盘亏0.48吨，账面金额为2,284.37元。

会计人员根据领导审批后的存货盘亏报告，进行账务处理：

借：管理费用　　2,445.66

　贷：待处理财产损溢　　2,284.37

　　应交税费——应交增值税（进项税转出）　　161.28

1吨胶版纸总成本为4,759.11元，其中外购原材料金额为2,584.91元，外购材料成本占比54.31%，因此盘亏0.48吨胶版纸需转出的进项税为2,284.37×54.31%×13%=161.28元。

风险控制 胶版纸作为存货在公司流动资产中所占的比例较大，而且存放地点分散，接触此项资产的人员较多。加强存货管理，对于保护存货安全，加快周转速度，减少积压、浪费和损失，提高存货运营效率，有着重要的意义。公司应定期盘点，以便掌握存货结构以及毁损等情况。在盘点的过程中，需在监盘人员的监督下由保管人员进行盘点，清查人员应认真、细致、负责地做好盘点工作，从而查明各项存货的储备和使用情况，以便采取措施，充分挖掘财产物资的潜力，促进财产物资的有效使用。

知识拓展 根据《财政部 国家税务总局关于全面推开营业税改征增值税试点的通知》(财税〔2016〕36号）文件附件1《营业税改征增值税试点实施办法》第二十七条规定，非正常损失的在产品、产成品所耗用的购进货物（不包括固定资产）、加工修理修配劳务和交通运输服务对应的进项税额都不得从销项税额中抵扣。

任务小结

存货清查是确保公司资产账实相符的关键步骤。通过定期的实地盘点，及时发现存货的数量差异和可能存在的问题，如损坏、过期等。这一过程不仅有助于保证存货库存的准确性，还为企业的资产管理提供了有力保障。清查过程中的细致与严谨，直接关系到企业资产的安全与完整。

任务发布

请按以上所学的财产清查流程，结合表4-7相关数据，完成公司2月份的清查业务，编制“盘点盈亏报告单”，并完成相应的账务处理。

表 4-7　　存货盘存单

部门：纸品仓储事业部　　日期：2023年2月28日　　编号：PD-20230228001

商品名称	规格	单位	账面数	实存数	差异数	备注
颜B纸	55×787	吨	15,856.22	15,856.22	0	
轻型纸	60×750	吨	5,253.17	5,253.17	0	
颜A纸	55×850	吨	9,066.64	9,066.64	0	
轻涂纸	70×787	吨	16,063	16,063	0	
胶版纸	70×845	吨	42,442.48	42,442.48	0	

续表

商品名称	规格	单位	账面数	实存数	差异数	备注
热敏原纸	55 × 995	吨	796.36	796.36	0	
牛皮包装纸	77 × 1096	吨	17,818.69	17,818.69	0	
淋膜原纸	55 × 940	吨	1,999.83	1,999.83	0	
办公用纸	A4	吨	2,563.97	2,564.17	0.2	

监盘人：黎海欢、吴一辰　　　　盘点人：岳进、陈雪音、易涵依、廖菲曼

任务 3　存货期末计量

【教学重点】存货期末计量的基本原则。

【教学难点】存货的可变现净值，存货成本与可变现净值孰低比较。

任务导入

公司为了反映存货价值的真实情况，控制存货跌价风险，确保财务报表的准确性，以便为公司制定经营策略提供依据，决定于2023年3月31日对存货的期末价值进行计量。

任务实施

【场景4-9】公司2023年3月末有原材料针叶浆18,756.72吨，单位成本为7,213.05元，库存商品办公用纸2,564吨，单位成本5,517.28元。公司将针叶浆加工成办公用纸对外出售，2023年3月31日，针叶浆的市场价格为7,113元/吨，办公用纸的市场价格为6,479元/吨，生产1吨的办公用纸需耗用0.119420吨的针叶浆。将材料加工成产品的过程中预计发生加工费用4,655.9元/吨，预计销售1吨产品发生销售费用309元，相关税费745.37元。期末存货资料如表4-8所示。

表 4-8　期末存货资料

存货类别	品名	估计售价（元/吨）	账面余额		持有目的	生产单耗（吨）	消耗材料的成本（元）	至完工估计将要发生的加工费（元）	产品出售估计的销售费用和相关税费	
			数量（吨）	单位成本（元）					加：销售费用（元）	加：税金（元）
原材料	针叶浆	7,1130	18,756.72	7,213.05	继续加工办公用纸	0.119420	861.38	4,655.90	309	745.37
库存商品	办公用纸	6,479	2,564.00	5,517.28	出售					

一、确定期末存货的账面成本

分析研判

原材料针叶浆的账面成本＝18,756.72×7,213.05=135,293,159.2（元）

库存商品办公用纸的账面成本＝2,564×5,517.28=14,146,305.92（元）

二、确定期末存货的可变现净值

认知识别 存货可变现净值是指在日常活动中，存货的估计售价减去至完工时估计将要发生的成本、估计的销售费用以及相关税费后的金额。

计算公式：

可变现净值=存货的估计售价－至完工时将要发生的成本－估计的销售费用－估计的相关税费等

基本特征：确定存货可变现净值的前提是企业在进行日常活动。如果企业不能进行正常的生产经营活动，比如企业处于清算过程，则不能按照存货准则的规定确定存货的可变现净值；可变现净值为存货的预计未来净现金流量，而不是简单地等于存货的售价或合同价；不同存货可变现净值的构成不同。

分析研判

（1）原材料针叶浆为生产办公用纸而持有的原材料，因此针叶浆可变现净值的计量基础为办公用纸的市场销售价格。

原材料针叶浆单位可变现净值＝（6,479−4,655.9−309−745.37）÷0.11942=6,437.2（元）

原材料针叶浆可变现净值＝6,437.2×18,756.72=120,740,757.98（元）

（2）库存商品办公用纸的持有目的为出售，即可变现净值的计量基础为办公用纸的市场销售价格。

库存商品办公用纸的可变现净值＝（6,479−309−745.37）×2,564=13,908,751.32（元）

风险控制 可变现净值是企业制定存货管理策略和经营决策的重要依据。通过了解存货的可变现净值，企业可以判断存货的盈利潜力和风险水平，从而做出相应的库存管理、采购和销售策略调整。因此，要加强对存货可变现净值的市场分析与预测，密切关注市场动态，了解行业发展趋势和竞争格局；定期对存货的可变现净值进行评估，根据市场变化及时调整存货跌价准备的计提比例；企业还应建立预警机制，对存货跌价风险进行实时监控，以便及时采取措施应对。

三、按照成本与可变现净值孰低原则计量

认知识别 资产负债表日，存货应当按照成本与可变现净值孰低计量：

当存货成本＜可变现净值时，存货按成本计量；

当存货成本＞可变现净值时，存货按可变现净值计量，同时按照成本高于可变现净值的差额计提存货跌价准备，计入当期损益。

分析研判 原材料针叶浆的可变现净值为120,740,757.98元，小于其账面成本135,293,159.2元，

即针叶浆的可变现净值低于成本，因此针叶浆期末账面价值应按可变现净值计量，即120,740,757.98元；库存商品办公用纸的可变现净值为13,908,751.32元，小于其账面成本14,146,305.92元，即办公用纸的可变现净值低于账面成本，因此办公用纸期末账面价值应按可变现净值计量，即13,908,751.32元。

认知识别 存货存在下列情形的，表明存货的可变现净值低于成本：

（1）该存货的市场价格持续下跌，并且在可预见的未来无回升的希望；

（2）企业使用该项原材料生产的产品的成本大于产品的销售价格；

（3）企业因产品更新换代，原有库存原材料已不适应新产品的需要，而该原材料的市场价格又低于其账面成本；

（4）因企业所提供的商品或劳务过时或消费者偏好改变而使市场的需求发生变化，导致市场价格逐渐下跌；

（5）其他足以证明该项存货实质上已经发生减值的情形。

存货存在下列情形之一的，通常表明存货的可变现净值为零：

（1）已霉烂变质的存货；

（2）已过期且无转让价值的存货；

（3）生产中已不再需要，并且已无使用价值和转让价值的存货；

（4）其他足以证明已无使用价值和转让价值的存货。

四、进行存货减值账务处理

认知识别

（1）当存货成本高于其可变现净值时，企业应当按照单个存货项目计算存货可变现净值低于成本的差额计入当期损益，同时计提存货跌价准备：

借：资产减值损失

　　贷：存货跌价准备

资产负债表日，企业应当确定存货的可变现净值。企业确定存货的可变现净值，应当以资产负债表日的状况为基础确定，既不能提前确定存货的可变现净值，也不能延后确定存货的可变现净值，并且在每一个资产负债表日都应当重新确定存货的可变现净值。

（2）转回已计提的存货跌价准备金额时，按恢复增加的金额：

借：存货跌价准备

　　贷：资产减值损失

企业的存货在符合条件的情况下，可以转回计提的存货跌价准备。存货跌价准备转回的条件是以前减记存货价值的影响因素已经消失，而不是在当期造成存货可变现净值高于成本的其他影响因素。

符合存货跌价准备转回条件时，应在原已计提的存货跌价准备的金额内转回，即转回的金额以将存货跌价准备余额冲减至零为限。

（3）企业结转存货销售成本时，对于已计提存货跌价准备的：

借：存货跌价准备

　　贷：主营业务成本（其他业务成本）

需要注意的是，资产负债表日，同一项存货中一部分有合同价格约定、其他部分不存在合同价格的，应当分别确定其可变现净值，并与其相对应的成本进行比较，分别确定存货跌价准备的计提或转回的金额，由此计提的存货跌价准备不得相互抵销。

分析研判 原材料针叶浆的可变现净值低于其成本，因此，按其差额计提存货跌价准备14,552,401.22元（135,293,159.2−120,740,757.98），做如下账务处理：

借：资产减值损失　　14,552,401.22

　　贷：存货跌价准备　　14,552,401.22

库存商品办公用纸的可变现净值低于其成本，因此，按其差额计提存货跌价准备237,554.60元（14,146,305.92−13,908,751.32），做如下账务处理：

借：资产减值损失　　237,554.60

　　贷：存货跌价准备　　237,554.60

风险控制 企业计提存货跌价准备，能够使财务报表更准确地反映存货的实际价值，为企业的经营决策提供更为科学的依据。在实际工作中，市场情况的多变性和不确定性，以及企业人员对市场的理解和判断的主观性，都需要企业建立完善的存货跌价准备计提流程和审批制度，确保计提依据充分、程序合规。同时加强内部审计和监督，对存货跌价准备的计提情况进行定期检查和评估，对存货跌价准备计提过程中的异常情况进行及时调查和处理，防止违规行为的发生。

任务小结

存货的期末计价是财务核算工作中不可或缺的一环。通过准确评估存货的可变现净值，合理计提存货跌价准备，从而确保了财务报表的真实性和稳健性。期末计价不仅关乎财务信息的准确性，更影响着企业的经营决策和未来发展。

任务发布

公司2023年3月末有原材料阔叶浆37,527.23吨，单位成本为6,253.82元，库存商品办公用纸2,564吨，单位成本5,517.28元。公司将阔叶浆加工成办公用纸对外出售，2023年3月31日，阔叶浆的市场价格为6,228元/吨，办公用纸的市场价格为6,479元/吨，生产1吨的办公用纸需耗用0.238926吨的阔叶浆。将材料加工成产品的过程中预计发生加工费用4,023.08元/吨，预计销售1吨产品发生销售费用309元，相关税费745.37元，如表4-9所示。请判断阔叶浆是否需要计提跌价准备，并完成相应的账务处理。

表 4-9　**期末存货资料**

存货类别	品名	估计	账面余额		持有目的	生产单耗（吨）	消耗材料的成本（元）	至完工估计将要发生的加工费（元）	产品出售估计的销售费用和相关税费	
		售价（元/吨）	数量（吨）	单位成本（元）					加：销售费用（元）	加：税金（元）
原材料	阔叶浆	6,228	37,527.23	6,253.82	继续加工办公用纸	0.238926	1,494.20	4,023.08	309	745.37
库存商品	办公用纸	6,479	2,564.00	5,517.28	出售					

项目总结

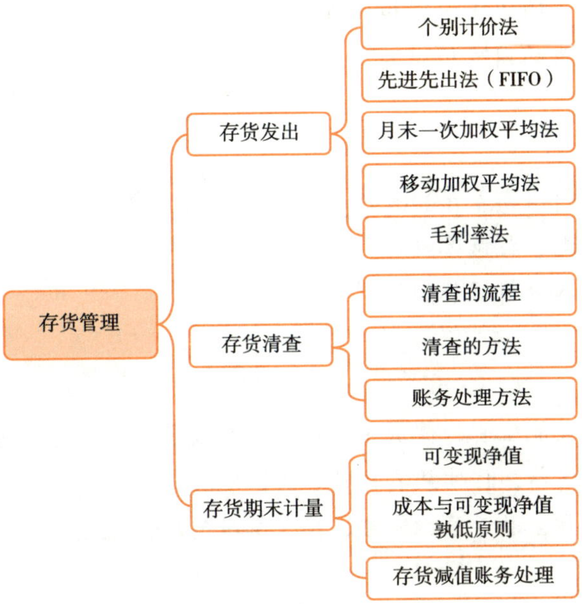

项目 5　成本分析与报告

学习目标

知识目标

1. 掌握产品生产计划执行情况分析内容与方法；
2. 掌握标准成本差异的组成内容和分析方法；
3. 了解成本分析报告的内容和分类。

技能目标

1. 能够进行直接材料成本差异、直接人工差异和制造费用差异的计算和分析；
2. 能够进行生产计划执行情况分析；
3. 能够进行产品成本分析报告的编制。

素质目标

1. 弘扬劳动光荣、技能宝贵，养成企业财务工作发展需要的劳动素养、劳动技能；
2. 形成良好的职业素养，面对繁琐的财务数据处理工作，始终保持严谨细致、精准高效；
3. 养成热爱本职工作，敢于承担责任，乐于奉献的职业操守。

成本分析，是指在一定的原则指导下，运用一定的分析方法，利用成本核算资料、成本报表及其他有关资料，全面分析企业成本，揭示成本计划完成情况，查明成本升降的原因，寻求降低成本的途径和方法，以达到用最少的资源消耗取得最大的经济效益。成本分析是成本会计工作的重要环节，也是企业成本管理不可或缺的一部分。企业进行成本分析，不仅要了解成本工作的现状、分析实际成本升降的原因，还要预测未来成本、提出成本降低的目标和途径。

珠江纸业股份有限公司为深入了解产品成本构成，发现企业成本控制中的问题和改进空间，从而优化资源配置，降低产品生产消耗，持续进行成本分析。由于造纸业的行业特殊性，先按照标准工艺单耗来制定物料需求，待生产完成后，将预先制定的标准成本与实际成本进行对比，有助于造纸厂及时发现成本差异，在成本分析过程中充分利用现代信息技术，规范成本管理流程，进行成本控制，提高成本管理的效率。

任务1 生产计划执行情况分析

【教学重点】生产计划执行环节成本相关数据的整理，生产计划执行情况多维度分析。

【教学难点】成本分析数据的收集与整理。

生产计划执行情况分析是指对实际生产进度、产量、质量、成本等关键指标与预定生产计划进行对比，评估实际执行与计划目标的偏离程度，找出导致偏离的原因，并提出相应的改进措施，以确保生产活动能按计划有序进行，实现资源的最优配置和效率的最大化。

任务导入

公司按照制订的生产计划进行生产活动，通过对生产计划执行情况进行分析，可以了解该公司生产活动是否按照计划进行，是否达到预期效果，并发现问题所在。下面以对造纸事业七部2023年3月生产的胶版纸进行生产计划执行情况多维度分析为例。

任务实施

一、产品成本计划完成情况分析

【场景5-1】造纸事业七部生产胶版纸的生产计划完成情况分析，如表5-1、表5-2所示。

表5-1 胶版纸计划成本资料

产品名称	计划产量（吨）	单位成本		总成本		降低任务	
		上年同期实际单位成本（元）	本期计划单位成本（元）	上年同期实际总成本（元）	本期计划总成本（元）	降低额（元）	降低率
胶版纸	30,770	4,769	4,802	146,742,130.00	147,757,540.00	-1,015,410.00	-0.69%

表5-2 胶版纸实际成本资料

产品名称	实际产量（吨）	单位成本		总成本		降低任务	
		上年同期实际单位成本（元）	本期实际单位成本（元）	上年同期实际总成本（元）	本期实际总成本（元）	降低额（元）	降低率
胶版纸	30,700	4,769	4,759	146,408,300.00	146,101,300.00	307,000.00	0.21%

认知识别 产品成本计划完成情况分析是将全部产品的本年实际总成本和本年计划总成本进行比较，核定实际成本比计划成本的降低额和降低率，并以此作为考核企业成本控制工作的

依据。

企业全部产品包括可比产品与不可比产品。可比产品指本企业过去正式生产过并且有完整的成本资料的产品；不可比产品则指本企业以前从未生产过的，没有历史成本资料的产品。对于可比产品，应将本年实际成本分别与本年计划成本和上年实际成本做比较，分析本年成本计划的完成情况和本年实际成本比上年实际成本的降低程度。不可比产品没有历史成本资料，也就没有上年成本资料。因此，分析不可比产品的成本时，就无法比较本年实际成本与上年实际成本，只能将本年实际成本同本年计划成本进行比较。其计算公式如下。

成本降低额＝计划总成本－实际总成本＝Σ［实际产量 ×（计划单位成本－实际单位成本）］

成本降低率＝成本降低额 ÷ Σ（实际产量 × 计划单位成本）× 100%

分析研判 造纸事业七部生产胶版纸计划成本降低额=30,770 ×（4,769–4,802）=–1,015,410（元）

计划成本降低率=–1015,410 ÷（30,770 × 4,769）× 100%=–0.69%

实际成本降低额=30,700 ×（4,769–4,759）=307,000（元）

实际成本降低率=307,000 ÷（30,700 × 4,769）× 100%=0.21%

超计划降低额=307,000–（–1015,410）=1,322,410.00（元）

超计划降低率=0.21%–（–0.69%）=0.90%

经过计算，可以发现公司胶版纸实际成本降低额比计划成本降低额多1,322,410.00元，说明公司已完成产品成本降低任务，应进一步分析超额完成任务的原因。

风险控制 全部产品成本计划完成情况分析是一种总括性的分析。实际操作时，应以企业编制的产品成本表和成本计划等相关资料为依据，按产品类别、产品成本项目和成本性态构成分别编制全部产品成本分析表，据此对全部产品成本计划完成情况进行全面分析。

二、影响生产计划执行的因素分析

【场景5-2】 分析造纸事业七部生产胶版纸的产量因素对生产计划执行的影响，如表5-3所示。

表 5-3 产量因素对生产计划执行影响分析

产品名称	计划产量（吨）	实际产量（吨）	单位成本		降低任务	
			上年同期实际单位成本（元）	本期计划单位成本（元）	降低额（元）	降低率
胶版纸	30,770	30,700	4,769	4,802	–1,015,410.00	–0.69%

认知识别 计划成本降低额是根据各种产品计划产量确定的，而实际成本降低额是根据各种产品的实际产量计算的。产量的增减，必然会影响可比产品成本降低计划的完成情况。但是，产量变动的影响是指对可比产品成本降低额的影响，在假定品种结构（即各种可比产品在全部可比产品中的比重）和单位成本不变的条件下，单纯的产量变动，只会引起成本降低额同比例的变

化，并不影响成本降低率。产品产量变动对成本降低额影响的计算公式如下。

产量变动对成本降低额的影响 =［Σ（本期实际产量 × 上年同期实际单位成本）– Σ（本期计划产量 × 上年同期实际单位成本）］× 计划成本降低率 = Σ［（本期实际产量 – 本期计划产量）× 上年同期实际单位成本］× 计划成本降低率

分析研判　造纸事业七部生产胶版纸产量变动对成本降低额的影响 =（30,700–30,770）× 4,769 ×（–0.0069）=2,303.43（元）

产量变动对成本降低率的影响 =2,303.43 ÷（30,700 × 4,769）× 100%=0.0016%

通过计算造纸事业七部生产胶版纸产量变动对成本降低额的影响和产量变动对成本降低率的影响两个指标可以看出产量因素对成本降低额影响较小。

风险控制　产量因素对生产计划执行的影响是一个复杂而关键的议题，它直接关系到企业的生产效率、经济效益以及市场竞争力。企业应从加强设备管理和维护、优化工艺流程设计、确保生产环境符合相关标准和要求，加强环境监控和管理等方面来提高产量和保证生产计划执行。

【场景 5-3】分析造纸事业七部生产胶版纸的产品品种结构因素对生产计划执行的影响，如表 5-4 所示。

表 5-4　产品品种结构因素对生产计划执行影响分析

产品名称	实际产量（吨）	单位成本		降低任务	
		上年同期实际单位成本（元）	本期计划单位成本（元）	降低额（元）	降低率
胶版纸	30,700	4,769	4,802	–1,015,410.00	–0.69%

认知识别　产品品种结构是指各种产品的产量占全部产品产量的比重。全部可比产品成本降低率实质上是以各种产品的个别成本降低率为基础来计算的。由于各种可比产品成本降低率不同，因而当产品品种构成发生变动时，就会影响可比产品成本降低额和降低率。在分析中单独计量产品品种构成变动对降低额和降低率的影响，是为了揭示企业取得降低产品成本真实成果的具体途径，从而对企业经营做出正确的评价。

产品品种结构变动对可比产品成本降低额与降低率均有影响。结构变动的影响可以用结构变动后的降低额减去结构变动前的降低额反映，计算公式如下。

产品品种结构变动对成本降低额的影响 = Σ（本期实际产量 × 上年同期实际单位成本）– Σ（本期实际产量 × 本期计划单位成本）– Σ（本期实际产量 × 上年同期实际单位成本）× 计划成本降低率

分析研判　造纸事业七部生产胶版纸产品品种结构变动对成本降低额的影响 =（30,700 × 4,769）–（30,700 × 4,802）–（30,700 × 4,769）×（–0.0069）=–2,882.73（元）

产品品种结构变动对成本降低率的影响 =–2,882.73 ÷（30,700 × 4,769）× 100%=–0.0020%

通过计算，造纸事业七部生产胶版纸产品品种结构变动对成本降低额的影响和产品品种结构变动对成本降低率的影响分别是 –2,882.73 元、–0.0020%，两个指标相对于产品成本降低额与降低率较小，可以看出产品品种结构对造纸事业七部生产胶版纸成本降低额影响也相对较小，公司将根据市场需求和企业实际情况，不断优化纸品产品品种结构。

风险控制 产品品种结构因素对生产计划执行的影响是多方面的，企业应该根据产品品种结构的需求，提高生产设备的自动化水平和工艺水平，加强人员培训和管理，提高生产能力和效率。

【场景 5-4】 分析造纸事业七部生产胶版纸的产品单位成本因素对生产计划执行的影响，如表 5-5 所示。

表 5-5　产品单位成本因素对生产计划执行影响分析

产品名称	实际产量（吨）	单位成本		降低任务	
		本期实际单位成本（元）	本期计划单位成本（元）	降低额（元）	降低率
胶版纸	30,700	4,759	4,802	−1,015,410.00	−0.69%

认知识别 单位成本是影响成本降低额和降低率的主要因素，产品单位成本的降低意味着生产中活劳动和物化劳动消耗的节约。可比产品成本降低任务的完成程度，实际上是各种产品单位成本发生变动所形成的。当本年度可比产品实际单位成本比计划单位成本低或高时，必然会引起成本降低额和降低率的变动。产品实际单位成本比计划单位成本低得越多，成本降低额和降低率也就越大；相反，成本降低额和降低率就越小。产品单位成本的变动与成本降低额和降低率的变动呈相反方向。

单位成本变动对可比产品成本降低额和降低率的影响可用下列公式计算。

产品单位成本变动对成本降低额的影响 = ∑［实际产量 ×（本期计划单位成本 − 本期实际单位成本）］

产品单位成本变动对成本降低率的影响 = 产品单位成本变动对成本降低额的影响 ÷ ∑（本期实际产量 × 上年同期实际单位成本）× 100%

分析研判 造纸事业七部生产胶版纸产品单位成本变动对成本降低额的影响 =30,700 ×（4,802−4,759）=1320,100（元）

造纸事业七部生产胶版纸产品单位成本变动对成本降低率的影响 =1320,100 ÷（30,700 × 4,769）× 100%=0.90%

通过计算造纸事业七部生产胶版纸产品单位成本变动对成本降低额以及成本降低率的影响，可以看出公司超额完成计划生产任务主要因素是生产产品单位成本降低，从而使得产品生产总成本大幅降低。

风险控制 单位成本的变化直接影响企业的成本控制和核算。企业需要密切关注单位成本的变化趋势，分析成本构成和变动原因，以便制定相应的成本控制策略。通过精细化的成本核算和管理，企业可以更好地控制成本，提高生产效率和盈利能力。产品单位成本因素对生产计划执行具有重要影响。企业需要密切关注单位成本的变化趋势，并根据实际情况灵活调整生产计划和策略，以确保生产活动的顺利进行并实现企业的盈利目标。

任务小结

生产计划执行情况分析对于企业的生产管理具有重要意义，它不仅有助于企业监控生产进度、发现并解决问题、提高生产效率和成本控制能力，还能为企业决策提供数据支持，推动企业持续改进和持续发展。企业可以根据分析结果，制定合理的成本控制策略，如优化原材料采购、降低能源消耗等，从而降低生产成本，提高盈利能力。

任务发布

参照本任务学习内容，请根据表5-6、表5-7相关数据，完成造纸事业七部生产办公用纸的生产计划完成情况分析。

表5-6 计划成本资料

产品名称	计划产量（吨）	单位成本		总成本		降低任务	
		上年同期实际单位成本（元）	本期计划单位成本（元）	上年同期实际总成本（元）	本期计划总成本（元）	降低额（元）	降低率
办公用纸	2,789	5,561	5,450	15,509,629.00	15,200,050.00	309,579.00	2.00%

表5-7 实际成本资料

产品名称	实际产量（吨）	单位成本		总成本		降低任务	
		上年同期实际单位成本（元）	本期实际单位成本（元）	上年同期实际总成本（元）	本期实际总成本（元）	降低额（元）	降低率
办公用纸	2,789	5,561	5,517	15,509,629.00	15,386,913.00	122,716.00	0.79%

任务2 标准成本法分析

【教学重点】直接材料差异分析、直接人工差异分析、变动制造费用差异分析及固定制造费用差异分析。

【教学难点】成本数据的收集及计算分析。

标准成本法，是指企业以预先制定的标准成本为基础，通过比较标准成本与实际成本，计算和分析成本差异、分析成本差异动因，进而实施成本控制、评价经营业绩的一种成本管理方法。标准成本法一般适用于产品及其生产条件相对稳定，或生产流程与工艺标准化程度较高的企业。

子任务 1　变动成本差异的分析

任务导入

造纸厂的生产过程复杂，通过变动成本差异分析，公司可以精确了解生产过程中各项变动成本（如直接材料、直接人工和变动制造费用）的实际情况与预算或标准之间的差异。这有助于发现成本超支或节约的具体环节，从而针对性地采取措施进行成本控制。下面以对造纸事业七部生产胶版纸进行变动成本差异分析为例。

任务实施

一、直接材料差异分析

【场景 5-5】造纸事业七部生产胶版纸的直接材料差异分析，如表 5-8 所示。

表 5-8　　直接材料成本差异分析表

日期：2023 年 3 月 31 日　　产品：胶版纸

成本项目		单位	标准			当期实际			当期实际与标准对比（元）		
			数量	单价（元）	金额（元）	数量	单价（元）	金额（元）	价差对成本的影响	量差对成本的影响	合计
直接材料	化机浆	吨	10,469.97	3,000.00	31,409,910.00	10,533.17	3,076.41	32,404,349.52	804,839.52	189,600.00	994,439.52
直接材料	阔叶浆	吨	6,980.82	6,590.00	46,003,603.80	7,022.96	6,253.82	43,920,327.71	−2,360,978.69	277,702.60	−2,083,276.09
直接材料	针叶浆	吨	3,489.15	7,330.00	25,575,469.50	3,510.21	7,213.06	25,319,355.34	−410,483.96	154,369.80	−256,114.16
直接材料	清水	吨	470,299.26	2.52	1,185,154.14	473,138.08	2.52	1,192,307.96	0	7,153.82	7,153.82
直接材料	轻钙	吨	6,094.49	412.00	2,510,929.88	6,131.28	411.54	2,523,266.97	−2,820.39	15,157.48	12,337.09
直接材料	混合碳酸钙	吨	2,510.96	619.88	1,556,493.88	2,526.12	582.80	1,472,222.74	−93,668.53	9,397.39	−84,271.14
直接材料	增白剂	吨	35.09	3,793.78	133,123.74	35.31	3,719.46	131,334.13	−2,624.24	834.63	−1,789.61
直接材料	复合胶	吨	231.55	2,366.53	547,970.02	232.95	2,320.19	540,488.26	−10,794.90	3,313.14	−7,481.76
……	……	……	……	……	……	……	……	……	……	……	……
合计			883,957.26		114,405,439.05	890,125.62		112,981,758.59	−2,117,960.38	694,279.92	−1,423,680.46

注：完整内容扫码获取。

认知识别 直接材料成本差异是指在实际产量下直接材料实际总成本与其标准总成本之间的差额。直接材料成本差异包括直接材料价格差异和直接材料用量差异。

直接材料差异＝实际总成本－标准总成本

＝材料实际单价×材料实际消耗数量－材料标准单价×材料标准消耗数量

直接材料价格差异＝材料实际消耗数量×（材料实际单价－材料标准单价）

直接材料用量差异＝（材料实际消耗数量－材料标准消耗数量）×材料标准单价

分析研判 造纸事业七部生产胶版纸直接材料成本差异中价格差异和用量差异是多少？它们是如何影响直接材料成本总差异的？

以直接材料阔叶浆为例，材料实际单价为6,253.82元，标准单价为6,590元，实际消耗数量为7,022.96吨，标准消耗数量为6,980.82吨，直接材料成本差异为－2,083,276.09元（6,253.82×7,022.96－6,590×6,980.82=43,920,327.71－46,003,603.8=－2,083,276.09），差异额为负数，实际总成本低于标准总成本，是节约差。然后进一步分析，这个节约差是由于价格下降导致的还是用量减少导致的。

阔叶浆的价格差异为－2,360,978.69元［7,022.96×（6,253.82－6,590）=－2,360,978.69］，实际单价低于标准单价，价格差异为负数，是节约差。阔叶浆的用量差异为277,702.60元［（7,022.96－6,980.82）×6,590=277,702.60］，实际用量高于标准用量，价格差异为正数，是超支差。由此看出，直接材料成本差异是价格差异和用量差异共同导致的，并且价格差异和用量差异的方向并不总是一致的。

造纸事业七部生产胶版纸的直接材料共30种，将30种直接材料的差异数据汇总合计得到造纸事业七部生产胶版纸的直接材料成本差异为－1,423,680.46元，为节约差异，其中直接材料价格差异为－2,117,960.38元，是节约差异，用量差异为694,279.92元，是超支差异。

风险控制 直接材料成本差异分析的主要任务是分清价格差异和用量差异对直接材料成本差异影响的大小和方向。

造成直接材料价格差异的因素较多，如采购批量、交货方式、运输工具、材料质量和信用条件等。一般来说，材料成本价格差异应由采购部门负责，但有些差异是采购目标无法控制的，如生产上临时需要进行少量或紧急采购时，因不能享受数量折扣或改变运输方式等产生的差异应由造成这种原因的部门负责。

造成直接材料用量差异的因素较多，一般有工人的技术熟练程度、责任感、设备的完好程度、产品质量控制制度等。材料成本数量差异一般应由生产部门负责；但有时可能由其他部门造成，如因材料质量问题而增加了废品，或因材料规格不符合要求而造成大材小用引起的用料过量，则应由采购部门负责。

二、直接人工差异分析

【场景5-6】造纸事业七部生产胶版纸的直接人工差异分析，如表5-9所示。

表5-9 直接人工成本差异分析表

日期：2023年3月31日 工时单位：小时，金额单位：元

成本项目	工时		每小时工资（工资率）		工资差异	效率差异	合计
	标准	实际	标准	实际			
胶版纸	25,174.00	26,288.00	47.86	46.96	−23,659.20	53,316.04	29,656.84

认知识别 直接人工成本差异是指在实际产量下，实际人工总成本与按标准计算的人工总成本的差异额，直接人工成本差异包括直接人工工资率差异和直接人工效率差异。

直接人工成本差异=实际人工总成本−标准人工总成本

=实际人工工资率×实际人工工时−标准人工工资率×标准人工工时

直接人工工资率差异=实际人工工时×（实际人工工资率−标准人工工资率）

直接人工效率差异=（实际人工工时−标准人工工时）×标准人工工资率

分析研判 造纸事业七部生产胶版纸直接人工成本差异中工资率差异和效率差异是多少？它们是如何影响直接人工成本差异的？

造纸事业七部生产胶版纸直接人工成本差异为29,656.84元（46.96×26,288−47.86×25,174=29,656.84），差异额为正数，实际人工总成本高于标准人工总成本，是超支差。其中，工资率差异为−23,659.20元［26,288×（46.96−47.86）=−23,659.20］，差异额为负数，实际人工工资率低于标准人工工资率，是节约差异；效率差异为53,316.04元［（26,288−25,174）×47.86=53,316.04］，差异额为正数，实际人工工时高于标准人工工时，是超支差。

风险控制 直接人工成本差异分析的主要任务是区分工资率差异和效率差异对直接人工成本差异影响的大小和方向。

如果企业签订的工资薪酬合同没有改变，那么工资率的变动可能是由于生产中升级或降级使用不同工资等级的工人所引起的，如将技术熟练、工资级别较高的工人安排在不需要高技术的工作岗位上，就必然出现不利的工资率差异。

影响直接人工效率变动的因素是多方面的。如果是由于生产部门安排不周，把技术不熟练的工人安排去做复杂的工作，必然会造成实际工时超过标准工时，产生的差异应由生产部门负责；如果是由于采购了不适用的材料，加工耗用了较多工时，或由于生产工艺过程的改变，需延长或缩短加工时间等，则不是生产部门所能控制的因素，产生的差异应由有关部门承担责任。

三、变动制造费用差异分析

【场景5-7】造纸事业七部生产胶版纸的变动制造费用差异分析，如表5-10所示。

表 5-10 变动制造费用差异分析表

日期：2023年3月31日　　产品：胶版纸　　工时单位：小时，金额单位：元

成本项目	工时		分配率		耗费差异	效率差异	合计
	标准	实际	标准	实际			
变动制造费用	1,364.89	1,319.55	139.692982	283.443409	189,685.88	–6,333.68	183,352.2

认知识别 变动制造费用差异是在实际产量下，实际制造费用发生额与按标准计算的变动制造费用的差额，变动制造费用差异包括变动制造费用耗费差异和变动制造费用效率差异。

变动制造费用差异＝实际变动制造费用－标准变动制造费用

＝实际分配率 × 实际工时－标准分配率 × 标准工时

变动制造费用耗费差异＝实际工时 ×（实际分配率－标准分配率）

变动制造费用效率差异＝（实际工时－标准工时）× 标准分配率

分析研判 造纸事业七部生产胶版纸的变动制造费用差异中耗费差异和效率差异是多少？它们是如何影响变动制造费用差异的？

造纸事业七部生产胶版纸的变动制造费用差异为183,352.2元（283.443409×1,319.55–139.692982×1,364.89=183,352.2），差异额为正数，实际变动制造费用高于标准变动制造费用，是超支差。其中，耗费差异为189,685.88元［1,319.55×(283.443409–139.692982)=189,685.88］，差异额为正数，实际分配率高于标准分配率，是超支差；效率差异为–6,333.68元［(1,319.55–1,364.89)×139.692982=–6,333.68］，差异额为负数，实际工时低于标准工时，是节约差。

风险控制 变动制造费用差异分析的主要任务是分清耗费差异和效率差异对变动制造费用差异影响的大小和方向。

造成差异的原因主要是间接材料、间接人工以及其他费用的节约或超支。强化生产管理，提高工时利用效率和生产率是降低变动制造费用效率差异的主要手段。至于变动制造费用耗费差异，通常是由各有关项目的价格原因造成的，多数属于客观因素，企业可调节控制的空间很小。

子任务 2 固定制造费用差异分析

任务导入

为了精确掌握实际固定制造费用与标准固定制造费用之间的差异，分析产品生产过程中制造费用控制的效果，公司对造纸事业七部生产的胶版纸进行固定制造费用差异分析。

固定制造费用是指在生产过程中为制造产品所付出的固定的间接费用，具体包括工资和福利、折旧费、修理费、办公费、水电费、机物料消耗、劳动保护费、季节性和修理期间的停工损

失等。这些费用在一定时期和一定业务量范围内，不受业务量增减变动影响而能保持不变。

由于实际固定制造费用与标准固定制造费用通常存在差额，从而形成了固定制造费用差异，固定制造费用差异的分析方法包括二因素分析法和三因素分析法。二因素分析法将固定制造费用差异分为固定制造费用耗费差异和能量差异进行分析；三因素分析法将固定制造费用差异分为耗费差异、闲置能量差异和效率差异三部分进行分析。

三 任务实施

一、二因素分析法

【场景5-8】采用二因素分析法对造纸事业七部生产胶版纸进行固定制造费用差异分析，如表5-11所示。

表5-11 固定制造费用差异二因素分析表

部门：造纸事业七部　　产品：胶版纸　　工时单位：小时，金额单位：元

成本项目	预算产量下标准工时	实际产量下标准工时	实际工时	标准分配率		耗费差异	能量差异	合计
				标准	实际			
固定制造费用	1,368.00	1,364.89	1,319.55	7,932.090643	7,962.965769	–343,568.52	24,668.80	–318,899.72

认知识别 二因素分析法把固定制造费用差异分为耗费差异和能量差异。

固定制造费用差异 = 实际固定制造费用 – 标准固定制造费用

= 实际分配率 × 实际工时 – 标准分配率 × 实际产量下标准工时

耗费差异 = 实际固定制造费用 – 预算固定制造费用

= 实际工时 × 实际分配率 – 预算产量下标准工时 × 标准分配率

能量差异 = 预算固定制造费用 – 标准固定制造费用

= 预算产量下标准工时 × 标准分配率 – 实际产量下标准工时 × 标准分配率

二因素分析法下，耗费差异指的是实际固定制造费用和预算固定制造费用之间的差异，分析的是实际数与预算数之间的差异；能量差异则是预算固定制造费用和标准固定制造费用之间的差异，分析的是预算数和标准数之间的差异。

分析研判 造纸事业七部生产胶版纸固定制造费用差异中耗费差异和能量差异是多少？它们是如何影响固定制造费用差异的？

造纸事业七部生产胶版纸固定制造费用差异为–318,899.72元（7,962.965769×1,319.55–7,932.090643×1,364.89=–318,899.72），是节约差。其中，耗费差异为–343,568.52元（7,962.965769×1,319.55–7,932.090643×1,368=–343,568.52），是负数，实际固定制造费用低于预算固定制造费用，是节约差；能量差异为24,668.80元（7,932.090643×1,368–7,932.090643×1,364.89=24,668.80），差异额为正，预算固定制

造费用高于标准固定制造费用，为超支差异。

二、三因素分析法

【场景5-9】采用三因素分析法对造纸事业七部生产胶版纸进行固定制造费用差异分析，如表5-12所示。

表 5-12 固定制造费用差异三因素分析表

部门：造纸事业七部　　产品：胶版纸　　工时单位：小时，金额单位：元

成本项目	预算产量下标准工时	实际产量下标准工时	实际工时	标准分配率		耗费差异	闲置能量差异	效率差异	合计
				标准	实际				
固定制造费用	1,368.00	1,364.89	1,319.55	7,932.090643	7,962.965769	-343,568.52	384,309.79	-359,640.99	-318,899.72

认知识别 三因素分析法把固定制造费用差异分为耗费差异、闲置能量差异和效率差异。

固定制造费用差异＝实际固定制造费用－标准固定制造费用

＝实际分配率 × 实际工时－标准分配率 × 实际产量下标准工时

耗费差异＝实际固定制造费用－预算产量下标准固定制造费用

＝实际工时 × 实际分配率－预算产量下标准工时 × 标准分配率

闲置能量差异＝（预算产量下标准工时－实际产量下实际工时）× 标准分配率

效率差异＝（实际产量下实际工时－实际产量下标准工时）× 标准分配率

三因素分析法下，耗费差异指的是实际固定制造费用和预算固定制造费用之间的差异，分析的是实际数与预算数之间的差异，与二因素分析法下的耗费差异相同；闲置能量差异分析的是预算产量工时和实际工时之间的不同导致的费用差异；效率差异分析的是实际产量下实际工时和标准工时之间的不同导致的费用差异。

分析研判 造纸事业七部生产胶版纸固定制造费用差异中耗费差异、闲置能量差异和效率差异是多少？它们是如何影响固定制造费用差异的？

造纸事业七部生产胶版纸固定制造费用差异为-318,899.72元（7,962.965769 × 1,319.55-7,932.090643 × 1,364.89=-318,899.72），是节约差。其中，耗费差异为-343,568.52元（7,962.965769 × 1,319.55-7,932.090643 × 1,368=-343,568.52），是负数，实际固定制造费用低于预算固定制造费用，是节约差；闲置能量差异为384,309.79元［（1,368-1,319.55）× 7,932.090643=384,309.79］，差异额为正数，预算产量工时高于实际工时，为超支差，效率差异为-359,640.99元［（1,319.55-1,364.89）× 7,932.090643=-359,640.99］，差异额为负数，实际产量下实际工时低于标准工时，为节约差异。

风险控制 三因素分析法中的耗费差异与二因素分析法中的耗费差异相等，闲置能量差异和效率差异之和等于二因素分析法中的能量差异。

影响固定制造费用耗费差异的因素可能包括生产部门管理人员工资及福利的调整、折旧方法的改变、修理费用开支的变化、办公用品价格的变化等；影响固定制造费用闲置能量差异的因素可能包括产品销售量的变化、原材料供应方面的变化、生产设备利用效率的变化等；影响固定制造费用效率差异的因素可能包括劳动生产率的变动、生产批量的变化等。

任务小结

采用标准成本分析法，可以明确每项任务所需的工作量和资源，提高了管理的精准度和效率，有助于准确评估生产成本，为企业的决策提供有力支持。同时，通过设定明确的工作量标准，还能有效激发员工的工作积极性，提升整体生产效率。

任务发布

参照本任务学习内容，请根据表5-13、表5-14相关数据，对造纸事业七部生产办公用纸产品进行标准成本法下的直接材料差异分析、直接人工差异分析。

表 5-13　　直接材料成本差异分析表

日期：2023年3月31日　　产品：办公用纸　　金额单位：元

成本项目		单位	标准			当期实际			当期实际与标准对比		
			数量	单价	金额	数量	单价	金额	价差对成本的影响	量差对成本的影响	合计
直接材料	化机浆	吨	10,935.21	3,000.00	32,805,630.00	999.43	3,076.53	3,074,776.38			
直接材料	阔叶浆	吨	7,291.02	6,590.00	48,047,821.80	666.36	6,253.82	4,167,295.50			
直接材料	针叶浆	吨	3,644.20	7,330.00	26,711,986.00	333.06	7,213.05	2,402,378.43			
直接材料	清水	吨	485,089.56	2.52	1,222,425.69	44,334.90	2.52	111,723.95			
直接材料	轻钙	吨	5,639.81	412.00	2,323,601.72	515.45	411.54	212,128.29			
直接材料	混合碳酸钙	吨	3,568.82	619.88	2,212,240.14	326.17	582.80	190,091.88			
直接材料	增白剂	吨	49.86	3,793.78	189,157.87	4.56	3,719.51	16,960.97			
直接材料	复合胶	吨	329.11	2,366.53	778,848.69	30.08	2,320.20	69,791.62			
……	……	……	……	……	……	……	……	……			
合计			1,055,931.86		122,047,146.86	96,507.20		10,948,801.63			

注：完整内容扫码获取。

表 5-14　　直接人工成本差异分析表

日期：2023年3月31日　　工时单位：小时，金额单位：元

成本项目	工时		每小时工资（工资率）		工资率差异	效率差异	合计
	标准	实际	标准	实际			
办公用纸	1784.96	1864.00	45.02	46.96			

任务 3　成本分析报告

【教学重点】成本分析报告的编制。

【教学难点】成本分析报告数据的收集及分析。

成本分析报告是一种详细分析企业运营成本的书面报告。它通过对企业成本数据的收集、整理、分析和解释，分析成本结构、成本变动趋势、成本差异及其背后的原因，从而为企业管理层提供有关成本控制、优化成本结构和提升成本效益的重要信息和决策依据。

任务导入

公司采用品种法进行成本核算，基本生产成本设有“直接材料”“燃料及动力”“直接人工”“制造费用”等成本项目。其中生产的胶版纸为该公司重点产品，公司应该编制哪些成本报表，在成本报表中具体应填制哪些项目呢？下面以编制造纸事业七部生产的胶版纸成本分析报告为例。

任务实施

一、编制主要材料支出明细报表

【场景 5-10】编制造纸事业七部生产胶版纸的主要材料化机浆支出明细表，如表 5-15 所示。

表 5-15　化机浆支出明细表

数量单位：吨，金额单位：元

产品	项目		1月		2月		3月		2月环比差异值		3月环比差异值	
			实际单耗	金额	实际单耗	金额	实际单耗	单价	实际单耗	金额	实际单耗	金额
化机浆	主要原材料	原木采购价格		751.59		750.91		751.59		−0.68		0.68
		原木加权平均出库价格		751.59		751.10		751.42		−0.49		0.32
		原木成本	0.510465	383.66	0.510464	383.41	0.510465	383.57	−0.000001	−0.25	0.000001	0.16
		木片采购价格		1,215.47		1,215.47		1,350.00		0		134.53
		木片加权平均出库价格		1,215.47		1,215.47		1,297.61		0		82.14
		木片成本	0.794404	965.57	0.794404	965.57	0.794404	1,030.83	0	0	0	65.26

续表

产品	项目	1月		2月		3月		2月环比差异值		3月环比差异值	
		实际单耗	金额	实际单耗	金额	实际单耗	单价	实际单耗	金额	实际单耗	金额
化机浆	其他材料成本		788.43		790.99		789.86		2.56		-1.13
	燃料和动力		588.54		585.68		591.44		-2.86		5.76
	直接人工	1.330928	67.78	1.40145	69.37	1.336216	66.01	0.070522	1.59	-0.065234	-3.36
	制造费用	0.019042	212.17	0.018973	210.81	0.018286	214.70	-0.000069	-1.36	-0.000687	3.89
	总成本		3,006.15		3,005.83		3,076.41		-0.32		70.58

认知识别 成本报表的编制方法主要包括直接成本法（也称为直接追溯法），即将成本直接追溯到特定的产品或服务上，以确定其成本的方法。这种方法通常适用于直接材料和直接人工等成本，因为它们可以直接与特定的产品或服务相关联。

分析研判 化机浆是造纸事业七部生产胶版纸成本构成中的主要原材料，该项原材料是造纸厂通过自制提供。通过收集化机浆成本构成相关数据，编制化机浆成本管控明细表发现，生产化机浆的主要原材料木片的采购价格在3月份上涨了134.53元，导致木片的加权平均出库价格每吨上涨了82.14元，每吨化机浆的木片成本上涨了65.26元。

化机浆其他材料成本、燃料和动力、直接人工和制造费用成本没有较大变化，最终由于木片成本上涨导致化机浆总成本3月上涨70.58元。

根据大数据分析结果，预计未来木片价格仍将上升，将会导致化机浆总成本持续上涨，建议采购部门寻找替代供应商或谈判更好的价格。生产部门优化工艺流程，减少材料浪费，降低单耗。

知识拓展 成本报表属于内部报表，其反映的成本信息是企业的商业机密。由于成本报表不对外公开，其编制格式、内容、报送时间等完全根据企业需要决定，具有相当的灵活性。

成本报表的分类：

（1）按成本报表反映的内容不同进行分类：①反映企业生产经营过程中费用水平及其构成情况的报表，主要有制造费用明细表、管理费用明细表、销售费用明细表、财务费用明细表等。②反映企业产品成本水平及其构成情况的报表，主要有生产成本及销售成本表、主要产品单位成本表等。

（2）按报表编制的时间分类：成本报表按其编制的时间，可以分为年度报表、半年度报表、季度报表、月报及旬报、周报、日报和班报。

二、编制主要产品单位成本报表

【场景5-11】 编制造纸事业七部生产胶版纸的单位成本报表，如表5-16所示。

认知识别 主要产品单位成本报表是分别按每一种主要产品进行编制的，表中主要反映产品名称、规格、计量单位、产量、销售单价，按成本项目反映单位成本的构成和水平。

表 5-16 **胶版纸单位成本报表**

数量单位：吨，金额单位：元

产品	项目		1月		成本占比	2月		成本占比	3月		成本占比	2月环比差异值		3月环比差异值	
			实际单耗	单价		实际单耗	单价		实际单耗	单价		实际单耗	金额	实际单耗	金额
胶版纸	主要原材料	化机浆成本	0.3431	1,031.41	21.40%	0.3431	1,031.3	21.37%	0.3431	1,055.52	22.18%	0.00	-0.11	0.00	24.22
		阔叶浆采购价格		6,446			6,280			5,894.11			-166		-385.89
		阔叶浆加权平均出库价格		6,538.2			6,460.1			6,253.82			-78.1		-206.28
		阔叶浆成本	0.228761	1,495.69	31.03%	0.228761	1,477.82	30.63%	0.228761	1,430.63	30.06%	0.00	-17.87	0.00	-47.19
		针叶浆采购价格		7,340			7,320			7,010			-20		-310
		针叶浆加权平均出库价格		7,333.6			7,329.48			7,213.06			-4.12		-116.42
		针叶浆成本	0.114339	838.52	17.40%	0.114339	838.05	17.37%	0.114339	824.73	17.33%	0.00	-0.47	0.00	-13.32
	其他材料成本			371.97	7.72%		372.37	7.72%		369.35	7.76%		0.4		-3.02
	燃料和动力			424.47	8.81%		422.75	8.76%		420.52	8.84%		-1.72		-2.23
	直接人工		0.821157	40.32	0.84%	0.855573	41.06	0.85%	0.855312	40.16	0.84%	0.03	0.74	-0.00	-0.9
	制造费用		0.042884	358.86	7.45%	0.042803	383.33	7.94%	0.042933	359.37	7.55%	-0.00	24.47	0.00	-23.96
	纸加工成本			258.32	5.35%		258.74	5.36%		258.78	5.44%		0.42		0.04
	总成本			4,819.56			4,825.42			4,759.06			5.86		-66.36
	销售价格			5,445.2			5,489.57			5,547.84			44.37		58.27

敏感性分析是指从众多不确定性因素中找出对项目经济效益指标有重要影响的敏感性因素，并分析、测算其对项目经济效益指标的影响程度和敏感性程度，进而判断项目承受风险能力的一种不确定性分析方法。

敏感度系数是项目效益指标变化的百分率与不确定因素变化的百分率之比。敏感度系数高，表示项目效益对该不确定因素敏感程度高，提示应重视该不确定因素对项目效益的影响。

敏感度系数计算公式：$E=(\Delta A/A)/(\Delta F/F)$

其中：E——评价指标A对于不确定因素F的敏感度系数；ΔA/A——不确定因素F发生变化时，评价指标A的相应变化率（%）；ΔF/F——不确定因素F的变化率（%）。

当$E>0$，表示评价指标与不确定因素同方向变化；$E<0$，表示评价指标与不确定因素反方向变化。E的绝对值越大，对应的不确定因素的敏感度越高。

分析研判 化机浆是生产胶版纸的主要材料之一，由于3月化机浆的成本上升，导致每吨胶版纸中化机浆的成本上升了24.22元，生产胶版纸的另外两种主要原材料阔叶浆和针叶浆价格持续下降，使3月每吨胶版纸成本分别下降了47.19元和13.32元，降低了化机浆成本上升对胶版纸成本造成的影响。

胶版纸其他材料成本、燃料和动力、直接人工和制造费用成本没有较大变化，最终由于阔叶浆和针叶浆成本下降导致胶版纸总成本3月下降66.36元。

从胶版纸成本构成来看，主要原材料占比最大，以3月胶版纸成本项目数据为例，主要原材料占比共计69.57%，其他材料成本占比7.76%，燃料和动力占比8.84%，直接人工占比0.84%，制造费用占比7.55%，纸加工成本占比5.44%。由此可见，主要原材料成本对胶版纸成本的变动起决定性作用。胶版纸主要原材料成本项目由化机浆成本、阔叶浆成本和针叶浆成本三部分构成，其中胶版纸成本中外购取得阔叶浆成本占比达到30.06%，可见外购取得阔叶浆成本对胶版纸影响较大。

利用敏感性分析分别计算三种主要原材料对胶版纸成本敏感度系数，如下：

化机浆对胶版纸成本敏感度系数=1%÷0.22%=4.55

阔叶浆对胶版纸成本敏感度系数=1%÷0.28%=3.57

针叶浆对胶版纸成本敏感度系数=1%÷0.13%=7.69

由此可见，外购针叶浆成本对胶版纸成本影响更为敏感，造纸厂应该充分利用大数据工具获取采购针叶浆有效信息，从而更好控制胶版纸成本。

风险控制 通过上述指标计算分析，建议销售部门根据采购成本的变动，灵活调整产品售价，如果成本将持续下降，销售部门可以逐步下调价格，吸引更多的消费者，同时保持对市场变化的敏感性和快速响应能力，持续监测市场趋势和竞争对手动态，提前规划销售策略，确保在市场变化中占据主动。

三、编制成本分析报告

【场景5-12】 编制造纸事业七部生产胶版纸的成本分析报告。

认知识别 成本分析可以大大提高企业的管理水平，从而为降低生产成本、提高企业经济效益打下坚实的基础。成本分析报告的格式一般由标题、数据表格、文字分析说明三部分组成，如表5-17所示。

表5-17 成本分析报告的格式

内容标题	标题由成本分析的单位、分析的时间范围、分析内容三方面构成
数据表格	成本分析报告数据表格一般内容有：原料成本表、工费成本表、分品种的单位成本表等
文字说明	文字分析说明重在以表格数据为基础，查明导致成本升高的主要因素。影响产品成本的因素包括： 1.建厂时带来的固有因素 2.宏观经济因素 3.企业经营管理因素 4.生产技术因素 一般来说，内部因素是分析的重点
提出建议	成本分析报告是从影响成本诸要素的分析入手，找出影响总成本升或降的主要原因，并针对原因提出控制成本的措施，以供领导决策参考

分析研判 整合前述任务中造纸事业七部生产胶版纸相关成本数据，编制成本分析报告，如表5-18所示。

表5-18 造纸事业七部胶版纸成本分析报告

2023年3月31日

一、胶版纸单位成本表

胶版纸单位成本表

日期：2023年3月31日 金额单位：元

产品名称	胶版纸		本月实际产量	30,700.00			
规格	70×845		本年累计实际产量	89,865.00			
计量单位	吨		销售单价	5,547.84			
成本项目	本年计划数		上年实际数		本月数		本年累计数
直接材料	1,374,088,256.75		1,314,755,463.70		115,730,501.67		341,442,124.21
燃料和动力	155,547,695.82		151,587,859.03		13,123,325.90		38,933,407.30
直接人工	15,703,102.73		14,247,602.05		1,370,968.85		4,041,312.70
制造费用	187,787,598.53		176,106,988.14		16,160,970.91		48,134,969.22
生产费用合计	1,733,126,653.83		1,656,697,912.92		146,385,767.33		432,551,813.43
主要经济技术指标	单位用量	金额	单位用量	金额	单位用量	金额	单位用量	金额
化机浆	0.3410414	369,253,606.46	0.343134	357,586,409.48	0.3431	32,404,358.73	0.3431	93,583,094.11
阔叶浆	0.2273884	540,816,718.83	0.228784	523,729,528.02	0.228761	43,920,317.36	0.228761	131,941,900.00
针叶浆	0.113653	300,663,886.55	0.114350	291,162,969.78	0.114339	25,319,365.21	0.114339	74,915,577.49

二、胶版纸生产成本及销售成本表

生产成本及销售成本表

日期：2023年3月31日 产品名称：胶版纸 单位：元

行次	项目	本年计划数	上年实际数	本月数	本年累计数
1	直接材料	1,374,088,256.75	1,314,755,463.70	115,730,501.67	341,442,124.21
2	燃料和动力	155,547,695.82	151,587,859.03	13,123,325.90	38,933,407.30
3	直接人工	15,703,102.73	14,247,602.05	1,370,968.85	4,041,312.70
4	制造费用	187,787,598.53	176,106,988.14	16,160,970.91	48,134,969.22
5	生产费用合计	1,733,126,653.83	1,656,697,912.92	146,385,767.33	432,551,813.43
6	加：在产品、自制半成品期初余额	0	0	0	0
7	减：在产品、自制半成品期末余额	0	0	282,636.83	282,636.83
8	产品生产成本合计	1,733,126,653.83	1,656,697,912.92	146,103,130.50	432,269,176.60
9	加：产成品、库存商品期初余额	110,510,334.00	205,026,995.72	203,971,509.64	110,510,334.00
10	减：产成品、库存商品期末余额	194,142,816.66	110,510,334.00	236,122,434.08	236,122,434.08
11	产品销售成本合计	1,649,494,171.17	1,751,214,574.64	113,952,206.06	306,657,076.52

三、胶版纸成本分析

（一）胶版纸成本构成

胶版纸按照产品品种确定成本核算对象，产品制造成本构成项目分为直接材料、燃料和动力、直接人工和制造费用四部分。

（二）胶版纸成本差异分析

1.直接材料差异分析：造纸事业七部生产胶版纸的直接材料共30种，将30种直接材料的差异数据汇总合计得到造纸事业七部生产胶版纸的直接材料成本差异为－1,423,680.46元，为节约差异。其中，直接材料价格差异为－2,117,960.38元，是节约差异，用量差异为694,279.92元，是超支差异。

2.直接人工差异分析：造纸事业七部生产胶版纸直接人工成本差异为29,656.84元（46.96×26,288－47.86×25,174=29,656.84），差异额为正数，实际人工总成本高于标准人工总成本，是超支差。其中，工资率差异为－23,659.20元［26,288×（46.96－47.86）=－23,659.20］，差异额为负数，实际人工工资率低于标准人工工资率，是节约差异；效率差异为53,316.04元［（26,288－25,174）×47.86=53,316.04］，差异额为正数，实际人工工时高于标准人工工时，是超支差。

3.制造费用差异分析：造纸事业七部生产胶版纸固定制造费用差异为－318,899.72元（7,962.965769×1,319.55－7,932.090643×1,364.89=－318,899.72），是节约差。其中，耗费差异为－343,568.52元（7,962.965769×1,319.55－7,932.090643×1,368=－343,568.52），是负数，实际固定制造费用低于预算固定制造费用，是节约差；闲置能量差异为384,309.79元［（1,368－1,319.55）×7,932.090643=384,309.79］，差异额为正数，预算产量工时高于实际工时，为超支差，效率差异为－359,640.99元［（1,319.55－1,364.89）×7,932.090643=－359,640.99］，差异额为负数，实际产量下实际工时低于标准工时，为节约差异。

四、成本优化建议

1.加强原材料采购管理，优化供应商选择和采购策略，降低直接材料成本。

2.提高员工技能水平和工作效率，降低直接人工成本。

3.加强设备管理和维护，提高设备使用效率和寿命，降低制造费用。

4.优化营销策略和渠道，降低销售费用。

5.加强资金管理，提高资金使用效率，降低财务费用。

造纸事业七部

2023年4月15日

任务小结

成本分析报告是企业财务管理和成本控制的重要工具，它有助于企业了解自身的成本状况，发现成本控制中存在的问题或潜力，从而制定有效的成本控制策略，提升企业的经济效益和市场竞争力。成本分析报告对于企业的成功至关重要。它不仅有助于管理层做出明智的决策，还可以提高运营效率、优化预算制定与控制、评估绩效、管理风险、支持战略规划以及加强与投资者和股东的沟通。

任务发布

参照本任务学习内容，请根据表5－15、表5－19相关数据，完成造纸事业七部生产办公用纸成本管控报表的编制与分析。

表 5-19　　　　　　　　办公用纸单位成本报表

数量单位：吨，金额单位：元

产品	项目		1月		成本占比	2月		成本占比	3月		成本占比	2月环比差异值		3月环比差异值	
			实际单耗	金额		实际单耗	金额		实际单耗	金额		实际单耗	金额	实际单耗	金额
办公用纸	主要原材料	化机浆成本	0.358345	1,077.24		0.358347	1,077.13		0.358347	1,102.42					
		阔叶浆采购价格		6,446.00			6,280.00			5,894.11					
		阔叶浆加权平均出库价格		6,538.20			6,460.10			6,253.82					
		阔叶浆成本	0.238924	1,562.13		0.238925	1,543.48		0.238924	1,494.19					
		针叶浆采购价格		7,340.00			7,320.00			7,010.00					
		针叶浆加权平均出库价格		7,333.60			7,329.48			7,213.06					
		针叶浆成本	0.119421	875.79		0.119417	875.26		0.119419	861.38					
	其他材料成本			471.56			471.66			467.72					
	燃料和动力			568.77			566.39			562.69					
	直接人工		0.640818	31.47		0.667930	32.05		0.668340	31.38					
	制造费用		0.038407	327.52		0.038385	350.25		0.038182	326.30					
	纸加工成本			669.65			671.90			671.16					
	总成本			5,584.13			5,588.12			5,517.24					
	销售价格			5,864.15			5,911.04			5,911.04					

项目总结

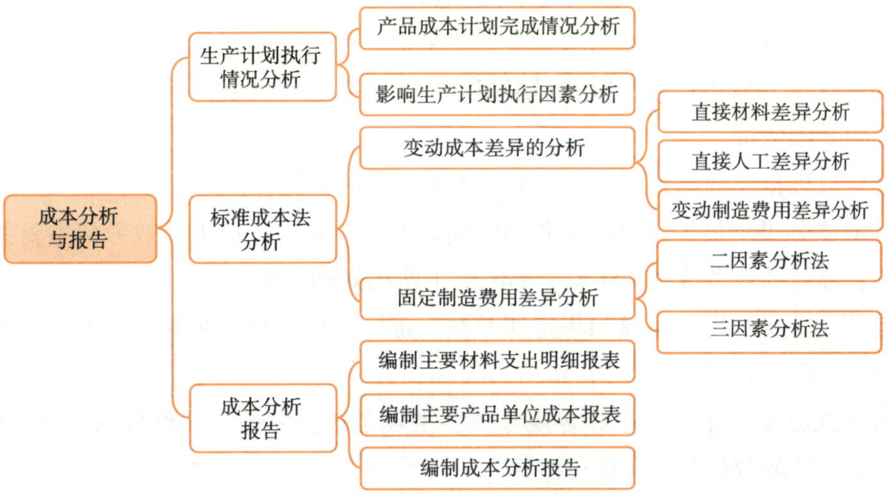

项目 6　生产绩效考核

学习目标

知识目标

1. 理解生产计划完成率、产品质量合格率、生产设备利用率、设备正常运转率等关键指标;
2. 掌握成本分析的方法、产品质量控制的基础知识以及生产效率提升的策略。

技能目标

1. 能够根据绩效结果调整生产计划，以优化生产过程和提高生产效率;
2. 能够运用 Excel 或其他大数据分析工具来处理单位成本分析表、非生产时间记录表以及吨纸成本及成本降低率绩效考核等数据。

素质目标

1. 培养质量意识、安全意识、成本意识和团队合作精神;
2. 提高全局意识，通过多维度评价促进企业战略目标的达成。

绩效考核是企业在既定的战略目标下，运用特定的标准和指标，对员工的工作行为及取得的工作业绩进行评估，并运用评估的结果对员工将来的工作行为和工作业绩产生正面引导的过程和方法。它是绩效管理的核心环节，旨在对组织、个人绩效进行准确识别和有效区分，进而为激励机制的应用提供基础依据。

绩效考核可以根据不同的维度进行分类，主要包括以下几种：

按照考核对象分类：员工绩效考核和部门绩效考核。其中，员工绩效考核主要关注个体的工作表现和贡献；部门绩效考核则关注整个部门的工作绩效和业绩。

按照考核周期分类：定期考核和不定期考核。定期考核一般按照季度、半年或年度进行；不定期考核则根据企业实际需要进行。

按照考核方式分类：主观考核和客观考核。主观考核主要通过评价者的主观判断进行评价；客观考核则依据具体的数据和事实进行评价。

公司生产部门绩效考核管理由公司生产部门绩效考核小组全权负责。由于造纸厂通常以班组为单位进行生产活动，属于流程性生产行业，生产过程中需要各个环节的紧密配合，共同完成生产任务。因此，以班组为单位进行考核，能够更全面地反映团队的整体绩效，同时也符合造纸厂的生产组织结构。因此，人力资源部门制定《生产部门及人员绩效考核管理办法》时，以各生产事业部的班组为考核单位进行班组绩效考核，并在各生产事业部之间进行事业部绩效考核。2023年4月2日，生产部门绩效考核小组根据3月的生产情况开展绩效考核。

任务1 班组绩效考核

【教学重点】团队整体绩效的全面评估，包括生产效率、质量控制、团队协作等方面。
【教学难点】考核标准的科学制定，以量化指标为主，减少人为干扰。

任务导入

为实现公司战略目标，使生产部门员工专注于清晰的目标、明确的发展方向和工作重点，调动员工的工作积极性和责任感，提高员工工作业绩，以及公司整体工作的有效性，公司坚持评估与指导、反馈相结合，加强双向沟通，增强考核效果的原则，公司生产部门绩效考核小组通过分析班组的工作特点和目标，制定了班组绩效考核管理办法开展绩效考核，设计了相应的考核指标，本任务以造纸事业七部4个班组为例进行班组绩效考核。

任务实施

一、出勤情况考核

【场景6-1】生产部门绩效考核小组根据造纸事业七部4个班组生产人员考勤记录进行出勤情况考核，如表6-1所示。

表 6-1 班组出勤情况统计表

部门：造纸事业七部 期间：2023年3月

项目	应出勤天数（天）	实际出勤天数（天）	迟到次数（次）	早退次数（次）	请假天数（天）	旷工天数（天）
一班	874	873	2	1	1	0
二班	874	872	10	1	2	0
三班	874	863	5	2	11	0
四班	897	896	3	0	1	0

附表：

部门：造纸事业七部　　　　　　　　期间：2023年3月

项目	请假					
	事（小时）	病（小时）	年（天）	婚（天）	丧（天）	产（天）
一班	0	8	0	0	0	0
二班	8	8	0	0	0	0
三班	48	0	5	0	0	0
四班	8	0	0	0	0	0

认知识别 员工考勤的管理是员工绩效管理的基础工具之一。通过记录员工的出勤情况，公司可以确保员工按照预定的时间表进行工作，从而维持工作秩序和纪律。考勤数据是计算员工薪资的重要依据。特别是对于按照工时或出勤天数支付薪水的员工，考勤记录直接影响到他们的薪资收入。准确的考勤数据可以确保薪资计算的公正性和准确性，避免因计算错误引起的纠纷和不满。通过对考勤数据的分析，公司可以了解员工的出勤规律和趋势，为未来的招聘、培训和人力资源规划提供数据支持。此外，考勤数据还可以与其他业务数据相结合，进行更深入的分析，为公司战略决策提供有力支持。通过严格的考勤管理，公司可以确保员工按时到岗、认真工作，保障公司的正常运营和利益。许多国家和地区都有关于工作时间、加班、休假等方面的法律法规，公司需要确保员工的出勤情况符合这些规定，避免法律风险。

分析研判 造纸事业七部4个班组中一班、二班、三班、四班分别有38名、38名、38名、39名员工，2023年3月每名员工应出勤天数为23天（31–8=23），各班组应出勤总天数分别为874天、874天、874天、897天。按照各班组员工出勤情况可计算出勤情况指标，如表6–2所示。其中出勤率=实际出勤天数 ÷ 应出勤天数 ×100%，其他出勤情况指标以此类推。

表 6–2　　出勤情况指标

部门：造纸事业七部　　　　　　　　期间：2023年3月

项目	出勤率	迟到率	早退率	请假率	旷工率
一班	99.89%	0.23%	0.11%	0.11%	0
二班	99.77%	1.14%	0.11%	0.23%	0
三班	98.74%	0.57%	0.23%	1.26%	0
四班	99.89%	0.33%	0.00%	0.11%	0

完成4个班组出勤情况指标表统计后，即可根据出勤情况考核标准分别为4个班组进行出勤情况考核，如表6–3所示。其中当班组出勤率达到或超过99%，得满分，每降低1%，扣0.2分；迟到率达到或低于0.5%，得满分，每增加0.5%的迟到率，扣0.1分；早退率达到或低于0.5%，得满分，每增加0.5%的早退率，扣0.1分；请假率达到或低于0.5%，得满分，每超过0.5%，扣0.2分；无旷工，得满分，每增加0.5%的旷工率，扣2分。以一班为例，出勤率99.89%>99%，得2

分；迟到率0.23%<0.5%，得1分；早退率0.11%<0.5%，得0.5分；请假率0.11%<0.5%，得1分；无旷工，得0.5分；一班合计出勤情况考核得分5分。

表6-3 出勤情况考核

部门：造纸事业七部　　　　期间：2023年3月　　　　单位：分

关键绩效指标		分值	考核标准	一班	二班	三班	四班
				考核得分	考核得分	考核得分	考核得分
出勤情况	出勤率	2	出勤率达到成超过99%，得满分；每降低1%，扣0.2分	2	2	1.95	2
	迟到率	1	迟到率达到或低于0.5%，得满分；每增加0.5%的迟到率，扣0.1分	1	0.87	0.99	1
	早退率	0.5	早退率达到或低于0.5%，得满分；每增加0.5%的早退率，扣0.1分	0.5	0.5	0.5	0.5
	请假率	1	请假率达到或低于0.5%，得满分；每超过0.5%，扣0.2分	1	1	0.7	1
	旷工率	0.5	无旷工，得满分；每增加0.5%的旷工率，扣2分	0.5	0.5	0.5	0.5
总得分				5	4.87	4.64	5

知识拓展 运用Excel利用NETWORKDAYS函数快速计算员工出勤天数。

NETWORKDAYS函数用于计算两个日期之间的工作日数，其语法为NETWORKDAYS（start_date，end_date，[holidays]）。其中，start_date代表开始日期，end_date代表终止日期。NETWORKDAYS默认周六、周日为非工作日。如果当月有法定假期，则使用参数holidays表示。

二、产量指标考核

【场景6-2】生产部门绩效考核小组整理造纸事业七部四个班组产品入库记录明细，统计汇总形成四个班组产量指标生产统计汇总表，如表6-4、表6-5所示。

认知识别 产量指标考核是评估企业或生产部门在一定时间内完成的工作量、生产数量或产出效益的重要手段。产量指标考核方式主要包括产量考核和质量考核。其中产量考核主要对生产部门的月度生产总量进行统计和对比，与企业的生产目标进行对比，计算出产量考核得分。具体方式可以包括计算实际产量与计划产量的差异，或者通过设定一定的完成率标准来评估产量的达成情况。质量考核通常涉及对生产部门的质检通过率、返工率和消息处理及时率等指标的统计和对比，以评估生产过程中的质量控制情况。

分析研判 公司设定计划产量目标为8,389.75吨，生产部门绩效考核小组根据造纸事业七部四个班组生产统计汇总表，计算得出各自产量指标考核得分。以一班为例，班组得分=（实际产量/计划产量）×25=（8,324.20/8,389.75）×25=24.80分，以此类推分别得出其他班组产量指标得分分别是25.89分、24.83分、24.27分。

表 6-4 生产统计汇总表

日期：2023年3月1日—2023年3月31日 单位：吨

生产车间	机台	班组	品种	生产数量	不合格数量	一级品入库数量	一级品率
造纸事业七部	9#	一班	胶版纸	3,745.33	3.13	3,742.2	99.92%
		二班		3,908.16	3.68	3,904.48	99.91%
		三班		3,745.17	3.29	3,741.88	99.91%
		四班		3,745.34	3.4	3,741.94	99.91%
		小计		15,144	13.5	15,130.5	99.91%
	10#	一班	胶版纸	3,794	4.84	3,789.16	99.87%
		二班		3,994.33	5.16	3,989.17	99.87%
		三班		3,994.33	5.15	3,989.18	99.87%
		四班		3,806.34	4.35	3,801.99	99.89%
		小计		15,589	19.5	15,569.5	99.87%
		一班	办公用纸	792.84	0	792.84	100.00%
		二班		793.66	0	793.66	100.00%
		三班		599.99	0	599.99	100.00%
		四班		602.51	0	602.51	100.00%
		小计		2,789	0	2,789	100.00%
	总计			33,522	33	33,489	99.90%

表 6-5 生产统计汇总表

日期：2023年3月1日—2023年3月31日 单位：吨

项目	产品	一班	二班	三班	四班	合计
生产量	胶版纸	7,539.33	7,902.49	7,739.5	7,551.68	30,733
	办公用纸	792.84	793.66	599.99	602.51	2,789
	小计	8,332.17	8,696.15	8,339.49	8,154.19	33,522
一等品产量	胶版纸	7,531.36	7,893.65	7,731.06	7,543.93	30,700
	办公用纸	792.84	793.66	599.99	602.51	2,789
	小计	8,324.2	8,687.31	8,331.05	8,146.44	33,489
不合格品	胶版纸	7.97	8.84	8.44	7.75	33
	办公用纸	0	0	0	0	0
	小计	7.97	8.84	8.44	7.75	33

风险控制 产量指标考核是评估企业或生产部门生产效率和达成目标情况的重要手段。通过设定明确的产量目标、奖励与惩罚机制以及具体的考核方法，可以激励生产部门提高产量并持续优化生产过程。同时，将产量考核与质量考核相结合，可以全面评估生产部门的绩效并为其改进提供指导。

三、产品质量考核

【场景6-3】 生产部门绩效考核小组根据造纸事业七部四个班组胶版纸、办公用纸产品入库记录明细，分别选取成纸灰分、成纸定量波动、成纸水分、成纸白度、一等品率五个指标统计汇总形成四个班组胶版纸、办公用纸关键质量情况统计表，如表6-6、表6-7所示。

表 6-6 关键质量情况统计表

部门：造纸事业七部　　产品：胶版纸　　期间：2023年3月

指标	一班	二班	三班	四班
成纸灰分	26.98%	27.05%	27%	26.99%
成纸定量波动	± 2.28%	± 2.43%	± 2.85%	± 2.14%
成纸水分	6%	6.03%	6%	6.04%
成纸白度	86.79%	86.82%	86.95%	86.95%
一等品率	99.89%	99.89%	99.89%	99.90%

注：取本月班组数据的算数平均值。

表 6-7 关键质量情况统计表

部门：造纸事业七部　　产品：办公用纸　　期间：2023年3月

指标	一班	二班	三班	四班
成纸灰分	24.4%	24.45%	24.17%	24.5%
成纸定量波动	± 1.88%	± 2.5%	± 1.25%	± 2.5%
成纸水分	5.75%	5.88%	5.77%	5.83%
成纸白度	84.5%	84.25%	84.33%	84.25%
一等品率	100.00%	100.00%	100.00%	100.00%

注：取本月班组数据的算数平均值。

认知识别 质量考核是一个系统化的过程，旨在评估和监控产品或服务的质量。质量考核的主要目的是确保产品或服务的稳定性和可靠性，通过评估和监控来推动质量的不断提升。这有助于企业满足客户需求，增强竞争力，并提升整体业务绩效。质量考核的方法多种多样，企业可以根据自身情况选择适合的方法。以下是一些常用的质量考核方法：

内部质量审核：通过内部质量审核来评估自身的质量管理体系是否有效，并发现潜在的问题和改进机会。

外部认证：获得第三方认证来证明企业质量管理体系的有效性。常见的认证包括ISO 9001质量管理体系认证等。

客户满意度调查：通过向客户发送问卷调查或进行个别访谈，了解客户对企业产品和服务的满意程度，以及存在的问题和改进建议。

绩效指标评估：制定一系列与质量相关的绩效指标，如产品缺陷率、客户投诉率、交付准时率等，定期对这些指标进行评估和监控。

不良事件报告和分析：当出现质量问题或不良事件时，及时记录并进行分析，以找到改进的方向并采取相应的预防措施。

分析研判 以造纸事业七部4个班组生产胶版纸为例分别计算质量考核指标得分，其中成纸灰分指标目标值为27%，各班组生产胶版纸成纸灰分每超过1%，扣0.2分。一班成纸灰分26.98%，不超过27%，得分6分；二班成纸灰分27.05%，超过目标值0.05%，扣0.01分，得分5.99分；三班成纸灰分27%，不超过27%，得分6分；四班成纸灰分26.99%，不超过27%，得分6分。按照上述方法分别算出4个班组生产胶版纸、办公用纸质量情况考核得分，如表6-8、表6-9所示。

表 6-8　质量情况考核

部门：造纸事业七部　产品：胶版纸　期间：2023年3月

关键绩效指标		分值	指标值	考核标准	考核得分			
					一班	二班	三班	四班
质量情况	成纸灰分	6	27%	每超过1%，扣0.2分	6.00	5.99	6.00	6.00
	成纸定量波动	6	± 2%	每超过0.1%，扣0.2分	5.44	5.14	4.30	5.72
	成纸水分	6	6%	每超过0.5%，扣0.1分	6.00	5.99	6.00	5.99
	成纸白度	6	87%	每降低1%，扣0.1分	5.98	5.98	6.00	6.00
	一等品率	6	99%	每降低1%，扣0.2分	6.00	6.00	6.00	6.00
总得分					29.42	29.10	28.30	29.71

注：超过标准部分按比例扣分。

表 6-9　质量情况考核

部门：造纸事业七部　产品：办公用纸　期间：2023年3月

关键绩效指标		分值	指标值	考核标准	考核得分			
					一班	二班	三班	四班
质量情况	成纸灰分	6	24%	每超过1%，扣0.2分	5.92	5.91	5.97	5.90
	成纸定量波动	6	± 2%	每超过0.1%，扣0.2分	6.00	5.00	6.00	5.00
	成纸水分	6	5.70%	每超过0.5%，扣0.1分	5.99	5.96	5.99	5.97
	成纸白度	6	85%	每降低1%，扣0.1分	5.95	5.93	5.93	5.93
	一等品率	6	99%	每降低1%，扣0.2分	6.00	6.00	6.00	6.00
总得分					29.86	28.80	29.89	28.80

注：超过标准部分按比例扣分。

风险控制 质量考核对于企业的长期发展具有重要意义。通过质量考核，企业可以及时发现并解决产品和服务中存在的问题，提高客户满意度和忠诚度。同时，质量考核还可以帮助企业识别并抓住改进的机会，提升整体业务绩效和竞争力。因此，企业应该高度重视质量考核工作，并建立完善的质量考核体系来确保产品和服务的质量稳定可靠。

四、班组培训考核

【场景 6-4】造纸事业七部为提高班组成员对高速卷纸机的操作技能，确保设备使用过程的安全性和高效性，2023 年 3 月组织班组人员进行高速卷纸机操作培训，生产部门绩效考核小组针对造纸事业七部四个班组培训情况进行考核，如表 6-10 至表 6-12 所示。

表 6-10　班组人员培训申请表

申请部门	造纸事业七部	申请日期	2023 年 3 月 1 日
培训主题	高速卷纸机操作培训		
培训目的	提高班组成员对高速卷纸机的操作技能，确保设备使用过程的安全性和高效性		
培训内容	高速卷纸机操作规程、设备安全注意事项、故障处理方法、实际操作演练等		
培训时间	2023 年 3 月 5 日		
培训地点	设备操作培训室及生产车间		
培训师资	设备工程师		
参加人员	高速卷纸机操作员		
培训方式	理论讲解与实际操作相结合		
培训需求	对高速卷纸机的操作不熟练，影响生产效率 在操作过程中存在安全隐患，需加强安全注意事项的培训 需提高班组成员对设备故障的处理能力，减少生产停工时间		
申请部门主管签字：	陈洁	人力资源部审批签字：	周青
日期：	2023 年 3 月 1 日	日期：	2023 年 3 月 1 日

表 6-11　培训人数统计表

培训主题：高速卷纸机操作培训

培训日期：2023 年 3 月 5 日

部门	班次	计划培训人数	实际培训人数	缺席人员
造纸事业七部	一班	38	32	6
造纸事业七部	二班	38	31	7
造纸事业七部	三班	38	30	8
造纸事业七部	四班	39	32	7
合计		153	125	28

表 6-12 培训考核情况统计表

培训主题：高速卷纸机操作培训　　培训日期：2023年3月5日

部门	班次	实际培训人数	考核通过人数	不通过人数
造纸事业七部	一班	32	26	6
造纸事业七部	二班	31	22	9
造纸事业七部	三班	30	24	6
造纸事业七部	四班	32	24	8
合计		125	96	29

认知识别 人员培训是指组织为开展业务及培育人才的需要，采用各种方式对员工进行有目的、有计划的培养和训练的管理活动。企业通过对人员系统的培训，旨在提高班组人员的技能水平和工作效率，确保生产过程的安全性和高效性。

分析研判 人员培训考核指标包括培训实施目标达成率、培训考核通过率。

（1）培训实际达成率得分=（培训实际达成的培训目标数 ÷ 计划达成的培训目标数）×100%× 目标分值（2.5分）

（2）培训通过率=（培训考核通过人数 ÷ 参加培训的总人数）×100%× 目标分值（2.5分）

以一班为例，计划培训人数38人，实际培训人数32人，培训实际达成率得分=（32÷38）×100%×2.5=2.11（分），依次类推可计算得出各班组人员培训绩效考核得分，如表6-13所示。

表 6-13 班组绩效考核表

被考核部门		造纸事业七部	被考核班组	一班	二班	三班	四班
考核期间		2023年3月					
关键绩效指标		分值	考核标准	考核得分	考核得分	考核得分	考核得分
人员培训	培训实施目标达成率	2.5分	培训实际达成率=（培训实际达成的培训目标数 ÷ 计划达成的培训目标数）×100%×2.5	2.11	2.04	1.97	2.05
	培训考核通过率	2.5分	培训通过率=（培训考核通过人数 ÷ 参加培训的总人数）×100%×2.5	2.03	1.77	2	1.88

风险控制 企业对员工培训能够直接提升员工的专业素质和技能水平。例如，通过针对生产流程的技术培训，员工能够掌握最新的生产技术和操作方法，从而提高生产效率。高素质的员工能够更好地应对工作中遇到的问题，减少生产过程中的失误和浪费，进一步提高生产质量。

五、非生产时间考核

【场景6-5】生产部门绩效考核小组根据造纸事业七部四个班组的非生产时间统计进行考核，得出非生产时间记录表如表6-14所示，非生产时间统计表如表6-15所示，非生产时间考核表如表6-16所示。

表 6-14　非生产时间记录表

时间	生产线	停止原因	停止时间（小时）	部门	班组	人员
2023-03-01	9#	零件故障	2	造纸事业七部	三班	胡畅威
2023-03-02	9#	清理生产线	3.5	造纸事业七部	二班	何雨江
2023-03-03	10#	清理生产线	2	造纸事业七部	一班	范锦琛
2023-03-05	10#	机器故障	4.5	造纸事业七部	三班	胡畅威
2023-03-06	10#	清理生产线	3	造纸事业七部	二班	何雨江
2023-03-07	10#	调整设备	2.5	造纸事业七部	一班	范锦琛
2023-03-09	9#	零件故障	3	造纸事业七部	二班	何雨江
2023-03-10	9#	零件故障	0.5	造纸事业七部	一班	范锦琛
2023-03-10	9#	清理生产线	0.5	造纸事业七部	二班	何雨江
2023-03-11	10#	清理生产线	2.5	造纸事业七部	二班	何雨江
2023-03-12	9#	清理生产线	1.5	造纸事业七部	三班	胡畅威
2023-03-13	10#	零件故障	2	造纸事业七部	三班	胡畅威
2023-03-15	9#	调整设备	4	造纸事业七部	四班	胡虞香
2023-03-17	10#	清理生产线	2	造纸事业七部	三班	胡畅威
2023-03-17	9#	零件故障	2	造纸事业七部	三班	胡畅威
2023-03-19	10#	零件故障	3	造纸事业七部	一班	范锦琛
2023-03-19	9#	清理生产线	1.5	造纸事业七部	一班	范锦琛
2023-03-21	9#	零件故障	2	造纸事业七部	三班	胡畅威
2023-03-23	10#	调整设备	3.53	造纸事业七部	四班	胡虞香
2023-03-25	10#	零件故障	4	造纸事业七部	二班	何雨江
2023-03-27	10#	机器检修	6.24	造纸事业七部	四班	胡虞香
2023-03-27	10#	更换纸品	0.4	造纸事业七部	四班	胡虞香
2023-03-27	10#	清理生产线	2	造纸事业七部	一班	范锦琛
2023-03-29	9#	零件故障	2	造纸事业七部	三班	胡畅威
2023-03-31	9#	清理生产线	3	造纸事业七部	一班	范锦琛

表 6-15　班组非生产时间统计表

部门：造纸事业七部　　　　期间：2023 年 3 月

班组	断纸次数（次）	总停机时间（小时）
一班	7	14.5
二班	6	16.5
三班	8	18
四班	4	14.17
合计	25	63.17

表 6-16 非生产时间考核得分表

关键绩效指标		分值	考核标准	一班得分	二班得分	三班得分	四班得分
非生产时间	断纸次数	4	分值公式：断纸次数分根据断纸次数排出名次，第一名4分、第二名3分、第三名2分、第四名1分	2	3	1	4
	非生产时间	6	非生产时间分根据班组工艺非生产时间排出名次，第一名6分、第二名5分、第三名4分、第四名3分	5	4	3	6

认知识别1 非生产时间是指在工作班内，工人因各种原因而从事本职以外的工作或进行无效劳动所耗费的时间。按发生的原因，非生产时间可分为两大类：

（1）组织造成的非生产时间：这类时间损失是因管理不善或其他非个人原因造成的。例如，抽调工人做非本职工作，搬运物料，寻找工位器具，修理与本人责任无关的设备工具，寻找负责技术、检验、管理的人员，召开与生产无关会议，学习文件，因材料质量问题出现废次品和返工等所耗费的时间。

（2）个人造成的非生产时间：这类时间损失是由于工人本身的原因造成的，如玩忽职守、技术不熟练、一时疏忽等。例如，个人造成的废品工时、返修自己造成的废次品、寻找自己常用的工具、干与本岗位生产无关的事情、干私活等所耗费的时间。

认知识别2 断纸次数指的是在生产过程中由于某种原因导致机器停止运转，需要进行维修或调整，以及清理等操作。

分析研判 主要生产设备发生事故，指使生产车间停机4小时以上8小时以下。造纸事业七部三班在2023年3月5日因机器设备故障，使生产车间停机4.5小时，属于设备故障事故管理规定中一般设备事故。除此之外，2023年3月造纸事业七部未发生其他安全事故。

2023年3月，造纸事业七部4个班组一班、二班、三班、四班的断纸次数分别为7次、6次、8次、4次，据断纸次数排出名次，第一名4分、第二名3分、第三名2分、第四名1分，因此一班2分、二班3分、三班1分、四班6分。

根据非生产时间记录表统计出总停机时间分别为14.5小时、16.5小时、18小时、14.17小时。非生产时间分根据班组工艺非生产时间排出名次，第一名6分、第二名5分、第三名4分、第四名3分，因此一班5分、二班4分、三班3分、四班6分。

风险控制 非生产时间考核对于提高生产效率、降低生产成本具有重要意义。通过对非生产时间的考核，可以找出造成时间损失的原因，进而采取相应的措施进行改进。对于组织造成的非生产时间，可以通过优化管理流程、提高管理水平来减少；对于个人造成的非生产时间，可以通过加强培训、提高工人技能水平来减少。

六、班组安全检查考核

【场景6-6】生产部门绩效考核小组对造纸事业七部4个班组的安全检查工作进行考核，根据安全检查工作统计表和安全检查工作统计表，得出安全检查工作考核得分表，如表6-17至表6-21所示。

表 6-17　　安全检查工作统计表

部门：造纸事业七部　　班组：一班　　期间：2023年3月1日—2023年3月31日

检查项目	检查内容	检查周期	计划检查次数（次）	实际检查次数（次）	安全检查完成率
设备安全检查	设备维护情况	每日	23	23	100.00%
	设备运行状态	每日	23	23	100.00%
工作环境检查	清洁度和整齐度	每日	23	23	100.00%
	照明和通风	每日	23	23	100.00%
	噪声和粉尘控制	每日	23	23	100.00%
危险物质管理	化学品存储	每周	4	4	100.00%
	危险品处理	每周	4	4	100.00%
消防安全检查	消防设备	每周	4	4	100.00%
	疏散通道	每周	4	4	100.00%
	火灾报警系统	每周	4	4	100.00%
电气安全检查	电气设备	每日	23	23	100.00%
	配电系统	每日	23	23	100.00%
	用电安全	每日	23	23	100.00%
作业人员安全	个人防护设备（PPE）	每日	23	23	100.00%
	工作行为规范	每日	23	23	100.00%
应急管理	应急预案	每月	1	1	100.00%
	应急演练	每月	1	1	100.00%
	应急物资	每月	1	1	100.00%
合计			253	253	100.00%

表 6-18　　安全检查工作统计表

部门：造纸事业七部　　班组：二班　　期间：2023年3月1日—2023年3月31日

检查项目	检查内容	检查周期	计划检查次数（次）	实际检查次数（次）	安全检查完成率
设备安全检查	设备维护情况	每日	24	24	100.00%
	设备运行状态	每日	24	24	100.00%
工作环境检查	清洁度和整齐度	每日	24	24	100.00%
	照明和通风	每日	24	24	100.00%
	噪声和粉尘控制	每日	24	24	100.00%
危险物质管理	化学品存储	每周	4	4	100.00%
	危险品处理	每周	4	4	100.00%
消防安全检查	消防设备	每周	4	4	100.00%
	疏散通道	每周	4	4	100.00%
	火灾报警系统	每周	4	4	100.00%

续表

检查项目	检查内容	检查周期	计划检查次数（次）	实际检查次数（次）	安全检查完成率
电气安全检查	电气设备	每日	24	24	100.00%
	配电系统	每日	24	24	100.00%
	用电安全	每日	24	24	100.00%
作业人员安全	个人防护设备（PPE）	每日	24	24	100.00%
	工作行为规范	每日	24	24	100.00%
应急管理	应急预案	每月	1	1	100.00%
	应急演练	每月	1	1	100.00%
	应急物资	每月	1	1	100.00%
合计			263	263	100.00%

表 6-19 安全检查工作统计表

部门：造纸事业七部 班组：三班 期间：2023年3月1日—2023年3月31日

检查项目	检查内容	检查周期	计划检查次数（次）	实际检查次数（次）	安全检查完成率
设备安全检查	设备维护情况	每日	23	23	100.00%
	设备运行状态	每日	23	23	100.00%
工作环境检查	清洁度和整齐度	每日	23	23	100.00%
	照明和通风	每日	23	23	100.00%
	噪声和粉尘控制	每日	23	23	100.00%
危险物质管理	化学品存储	每周	4	4	100.00%
	危险品处理	每周	4	4	100.00%
消防安全检查	消防设备	每周	4	4	100.00%
	疏散通道	每周	4	4	100.00%
	火灾报警系统	每周	4	4	100.00%
电气安全检查	电气设备	每日	23	23	100.00%
	配电系统	每日	23	23	100.00%
	用电安全	每日	23	23	100.00%
作业人员安全	个人防护设备（PPE）	每日	23	23	100.00%
	工作行为规范	每日	23	23	100.00%
应急管理	应急预案	每月	1	1	100.00%
	应急演练	每月	1	1	100.00%
	应急物资	每月	1	1	100.00%
合计			253	253	100.00%

表 6-20　安全检查工作统计表

部门：造纸事业七部　　班组：四班　　期间：2023年3月1日—2023年3月31日

检查项目	检查内容	检查周期	计划检查次数（次）	实际检查次数（次）	安全检查完成率
设备安全检查	设备维护情况	每日	23	23	100.00%
	设备运行状态	每日	23	23	100.00%
工作环境检查	清洁度和整齐度	每日	23	23	100.00%
	照明和通风	每日	23	23	100.00%
	噪声和粉尘控制	每日	23	23	100.00%
危险物质管理	化学品存储	每周	4	4	100.00%
	危险品处理	每周	4	4	100.00%
消防安全检查	消防设备	每周	4	4	100.00%
	疏散通道	每周	4	4	100.00%
	火灾报警系统	每周	4	4	100.00%
电气安全检查	电气设备	每日	23	23	100.00%
	配电系统	每日	23	23	100.00%
	用电安全	每日	23	23	100.00%
作业人员安全	个人防护设备（PPE）	每日	23	23	100.00%
	工作行为规范	每日	23	23	100.00%
应急管理	应急预案	每月	1	1	100.00%
	应急演练	每月	1	1	100.00%
	应急物资	每月	1	1	100.00%
合计			253	253	100.00%

表 6-21　安全检查工作考核得分表

关键绩效指标		考核标准	一班得分	二班得分	三班得分	四班得分
现场安全	安全检查完成率	每月安全检查次数达到要求，按时完成检查任务。 安全检查完成率 =（实际完成的检查次数 ÷ 计划的检查次数）× 100% 100% 完成：5分；90%~99% 完成：4分；80%~89% 完成：2分；<80% 完成：0分	5	5	5	5
	安全事故	无安全事故发生：5分 发生一般安全事故扣减5分 发生严重安全事故扣减10分 发生重大安全事故直接排名末位	5	5	-5	5

认知识别　安全检查项目涵盖了设备维护、设备安全检查、工作环境检查、化学品存储、危险物质管理、消防设备、消防安全检查、火灾报警系统、电气设备、电气安全检查、用电安全、

个人防护设备、作业人员安全、应急预案以及应急管理等多个方面。这些项目确保了工作区域的安全和正常运行。

分析研判 2023年3月安全检查工作表可统计出按照各班组每个检查项目的检查内容、检查周期、计划检查次数、实际检查次数和安全检查完成率，其中安全检查完成率=实际完成的检查次数 ÷ 计划的检查次数 × 100%，例如一班的设备维护情况，计划检查次数为23次，实际检查次数为23次，因此设备维护的安全检查完成率为23 ÷ 23 × 100%=100%，其他安全检查完成率指标以此类推。因此，可算出四个班的安全完成率100%，根据上表中的考核标准可知四个班组的得分都为5分。

因三班发生一般设备事故，其他班组未发生其他安全事故，所以三班安全事故得分为–5分，其他三个班组得5分。

风险控制

（1）明确安全检查工作的责任主体和责任人，确保各项工作有人负责、有人监督。

（2）建立完善的数据收集和分析系统，确保安全检查数据的准确性和可靠性。通过对数据的分析，可以发现存在的问题和趋势，为改进提供有力支持。

（3）建立合理的激励机制，对安全检查工作中表现优秀的个人和团队进行表彰和奖励。这可以激发安全检查人员的积极性和创造力，提升整体工作水平。

（4）将安全管理绩效考核与安全文化建设相结合，通过宣传、培训和活动等方式，营造浓厚的安全文化氛围。同时，要定期回顾和评估考核体系的有效性，根据实际情况进行调整和优化，推动安全检查工作的持续改进。

七、班组6S管理考核

【场景6–7】生产部门绩效考核小组根据以下6S管理项目对造纸事业七部四个班组生产人员进行考核评分，如表6–22所示。

表6–22 6S考核评分标准

项目	序号	标准内容	标准分
作业地面	1.1	地面物品摆放有定位、有标识	2.5
	1.2	地面无油污、无积水、无废弃物、无卫生死角、无杂物	2.5
	1.3	主干道通畅、无杂物	2.5
	1.4	区域划分合理，区域标识清晰，无划痕、无剥落	2.5
	1.5	安全标示及制度清晰并且张贴展示无遗漏	2.5
仪器仪表	2.1	开关、按钮和指示标清晰，控制对象明确	2.5
	2.2	设备仪器维护好、无损坏变形	2.5
	2.3	测量仪器清洁，无污损、按时校验且检验记录完整	2.5
	2.4	危险仪器设备有防护措施	2.5

续表

项目	序号	标准内容	标准分
车间零部件物料	3.1	定量定置摆放，品名、标号标识清晰	2.5
	3.2	零部件、物料、成品保存放于定置区，定区划内	2.5
	3.3	不合格品隔离放置标识清楚，并有明确标识及记录	2.5
	3.4	零件、物料上无灰尘、杂物、脏污	2.5
	3.5	物料应码放有序，防护得当	2.5
库房料架	4.1	料架干净，标识清楚	2.5
	4.2	料架无破损及严重变形	2.5
搬运工具	5.1	搬运工具保养良好，无破损	2.5
	5.2	搬运工具整齐放置有序，标识清楚	2.5
	5.3	有责任人及日常点检记录	2.5
工作台面	6.1	工作台面无杂物，工作台上下保持清洁	2.5
	6.2	工具、检具分类摆放，明确品名、规格、数量	2.5
	6.3	各类工具、检具应保持完好、清洁、保证使用性	2.5
清洁用具	7.1	定位合理堆放，标识明确	2.5
	7.2	清洁用具使用后及时归位，保持干净整洁	2.5
危险物质	8.1	有明确的摆放区域，分类定位，标识明确	2.5
	8.2	危险物质区域有专人管理	2.5
作业通道	9.1	通道划分明确，无障碍物，保持通畅	2.5
	9.2	通道线及标识保持清晰完整	2.5
墙面墙身	10.1	墙身、护墙板及时标，标识清晰	2.5
	10.2	墙面清洁无损坏、无蜘蛛网	2.5
	10.3	生产现场应无隔断遮挡、自建房中房等	2.5
	10.4	主要区域应有标识铭牌或布局图	2.5
	10.5	作业指导书、记录、标识牌等挂放或摆放整齐、牢固、干净	2.5
电线开关	11.1	开关须有控制对象标识，无安全隐患	2.5
	11.2	配电线路清洁，无安全隐患（如接线、上接等）	2.5
消防器材	12.1	消防设备完好，有警示标志，清洁干净，保持通畅	2.5
	12.2	有责任人及定期点检记录	2.5
劳保用品	13.1	各类劳保用品按标准放置，分区域标识	2.5
	13.2	按规定使用劳动防护用品	2.5
生活私人用品	14.1	定位标识，整齐摆放，公私物品分开	2.5
总计			100

认知识别　6S管理包括整理（SEIRI）、整顿（SEITON）、清扫（SEISO）、清洁（SEIKETSU）、素养（SHITSUKE）和安全（SAFETY）六个方面。其目标是通过对工作环境的规范化管理，提高

工作效率，确保产品质量，并提升员工的安全意识。

（1）整理（SEIRI）。

考核要点：确保工作区域没有临时或不必要的物品存在，所有物品均按需分类整理。

考核标准：工作区域整洁，无杂物堆积，物品分类清晰，易于取用。

（2）整顿（SEITON）。

考核要点：检查工作区域内物品的摆放是否规范，易于取用。

考核标准：物品摆放整齐，标识清晰，符合定置管理要求，便于快速找到所需物品。

（3）清扫（SEISO）。

考核要点：检查工作区域是否干净整洁，无垃圾或杂物。

考核标准：地面、设备、工具等保持清洁，无灰尘、油污等污渍，创造舒适的工作环境。

（4）清洁（SEIKETSU）。

考核要点：检查工作区域内的设备、机器等是否经过清洁维护，表面是否有积尘或脏污。

考核标准：设备、机器等保持清洁，维护良好，确保运行稳定，延长使用寿命。

（5）素养（SHITSUKE）。

考核要点：考察员工是否遵守规章制度，是否保持良好的工作作风和习惯。

考核标准：员工遵守6S管理规定，养成良好的工作习惯，积极参与6S管理活动，提升个人素养。

（6）安全（SAFETY）。

考核要点：检查工作场所的安全设施是否完好，员工是否佩戴个人防护用品。

考核标准：安全设施完好有效，员工严格遵守安全操作规程，佩戴个人防护用品，确保工作安全。

分析研判 造纸事业七部根据对6S管理考核标准的具体化、可量化，划分了14个项目，细分了40个具体标准内容。根据各项标准内容的落实情况按百分制进行评分，具体评分标准如下：

优秀（2.5分）：对所有要点都进行了认真贯彻和执行，并达到优秀水平。

良好（2分）：对大部分要点进行了认真贯彻和执行，并达到良好水平。

一般（1.5分）：对部分要点进行了认真贯彻和执行，并达到基本合格水平。

差（0分）：大部分要点未得到贯彻和执行，存在严重问题。

以一班为例，作业地面12.5分，仪器仪表10分……生活私人用品2.5分，14项合计98.5分，如表6-23所示。

表6-23 班组6S管理考核评分表

项目	一班	二班	三班	四班
作业地面	12.5	11.5	11.5	12.5
仪器仪表	10	9.5	9.5	10
车间零部件物料	11.5	12.5	12.5	11.5

续表

项目	一班	二班	三班	四班
库房料架	5	4.5	5	4.5
搬运工具	7.5	7.5	7.5	7.5
工作台面	7.5	7	7	7.5
清洁用具	4.5	5	4.5	5
危险物质	5	5	5	5
作业通道	5	5	5	5
墙面墙身	12.5	12	12.5	12
电线开关	5	5	5	5
消防器材	5	5	5	5
劳保用品	5	5	5	5
生活私人用品	2.5	2	2	2.5
总计	98.5	96.5	97	98

风险控制 通过6S管理，企业能够显著提高工作效率，减少浪费，降低成本。工作环境的改善有助于提升员工的工作积极性和满意度，进而提升企业的整体绩效。6S管理还有助于提升企业形象，增强企业的竞争力。在实施过程中，部分员工可能对6S管理的理解不够深入，导致执行力度不够。6S管理的持续推进需要一定的资源和时间投入，企业需根据实际情况制定合理的推进计划。

八、班组SOP执行情况考核

【场景6-8】为确保班组能够按照SOP（Standard Operating Procedure，标准操作程序）要求执行工作，提高工作效率和准确率，减少错误和浪费，生产部门绩效考核小组制定了以下评分项目对应的检查内容，如表6-24所示。

表6-24 SOP执行内容表

评分项目	检查内容
SOP执行一致性	是否严格按照标准操作程序进行操作
操作合规性	操作过程中是否符合相关法规和公司规定
记录完整性	操作记录是否完整详细
监督和反馈机制	监督和反馈机制是否完善

认知识别 班组SOP（Standard Operating Procedure，标准操作程序）是针对班组工作而制定的一系列详细、明确的操作指南和流程规范。它旨在确保班组内的各项工作能够按照统一的标准和流程进行，从而提高工作效率、保证产品质量、减少浪费和事故。编制班组SOP要注重实用性、完整性、明确性、可更新性。在实施和管理过程中，要注重班组SOP的培训和宣传，尤其

是对新员工的培训，还要定期对班组SOP的执行情况进行监督和检查，确保员工按照规范进行操作。对于发现的问题及时进行整改和反馈。鼓励员工提出改进意见和建议，不断优化和完善班组SOP，以适应班组工作的发展和变化。

分析研判 造纸事业七部对SOP内容划分为4个评分项目，总分5分，根据检查情况进行三分制评分，具体评分标准如下：

严格执行：1.25分；

基本执行：0.5分；

执行不到位：0分。

以一班为例，SOP执行一致性严格执行，得分1.25；操作完全符合法规和公司规定，得分1.25；2次操作记录缺失，未填写维护日志，记录完整性基本执行，得分0.5；1次反馈机制不及时，监督执行不到位，得分0，四项合计3分，如表6–25所示。

表6–25 SOP执行情况评分表

评分项目	检查内容	一班		二班		三班		四班	
		发现问题	实际得分	发现问题	实际得分	发现问题	实际得分	发现问题	实际得分
SOP执行一致性	是否严格按照标准操作程序进行操作	所有操作均严格按照标准流程进行	1.25	所有操作均严格按照标准流程进行	1.25	设备启动程序偏差，5次未按标准关闭设备	0	少量步骤偏差，2次未按标准操作	0.5
操作合规性	操作过程中是否符合相关法规和公司规定	完全符合法规和公司规定	1.25	2次未按规定穿戴防护装备	0.5	1次未按规定穿戴防护装备	0.5	完全符合法规和公司规定	1.25
记录完整性	操作记录是否完整详细	2次操作记录缺失，未填写维护日志	0.5	3次操作记录缺失	0	所有记录完整详细	1.25	1次操作记录缺失	0.5
监督和反馈机制	监督和反馈机制是否完善	1次反馈机制不及时，监督不到位	0	监督较完善，偶尔反馈不及时	0.5	监督较完善，偶尔反馈不及时	0.5	监督和反馈机制完善	1.25
合计			3		2.25		2.25		3.5

风险控制 通过对四个组的SOP执行情况进行量化评分，可以发现，一班在SOP执行一致性和操作合规性方面做到了严格执行，但是记录完整性和监督反馈方面较差；二班只有在SOP执行一致性方面做到了严格执行；三班操作记录完整；四班操作合规，监督和反馈机制完善。通过本次班组SOP执行绩效分析，我们可以看到班组在SOP执行方面仍存在一些问题需要改进。我们将继续加强领导和员工对SOP的重视程度和执行力度，不断总结经验教训并进行优化改进，确保班组整体绩效的持续提升。

九、形成班组绩效考核表

【场景6–9】2023年3月绩效考核小组根据生产部门及人员绩效考核管理办法对造纸事业七部

四个班组进行了班组绩效考核，现汇总各班组最终得分，按分值排出名次，并以此作为班组的业绩排名依据，如表6–26所示。

表6–26　　班组绩效考核表

被考核部门	造纸事业七部		被考核班组	一班	二班	三班	四班
考核期间		2023年3月					
关键绩效指标		分值	考核标准	考核得分	考核得分	考核得分	考核得分
出勤情况		5分	出勤情况考核表总得分	5	4.87	4.64	5
产量指标		30分	分值公式：班组得分=（实际产量/计划产量）×25	24.8	25.89	24.83	24.27
质量指标		30分	质量情况考核表总得分	29.46	29.07	28.41	29.64
人员培训	培训实施目标达成率	2.5分	培训实际达成率=（培训实际达成的培训目标数/计划达成的培训目标数）×100%×2.5	2.11	2.04	1.97	2.05
	培训考核通过率	2.5分	培训通过率=（培训考核通过人数/参加培训的总人数）×100%×2.5	2.03	1.77	2	1.88
非生产时间	断纸次数	4分	分值公式：断纸次数分根据断纸次数排出名次，第一名4分、第二名3分、第三名2分、第四名1分	2	3	1	4
	非生产时间	6分	非生产时间分根据班组工艺非生产时间排出名次，第一名6分、第二名5分、第三名4分、第四名3分	5	4	3	6
现场安全	安全检查完成率	5分	每月安全检查次数达到要求，按时完成检查任务。 安全检查完成率=（实际完成的检查次数/计划的检查次数）×100% 100%完成：5分；90%~99%完成：4分；80%~89%完成：2分；<80%完成：0分	5	5	5	5
	安全事故	5分	无安全事故发生：5分 发生一般安全事故扣减5分 发生严重安全事故扣减10分 发生重大安全事故直接排名末位	5	5	–5	5
	6S现场管理	5分	整理、整顿、清扫、清洁、素养、安全方面的落实情况。 分值公式：班组得分=（评分表实际得分/100）×5	4.93	4.83	4.85	4.9
	SOP执行情况	5分	标准操作程序的执行情况，操作是否按标准流程进行	3	2.25	2.25	3.5
工艺查定		0分	此为扣分项，无故障则不扣分 a）因机电仪故障导致的设备损坏导致无法使用的，扣班组综合分1分 b）因工艺问题处理或引纸过程损害织物，导致不能使用的，扣班组综合分2分 c）因工艺问题处理或引纸过程损害织物，较轻微进过处理修补还可以使用的，扣班组综合评分1分	0	0	0	0
本次考核总得分				88.33	87.72	72.95	91.24
本次考核排名				第2名	第3名	第4名	第1名

被考核部门负责人	被考核班组负责人	考核人	复核人
签字：陈洁	签字：冯西市	签字：吴静乐	签字：周青
日期：2023年4月4日	日期：2023年4月4日	日期：2023年4月4日	日期：2023年4月4日

分析研判 以一班为例，根据生产部门及人员绩效考核管理办法对3月造纸事业七部（一班）进行绩效考核，班组最终得分为前七项之和，按分值排出名次，并以此作为班组的业绩排名依据。

按照公司颁布的《生产部门及人员绩效考核管理办法》中的规定，班组绩效考核第一名奖励班组每人100元，第二名奖励班组每人50元，第三名奖励班组每人10元，第四名班组每人罚款30元。3月造纸事业七部（一班）本次考核排名第2名，根据制度第二名奖励班组每人50元；二班本次考核排名第三名，无奖励；三班排名第四名，每人罚款30元；四班排名第一名，每人奖励100元。

任务小结

班组绩效考核是企业管理中至关重要的一个环节，它直接关系到班组的工作效率、员工积极性以及企业整体目标的实现。班组绩效考核是企业管理中不可或缺的一环。通过明确考核的意义、作用、指标和流程，企业可以更加有效地实施班组绩效考核，提高员工积极性和班组的工作效率，为企业的整体发展奠定坚实基础。

任务发布

请根据表6-27相关数据对造纸事业六部出勤情况进行班组考核。

表6-27 班组出勤情况统计表

部门：造纸事业六部　　　　期间：2023年3月1日—2023年3月31日

项目	应出勤天数（天）	实际出勤天数（天）	迟到次数（次）	早退次数（次）	请假天数（天）	旷工天数（天）
一班	598	592	1	1	6	0
二班	598	593	2	0	5	0
三班	598	592	1	0	6	0
四班	621	614	1	1	7	0

附表：

部门：造纸事业六部　　　　期间：2023年3月

项目	请假					
	事（小时）	病（小时）	年（天）	婚（天）	丧（天）	产（天）
一班	32	16	0	0	0	0
二班	32	8	0	0	0	0
三班	40	8	0	0	0	0
四班	48	8	0	0	0	0

任务2 事业部绩效考核

【教学重点】部门绩效考核的开展。

【教学难点】部门绩效考核指标的设定。

绩效是组织或个人为实现特定目标而采取的多种行为所带来的成果。绩效评价是一种综合性评价，它通过运用特定的评价方法、量化指标和评价标准，对组织或个人实现所确定的绩效目标程度以及为实现这些目标所制定的计划执行结果进行评估。

任务导入

造纸事业部在公司中扮演着至关重要的角色，其主要职能涉及多个方面，旨在确保生产过程的顺利进行和产品的高质量输出。从2020年1月起，公司采用了结果指标与非权重指标结合的方式，对造纸事业部进行了绩效考核。

任务实施

一、确定事业部绩效考核标准

【场景6-10】依据事业部绩效考核表，如表6-28所示，生产部门绩效考核小组确定事业部绩效考核情况。

表6-28 事业部绩效考核表

被考核部门	造纸事业七部			
考核期限	2023年3月			
指标类别	关键绩效指标	权重	绩效目标值	考核得分
结果指标	生产计划完成率	25%	目标值=（实际完成的生产任务数量 ÷ 计划生产任务数量）× 100%	
	产品质量合格率	25%	目标值=（实际达到质量标准的产品数量 ÷ 生产的产品总数量）× 100%	
	生产设备产能利用率	20%	目标值=（实际产量 ÷ 设计产能）× 100%	
	设备正常运转率	20%	目标值=（实际运转时间 ÷ 计划运转时间）× 100%	
	吨纸成本	5%	目标值=计划成本	
	生产成本降低率	5%	比上一考核周期降低2个百分点	

续表

指标类别	关键绩效指标	权重	绩效目标值	考核得分
非权重指标	质量意识与控制	否决指标	无质量事故发生。发生一般质量事故扣减10分，发生严重质量事故则直接判定为绩效考核不合格	
	成本意识与控制	否决指标	无成本事故发生。发生一般成本事故扣减10分，发生严重成本事故则直接判定为绩效考核不合格	
	安全生产	否决指标	无安全事故发生。发生一般安全事故扣减10分，发生严重安全事故扣减20分，发生重大安全事故则直接判定为绩效考核不合格	
	责任客户投诉	扣分指标	责任客户投诉次数。投诉超过2次每增加一次扣减2分	
本次考核总得分				

被考核部门负责人		考核人		复核人	
签字：		签字：		签字：	
日期：		日期：		日期：	

认知识别 生产绩效的评价指标是衡量生产部门为实现其生产职能所确定的绩效目标的实现程度。生产绩效评价指标的分类方式多种多样，造纸事业部采用了结果指标与非权重指标结合的方式，进行绩效考核。

结果指标，主要关注企业最终达成的成果和产出，能够直接反映企业的业绩和效果，通常采取权重的形式进行考核，如生产计划完成率、产品质量完成率、生产设备产能利用率、设备正常运转率、吨纸成本和生产成本降低率等。

非权重指标，一般是指那些在考核体系中不占据具体权重的指标，这些指标的考核采取不占权重的形式，通常采取否决、奖励、扣分的形式，如质量意识与控制、成本意识与控制、安全生产和责任客户投诉等。

二、结果指标绩效考核

【场景6-11】依据造纸事业七部产量统计表，对其生产计划完成率进行考核评分，如表6-29所示。

表6-29 生产计划完成率考核表

品名	计划产量	实际产量
胶版纸	30,770	30,733
办公用纸	2,789	2,789
合计	33,559	33,522

认知识别 生产计划完成率：生产计划完成率是一个衡量生产计划执行情况的指标，它通常以百分比的形式呈现，表示实际完成的生产任务数量与计划生产任务数量之间的比例。其计算公式为：

生产计划完成率 =（实际完成的生产任务数量 ÷ 计划生产任务数量）× 100%

分析研判 造纸事业七部2023年3月实际生产纸33,522吨，计划生产纸33,559吨，计划完成率=33,522 ÷ 33,559=99.89%，本指标权重为25%，考核得分：25% × 100 × 99.89%=24.97（分）。

【场景6-12】依据造纸事业七部生产统计汇总表，对造纸事业七部产品质量合格率进行考核评分，如表6-30所示。

表 6-30 生产统计汇总表

期间：2023年3月1日—2023年3月31日 单位：吨

项目	产品	一班	二班	三班	四班	合计
生产量	胶版纸	7,539.33	7,902.49	7,739.5	7,551.68	30,733
	办公用纸	792.84	793.66	599.99	602.51	2,789
	小计	8,332.17	8,696.15	8,339.49	8,154.19	33,522
一等品产量	胶版纸	7,531.36	7,893.65	7,731.06	7,543.93	30,700
	办公用纸	792.84	793.66	599.99	602.51	2,789
	小计	8,324.2	8,687.31	8,331.05	8,146.44	33,489

认知识别 产品质量合格率是一个用于衡量产品制造过程中质量达成情况的指标，可以帮助企业管理层了解产品质量目标的达成情况，反映出企业在生产过程中对质量控制的成效。计算公式可以表示为：

产品质量合格率=（实际达到质量标准的产品数量 ÷ 生产的产品总数量）× 100%。

分析研判 造纸事业七部2023年3月胶版纸和办公用纸产量合计33,522吨，一等品产量合计33,489吨，产品质量合格率=33,489 ÷ 33,522=99.9%，本指标权重为25%，考核得分：25% × 100 × 99.9%=24.98（分）。

【场景6-13】依据造纸事业七部生产设备产能利用率记录表，对其生产设备产能利用率进行考核评分，如表6-31、表6-32所示。

表 6-31 生产设备产能利用率记录表

生产线：9#

月份	设计产能（吨）	实际产量（吨）	生产设备产能利用率（%）
2023年3月	15,144	15,144	100.00

表 6-32 生产设备产能利用率记录表

生产线：10#

月份	设计产能（吨）	实际产量（吨）	生产设备产能利用率（%）
2023年3月	18,415	18,378	99.8

认知识别 生产设备产能利用率，也称为设备利用率或产能利用率，是反映企业实际生产能力在运转中发挥作用程度的一个重要指标。计算公式可以表示为：

生产设备产能利用率=（实际产量 ÷ 设计产能）× 100%。

分析研判 造纸事业七部有9#、10#两条生产线，其生产设备产能利用率分别为100%和99.8%，造纸事业七部生产设备产能利用率=（100%+99.8%）÷ 2=99.90%，本指标权重为20%，考核得分：20% × 100 × 99.90%=19.98（分）。

【场景6-14】依据造纸事业七部设备运转率记录表，对其设备运转率进行考核评分，如表6-33、表6-34所示。

表6-33 设备运转率记录表

生产线：9#

月份	计划运转时间（小时）	实际运转时间（小时）	设备运转率（%）
2023年3月	717.65	716.93	99.90

表6-34 设备运转率记录表

生产线：10#

月份	计划运转时间（小时）	实际运转时间（小时）	设备运转率（%）
2023年3月	709.32	707.90	99.80

认知识别 设备正常运转率是指设备在生产过程中正常运转的时间占总运行时间的比例，通常用于衡量设备的运行效率和生产效益。计算公式可以表示为：

设备正常运转率 =（实际运转时间 ÷ 计划运转时间）× 100%。

分析研判 造纸事业七部有9#、10#两条生产线，其设备正常运转率分别为99.90%和99.80%，造纸事业七部生产设备产能利用率=（99.90%+99.80%）÷ 2=99.85%，本指标权重为20%，考核得分：20% × 100 × 99.85%=19.97（分）。

【场景6-15】依据造纸事业七部吨纸成本绩效考核表，对其吨纸成本进行考核评分，如表6-35所示。

表6-35 吨纸成本绩效考核

部门：造纸事业七部　　日期：2023年3月

产品名称	完工产量（吨）	计划成本（元）	实际成本（元）	吨纸成本考核得分
胶版纸	30,700	4,802.131	4,759.115	5.05
办公用纸	2,789	5,633.451	5,517.279	5.11

认知识别 吨纸成本，即纸的单位生产成本，其目标值为计划成本，考核得分计算公式为=（计划成本 ÷ 实际成本）× 5

分析研判 造纸事业七部胶版纸吨纸成本考核得分5.05分，办公用纸吨纸成本考核得分5.11分，造纸事业七部吨纸成本综合考核得分为：（5.05×30,700+5.11×2,789）÷（30,700+2,789）×5=5.05（分）。

【场景6–16】造纸事业七部吨单位成本分析表，对其生产成本降低率进行考核评分，如表6–36、表6–37所示。

表 6–36　单位成本分析表

日期：2023年3月　产品名称：胶版纸　单位：元

成本项目	计划单位成本	实际单位成本	降低额	降低率
直接材料	3,807.311	3,761.452	45.859	1.20%
燃料和动力	430.990	426.990	4.000	0.93%
直接人工	43.510	44.611	–1.101	–2.53%
制造费用	520.320	526.062	–5.742	–1.10%
成本合计	4,802.131	4,759.115	43.016	0.90%

表 6–37　单位成本分析表

日期：2023年3月　产品名称：办公用纸　单位：元

成本项目	计划单位成本	实际单位成本	降低额	降低率
直接材料	4,371.524	4,324.649	46.875	1.07%
燃料和动力	575.297	569.16	6.137	1.07%
直接人工	40.846	41.77	–0.924	–2.26%
制造费用	645.784	581.7	64.084	9.92%
成本合计	5,633.451	5,517.279	116.172	2.06%

认知识别 生产成本降低率是指本期产品的实际成本比计划成本降低的百分比，用于衡量企业在生产或经营过程中通过各种手段和方法实现成本降低的程度，是考核工业企业成本计划完成情况的重要指标。计算公式为：

成本降低率 =（实际成本－计划成本）÷ 计划成本 ×100%

分析研判 造纸事业七部胶版纸生产成本降低率为0.90%，办公用纸生产成本降低率为2.06%，造纸事业七部综合生产成本降低率为：（0.90%×30,700+2.06%×2,789）÷（30,700+2,789）=1.00%，绩效目标值为比上一考核周期降低2个百分点，考核得分为0。

三、非权重指标考核

【场景6–17】生产部门绩效考核小组针对事业部生产绩效的考核在结果指标的基础上，加设非权重考核指标，其考核的内容不是常规工作，而是对公司和部门战略目标实现具有重大意义的重要事项。以造纸事业七部为例，非权重否决指标设有质量意识与控制、成本意识与控制、安全生产、责任客户投诉等。

分析研判 造纸事业七部2023年3月生产入库的产品质量指标都在质量标准围内，无一般质量事故，故质量意识与控制方面不扣分；在成本控制目标和生产成本控制方面，造纸事业七部无成本事故发生，故成本意识与控制方面不扣分；因造纸事业七部三班3月发生一起一般设备事故，在安全生产方面扣减10分；2023年3月20日因产品质量问题，造纸事业七部收到客户红星文化发展（上海）股份有限公司投诉1次，但投诉次数未超过2次，故在责任客户投诉方面不扣分，如表6–38所示。

表 6–38 事业部绩效考核表

被考核部门	造纸事业七部			
考核期限	2023年3月			
指标类别	关键绩效指标	权重	绩效目标值	考核得分
非权重指标	质量意识与控制	否决指标	无质量事故发生。发生一般质量事故扣减10分，发生严重质量事故则直接判定为绩效考核不合格	0
	成本意识与控制	否决指标	无成本事故发生。发生一般成本事故扣减10分，发生严重成本事故则直接判定为绩效考核不合格	0
	安全生产	否决指标	无安全事故发生。发生一般安全事故扣减10分，发生严重安全事故扣减20分，发生重大安全事故则直接判定为绩效考核不合格	–10
	责任客户投诉	扣分指标	责任客户投诉次数。投诉超过2次每增加一次扣减2分	0

四、形成事业部绩效考核

【场景6–18】生产部门绩效考核小组完成事业部结果指标与非权重指标考核后，汇总得出造纸事业七部生产绩效考核表，如表6–39所示。

表 6–39 事业部绩效考核表

被考核部门	造纸事业七部			
考核期限	2023年3月			
指标类别	关键绩效指标	权重	绩效目标值	考核得分
结果指标	生产计划完成率	25%	目标值 =（实际完成的生产任务数量 ÷ 计划生产任务数量）× 100%	24.97
	产品质量合格率	25%	目标值 =（实际达到质量标准的产品数量 ÷ 生产的产品总数量）× 100%	24.98
	生产设备产能利用率	20%	目标值 =（实际产量 ÷ 设计产能）× 100%	19.98
	设备正常运转率	20%	目标值 =（实际运转时间 ÷ 计划运转时间）× 100%	19.97
	吨纸成本	5%	目标值 = 计划成本	5.05
	生产成本降低率	5%	比上一考核周期降低2个百分点	0

续表

指标类别	关键绩效指标	权重	绩效目标值	考核得分
非权重指标	质量意识与控制	否决指标	无质量事故发生。发生一般质量事故扣减10分，发生严重质量事故则直接判定为绩效考核不合格	0
	成本意识与控制	否决指标	无成本事故发生。发生一般成本事故扣减10分，发生严重成本事故则直接判定为绩效考核不合格	0
	安全生产	否决指标	无安全事故发生。发生一般安全事故扣减10分，发生严重安全事故扣减20分，发生重大安全事故则直接判定为绩效考核不合格	-10
	责任客户投诉	扣分指标	责任客户投诉次数。投诉超过2次每增加一次扣减2分	0
本次考核总得分				84.95

被考核部门负责人		考核人		复核人	
签字：	陈洁	签字：	吴静乐	签字：	周青
日期：	2023年4月4日	日期：	2023年4月4日	日期：	2023年4月4日

认知识别　生产绩效考核评价报告将评价对象的评价指标数值状况与预期标准进行比较，通过差异分析，找出产生差异的原因、责任及影响，得出评价企业生产绩效好坏的结论以及改善意见，形成评价报告。

知识拓展　绩效评价是企业管理活动的一个重要组成部分，它贯穿于整个经营活动的始终，是一项系统工程。生产绩效考核流程主要有以下几个步骤。

（1）设定考核指标：根据公司的生产需求和目标，确定具体的考核指标，明确每个指标的权重和评分标准。

（2）收集考核数据：通过日常观察、统计数据和员工自评等方式，收集与评估指标相关的数据和信息。

（3）进行评估：根据收集的数据和信息，对员工的生产绩效进行评估，并将评估结果反馈给员工。

（4）讨论和改进：与员工进行讨论，共同分析评估结果，找出问题和改进的方法，并提供适当的培训和支持。

（5）结果记录和汇总：将评估结果记录下来，并进行汇总和分析，为员工的绩效排名和奖惩措施提供依据。

分析研判　汇总造纸事业七部生产绩效考核各项指标得分，总分合计84.93，按照公司颁布的《生产部门及人员绩效考核管理办法》中的规定，被考核部门考核总得分为车间负责人（经理、副经理）绩效工资发放比例的判定依据。考核得分>90分，绩效发放比例为100%；考核得分>80分，绩效发放比例为85%；考核得分>70分，绩效发放比例为75%；考核得分>60分，绩效发放比例为60%。由此可见，2023年3月造纸事业七部经理、副经理绩效工资发放比例为85%。

任务小结

生产绩效考核是企业管理中不可或缺的一部分，企业通过科学合理的考核方法和流程，可以全面了解员工的工作表现，为员工提供发展和改进的机会，同时也可以为企业优化生产流程和提高生产效率提供参考。生产绩效考核过程中要遵循客观、公正、科学、简便的原则，确保考核结果的准确性和公正性；考核指标要具体、明确、可量化，以便于评估员工的具体表现和贡献；考核过程中要注重与员工的沟通和反馈，让员工了解自己的优点和不足，并提供改进和发展的机会；考核结果要与员工的晋升、薪酬和奖惩等挂钩，以激励员工更加努力地工作。

任务发布

请根据表6–40相关数据，做出造纸事业六部关键绩效指标的生产计划完成率和产品质量合格率。

表 6–40 生产量统计表

部门：造纸事业六部　　期间：2023年3月　　单位：吨

品名	计划产量	实际产量	其中：一级品产量
轻涂纸	11,424	11,164	11,144
热敏原纸	880	835	822
合计	12,304	11,999	11,966

项目总结

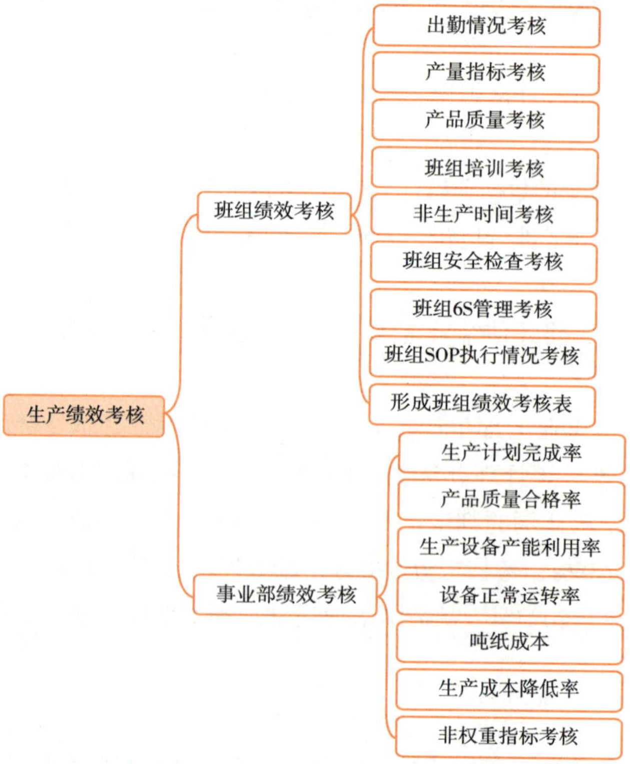